后机器时代

生活，再定义

胡泳　王俊秀　主编

中信出版集团·北京

图书在版编目（CIP）数据

后机器时代 / 胡泳，王俊秀主编 . -- 北京：中信出版社，2018.12

ISBN 978-7-5086-9338-5

Ⅰ . ①后… Ⅱ . ①胡…②王… Ⅲ . ①网络经济－经济发展－研究－中国 Ⅳ . ① F492.3

中国版本图书馆 CIP 数据核字（2018）第 182343 号

后机器时代

主　　编：胡　泳　王俊秀
出版发行：中信出版集团股份有限公司
　　　　（北京市朝阳区惠新东街甲 4 号富盛大厦 2 座　邮编　100029）
承 印 者：中国电影出版社印刷厂
开　　本：880mm×1230mm　1/32　　印　　张：9.25　　字　　数：237 千字
版　　次：2018 年 12 月第 1 版　　印　　次：2018 年 12 月第 1 次印刷
广告经营许可证：京朝工商广字第 8087 号
书　　号：ISBN 978-7-5086-9338-5
定　　价：55.00 元

目录

第三章
虚拟现实 + 人工智能：自我与社群的重塑 201

《公地》文丛总序

2016年是《数字化生存》(*Being Digital*)的中文版问世20周年。有出版社决定重新出版这本引领中国进入互联网时代的开山之作，我请这本书的作者尼葛洛庞帝教授为中国读者写几句话。他这样写，大家总是着眼于有多少关于技术发展的预测是准确的，抑或是失误的，“但是，与一个真正的、堪称我有生以来最大的误判相比，这些都只是细枝末节，事实上微不足道。25年前，我深信互联网将创造一个更加和谐的世界，促进全球达成共识，乃至实现世界和平。但是它没有，至少尚未发生。真实的情况是民族主义甚嚣尘上，管制在升级，贫富鸿沟在加剧。我也曾经期待，中国可以由于其体量、决心和社会主义的优势，从而在引领全球互联网方面发挥更好、更大的作用”。可实际情况如何呢?

这段话说明互联网走入大众视野20余年后，这一全球化的虚拟空间的演化与当初一些先行者的预期呈现出巨大的不同。《数字化生存》一书的结语，标题叫作“乐观的年代”。尼葛洛庞帝自称天性乐观，他说，“我们无法否认数字化时代的存在，也无法阻止数字化时代的前进，就像我们无法对抗大自然的力量一样”。

尼葛洛庞帝和其他的数字乐观主义者坚信，计算机与互联网将使所有人的生活都变得更好。当然，对于这些眼里只有“闪闪发亮的比特”的人，批评者也不少。政治学家卡斯·桑斯坦认为，尼葛洛庞帝的技术乌托邦主义疏于考虑新技术应该被置于其中加以看待的历史、政治和文化现实。

互联网的解放性正在被替换为压制性吗？互联网正在从“同一个世界，同一个网络”走向四分五裂的巴尔干化吗？互联网上的“旧大陆”和“新大陆”会产生重大对抗吗？这些就是让尼葛洛庞帝忧心忡忡的互联网“实情”。人们对互联网的认识变得更加多元，甚至在很大程度上变得不可调和。

互联网一度被宣扬为民主参与和社会发展的工具，尤其能给予边缘群体全新助力，帮助他们成为经济和政治生活的充分参与者。同时，人们也期待它可以对威权体制形成强大的压力，促进开放和民主。然而，在今天，许多研究者发现，政治权力有能力迫使互联网按照自己的意愿发展，并经由新技术极大地增强“老大哥”的监控能力。公民的权利不仅在很多情况下被政府剥夺，也被大企业所侵害。很多人发现自己站在十字路口，不确定是应该允许“一切照常”，还是该拥抱更多的规制。比如，言论自由和隐私就是人们矛盾心理突显的两个领域。

出于历史的原因，现有的互联网规制和治理就如同中国人常说的“九龙治水”，来源多样，彼此重叠，甚至相互冲突。民族国家的“尺寸”在跨越地域的互联网上显得奇怪，然而它们坚持对自己地域的管辖权。互联网服务提供者通过用户协议规范用户的网络行为，而技术的开发者又不无“代码即法律”的傲慢，用户机会与全球性的网络生态就这样被多股力量所塑造。令人惊异的是，在一个高唱“消费者至上”“用户为本”的时代，用户不仅失语，而且倍感无力。

互联网上的三股力量

政府、市场和公众构成了互联网上的三股力量，也带来了互联网的三种治理模式。第一种是以政府为中心的模式，可以称之为“新威权模式”，或者叫作“网络威权主义”，它能维持适度的市场竞争，但强调网络设施由国家所有，推动国家支持的互联网产业，并通过宣传、监控、审查极大地限制个人自由。第二种是以市场为导向的模式，具有强烈的技术乌托邦色彩，有人将其命名为“加州意识形态”，夹杂了控制论、自由市场思想和反文化的自由意志论。第三种是以公众为中心的模式，我称其为“公地模式”，它的相对极端的表述是“激进的自由至上主义”。这三股力量奇特地混合在一起，相辅相成，又互相缠斗。

“加州意识形态”从宏观层面上塑造了今日加州自由开放的硅谷，并从技术角度上影响了此后的半导体产业、PC（个人电脑）产业和互联网。虽然这种模式标榜自由市场，但它也催生了比如信息高速公路这样的国家行为。奇特的是，“加州意识形态”还衍生出赛博文化，其要旨是通过技术项目实现技术乌托邦。通过用技术系统来表达设计者的梦想，互联网被视为解放和民主的催化剂。在这种对互联网的历史性解释中，互联网生来就是要打破政府的桎梏，典型的表达是约翰·巴洛的《赛博空间独立宣言》：“工业世界的政府们，你们这些令人生厌的铁血巨人们，我来自网络世界—— 一个崭新的心灵家园。作为未来的代言人，我代表未来，要求过去的你们别管我们。在我们这里，你们并不受欢迎。在我们聚集的地方，你们没有主权。”

今天我们都知道，赛博空间根本无法独立，“激进的自由至上主义”

敌不过新威权模式和大企业的操控。就连巴洛的“互联网主权”概念也被完全挪作相反的用途，“斯诺登事件”不过是这种情况的经典反映。仍然对互联网心怀理想的人为此发出“夺回互联网”的呼吁，比如，知名密码学专家布鲁斯·施奈尔就严厉抨击说，政府和产业背叛了互联网。通过把互联网变成巨大的监控平台，美国国家安全局（NSA）破坏了基本的社会契约，大公司也是不可信任的互联网管家。

施奈尔给出的行动建议是：揭露你所知道的监控现实，重新设计互联网，以及影响互联网治理。在重新打造的“互联网公地”中，全球性的互联网治理理应依赖于崭新的、以全球网络社区为中心的体系，而不是传统的民族国家。

互联网为每个人赋予力量——任何人都可以发言、创造、学习和共享资源，它不受个别机构、个人或政府操控。所以，各国政府不应该单独决定互联网的前途，全球数以十亿计使用互联网的人才最有发言权。最好的方式是让国家和政府退后一步，以便协调和整合各自的不同，积极促进公民社会和企业在全球治理、合作与沟通中发挥作用。

旧制度与数字大革命

至于企业，它们既需要关注经济上的“公地”环境，比如对基础设施或者人力资本的投入是否足够，也需要更多地考量政治上的“公地”环境，只要想想在一个民主公正的社会中做生意会有多么顺畅，就能明白其中的道理。今天企业赖以运行的环境，本身就是政治决策的产物。关于法治和产权对一种稳定的经济系统的作用，历史上的例证比比皆是。就像良好的治理是企业高绩效的必要前提一样，善治也是高绩效国家的必要前提。让一个国家拥有健康的民主文化，也完全符合企业自身的利益。

在互联网发展的最近 10 年里，技术发生了许多重要变化，无论是工具、平台，还是人们对这些工具和平台的使用和理解，都显示出一种明确无误的演化：互联网终于由工具、实践的层面抵达了社会安排或者制度形式的层面。我们将面临一场“旧制度与数字大革命”的冲突。正因如此，围绕互联网的公共讨论和学术话语正在发生一场从“强调可能性、新鲜感、适应性、开放度到把风险、冲突、弱点、常规化、稳定性和控制看作当务之急”的迁移。

我所说的这场冲突，将构成全人类共同面临的一个关键性挑战：它不仅关乎信息自由，更关乎我们能否生活在同一个互联网、同一个国际社区和同一种团结所有人并令所有人得益的共同知识之中。

对于民间社会而言，这样的冲突更让世界各地的公民相信，互联网正走向一个制定“大宪章”的时刻，必须要求政府保护言论自由和公民的连接权利。正如英国的贵族们在 1215 年制定《大宪章》来约束不受欢迎的国王约翰的权力，在《大宪章》诞生 800 年之际，网民也应组织起来限制政府和企业的权力。

互联网的“宪章时刻”存在三个突出的主题。一是自由与控制的关系，即如何平衡个人权利与安全。不少国家以强调安全之名牺牲公民自由与隐私，导致安全与自由之争在网络发展的各个领域都清晰可见。数字社会的复杂性质需要我们重新思考固有的自由与安全的概念。个体公民更加关心自己的数据被何人掌握，政府则看到电脑犯罪、黑客活动、恐怖袭击等占据国家安全政策和国际关系的核心。我们有可能同时在网上获得自由与安全吗?

二是如何建立数字信任。无所不在的互联网要求我们重新界定信任的边界，并在数字时代建立新的社会规范。用户现在可以方便、灵活地收发各种信息，这给网络法与网络规范造成了空前的挑战。法律和规范的问题在于，它们几乎总是落后于技术的发展。网络行为如何在规制与规范下得以发生和展开？信息的完整性与可靠性如何保证？边缘群体和弱势群体是否能共享技术带来的好处？在不同的语境和社会当中，到底怎样建立数字信任？这种线上的信任又怎样与线下的责任感、透明度等关联在一起？在这些方面，我们的问题比答案更多。

三是数字社会的成熟化必然要求填平数字鸿沟与提高网络素养。网络接入权与网民素养是网络社会的基石，个人因此赋权，知识借此传播，从而确保不会有人中途掉下高速前进的互联网列车。在这里，填平数字鸿沟不仅意味着网络接入权的泛化与网络普及率的提高，还涉及上网设备的成本、用户的技能、应用 ICT（信息通信技术）的时间与机会，以及用户使用网络的目的和影响等多个参数。我们常常看到，数字鸿沟的分裂带也是社会阶层与种族的分裂带，此外，年龄、受教育程度、性别等的差异也不可忽视。比如，年轻的技术精英掌握编程技巧，熟稔代码，颠覆了传统精英的位置，致使整个社会弥漫着后喻文化[①]。然而，数字一代的成长也需要新的教育、新的素养以及新的伦理，尤其是在年长者对年轻人引领的网络规范充满狐疑的情况下。所有这一切都决定了数字时代的连接是否最终会导向赋权，以及赋权的对象是谁。

为了回应这些主题，我们集合全国的一批有志于从各个方面探讨

① 美国人类学家玛格丽特·米德在《文化与承诺》一书中提出了后喻文化的概念。后喻文化是指年轻人因接受新文化、新技术的能力强而在许多方面胜过他们的前辈，年长者反而要向晚辈学习。——编者注

互联网未来的优秀学者，通过开展独创性的研究，从中国本土实践出发，面向全球互联网发言。我们把这些研究成果汇集为年度的《公地》文丛。

我们反对把“互联网”视为单一的实体，而是将其看作一种不同技术、平台、行为和话语的集合，它们与社会互相激荡、共同演变。我们希望我们的研究从历史延伸至当代，以使人们了解和挑战对互联网与社会之间的互动的理解和假设。我们涵盖的主题包括但不限于：文明变迁，财富历程，认同与主体性，政治与民主，技术、知识与媒介，产业与管理，数字权利与网络治理，人类以及人类社会的未来。

至于我们的努力效果如何，就交给你们——亲爱的读者——来评判。希望年年见到你们。

胡　泳

2016 年岁末于维也纳大学

前言　后人类境况
——新轴心时代、比特之城与人机关系

从事互联网研究 20 多年，我一直有一个心愿，就是对信息社会的总体状况做出一个自洽的解释。尤其是近两年，科技的进步日新月异，像我这样比较有时间读书的人都应接不暇，更不要说工作繁忙的人了。而且，随之而来的困惑也越来越多。这期间最大的变化，莫过于机器的崛起和平台的出现。这些新物种已经深入人类的生活，也在改变着我们自己。

本着这个初衷，我们成立了“信息社会在中国”编委会。在成立之初，我们就确立了两大原则。一个是“内生性”原则，即所有讨论的问题，都是在中国互联网发展过程中内生的，而不是外来势力强加的。另一个是“跨学科”原则，我们试图通过人文和科技的融合对话，形成一个关于信息社会的大致轮廓。在新文明到来面前，我们都是摸象的盲人，所以每年将研究成果结集出版，也就成了自然选择。

尽管我们在年初做了大致的规划，但更多时候选题都是随机产生的。比如，本书的主题就是源于一个微信群的讨论。虽然这种不确定性也会让我们感到兴奋，但经过两年的摸索，我们大致形成了一个工作流程。每年上半年在高校开三次会，每次会议先由 6 名发言人每人发言半小时，再讨论半小时，会后一个月开始收集主题论文。实践证明，

这一工作流程效果不错。两年时间下来，我们已经汇集了中国近 40 位顶级思考者。

这本书是《公地》文丛的第二本，主题一如既往地宏大。20 位来自不同学科的学者，围绕“新轴心时代”“比特之城”“人机关系”进行了深入研究，并给出了自己的答案。

第一部分是“新轴心时代”。这个概念是由诺伯特·维纳奖得主王飞跃提出的，具有很强的原创性。王飞跃从波普尔的三个世界理论出发，断言每个世界都各有一个轴心时代。他认为，雅斯贝斯讲的只是第一物理世界的轴心时代，是人性的大觉醒。精神世界的轴心时代是从文艺复兴到爱因斯坦的现代物理学体系的基本建立，这代表了人类理性的大觉醒和科学的大突破。客观知识世界的轴心突破源自哥德尔不完全性定理，标志着理性的有限甚至“破产”，随之而来的是人类智性的大觉醒，以及人工智能和智能技术的突破。

那么，什么是智能文明？陈自富断言，智能文明就是当代的机器文明。在《智能文明何以可能？》这篇文章中，陈自富写道，“自控制论诞生以来，对机器这个概念的审视从能量角度转向了信息角度”。他介绍了美国哲学家刘易斯·芒福德按照“能源－材料”的维度对机器文明进行的区分：始生代技术时期的“水力–木材”体系，古生代技术时期的“煤炭–钢铁”体系和新生代技术时期的“电力–合金”体系。同理，智能文明作为一个体系，也应该有“计算能力–信息”的维度。

量化史学家董洁林用长达万年的数据，展示了中国与欧洲的大分流有两个历史节点。其中一个历史节点是在轴心时代完成之后，两个社会的科技成分的结构性差别已经形成。另一个历史节点，即动量性的分流是在 1300 年，在那之后欧洲的科学发展突飞猛进，而中国则基本停滞。

面对“新轴心”的提法，董洁林持保守态度。她认为，人类进入新文明纪元的标志是“礼崩乐坏”，她更倾向于认为我们目前处于工业文明的晚期。

思想一向如刺刀般锋利的张笑宇带来的是关于技术变革和社会结构变革的两个半故事。第一个故事是先秦时代的弩的故事。张笑宇指出，“中国弩的技术优势使得战国时期的政府有能力也有意愿快速武装平民，充作战事的兵源……先秦时期集权制度的形成，恰好是符合这一技术发展趋势的”。第二个故事是蒸汽机的故事，主要是关于社会革命与技术革命的脱节。最后的半个故事其实是结合工程师思维与经典人文学科思维，提出一系列短中期内将会影响社会结构的基础设定问题。

在新轴心时代，法律作为一门“深度不学习”的规范性技艺，已成为人类文明进化的最后一根独苗，是现代文明不学习和规范性维度最后的守护者。它会被“深度学习”所取代吗？这是青年法学家余盛峰提出的问题。

而作为近年来一直宣扬新轴心文明的余晨，则从进化论的角度指出，我们不只是生物基因的载体，更是文化和思想基因的载体。互联网让人性得到解放，超越突破的本质正是达到“多重可实现性”，从而使文化基因能够在一个更高的层次上以独立的逻辑演绎。实现轴心文明超越突破的关键，就是个体从社会中脱嵌出来，独自思考生命的意义。

总之，这一章的每篇文章都气势宏大，互相之间又有一定的关联，形成了复杂的对话关系。

第二部分是“比特之城”。该主题已经超越了首次提出这一概念的威廉·米切尔的本意，这章重点是讲述互联网与人工智能对空间的重塑。储妍指出，“城市权作为一个人平等地进入城市、生活在城市、使用并塑造城市空间的权利，是一种私人权利……普通市民因缺少反映相关信息、将信息付诸实践的渠道，而在实质上丧失了城市权”。但她也说，通过社会感知技术去推动信息的流动，最终可实现城市权的回归。她还用数据科学的手段，分析了大量案例。

共享单车可以说是中国原创的互联网产品，崔晨枫等人将共享单车的兴起视为公共产品市场化的新探索，从公共产品的角度出发梳理了共享单车的兴起、迭代及相应的积极影响与不足之处，并在此基础上总结了公共产品市场化的经验。

复旦大学的孙玮教授将米切尔的“比特之城”概念大大推进了一步。她引入了麦奎尔的“地理媒介”概念，并指出了它的 4 个主要特征：普遍连接、位置敏感性、实时反馈和媒介融合。她还介绍了上海思南地区的具身性实践。总之，移动传播将城市生活的三重网络——地理之网、信息之网、意义之网交织在一起，生成了新型的社会交往网络，极大地激发了城市的活力和价值。

著名记者刘杰现在转型为互联网研究者，她主要介绍了成都晋阳社区和上海信义嘉庭前置型社区改造项目，用互联网的方式把陌生人社区变为熟人社区，调动居民对社区事务的参与性，基本实现了从管理向治理的转变。互联网如何改变一个社区？刘杰的回答是先要保证社会需求，帮助居民建构信任关系，后要有分享机制，这样一来，彼此才是社会关系网络的纽带。

岳路平是一位艺术家，他的文章其实更像一部信息时代的词典，汇聚了诸如“极体”“程语”“手都”“想象力 2.0”“意义互联网”等自创词语，其中最重要的当然是“开源村”。需要指出的是，“开源村”不等于地球村，也不等于乡村。与岳路平形成鲜明对比的是毕业于德国的车飞，后者的文章就是一部城市空间的微型转型史，为我们提供了城市建筑和社区营造的转型线索和历史。

第三部分是“人机关系”。针对马斯克提出的脑机融合理念，中山大学哲学系教授、国内虚拟现实研究的代表人物翟振明和他的弟子在《南方周末》上发表了《马斯克的“脑机融合”比人工智能更危险》的文章。文中重申了著名的“翟氏三原则”，即三条初始状态的非对称原则。第一，从客体到主体这个方向，信息越畅通越好，控制信号阻滞度越高越好；第二，从主体到客体这个方向，控制信号越畅通越好，信息密封度越高越好；第三，以上两条的松动调节，以最严苛的程序保证各个主体为主导。华南师范大学的陈晓平教授尽管也反对马斯克的理论，但他的反对理由和翟振明大相径庭。他明确反对翟振明的“现实-虚拟对等观”，提出现实世界优先原则，并由此派生出三条关于虚拟世界的伦理原则。第一条是“虚拟局部化原则”，第二条是“虚拟自愿原则”，第三条是“虚拟无害原则”。

剑桥大学访问学者刘伟博士给我们提供的是剑桥版的人工智能历史。他提出深度情境感知（或者深度态势感知）的概念，并认为这是一种人和机器融合后的智能。

中国科学院的王晓博士则提出另一类智能，一种开放性的群体智能。她认为，未来“由人类进行创造性工作而机器完成管理任务的过程”的社会机器正在形成。

北京师范大学的张江副教授似乎走得更远，他已经在思考“人工智能社会学”的问题了。他说：“聊天机器人、推荐算法、智能助理……我们已经被越来越多的人工智能所包围……未来的人工智能程序将会形成每个人的数字化外衣，我们需要通过这层外衣间接地与外在世界互动。

智能程序可以在一定程度上进行自主思考，所以它们会形成一个庞杂的社会。”他认为，人工智能社会学其实已与人无关，而是关乎人工智能自身的学问。

本书的压轴文章来自北京大学的汪丁丁教授，由三部分组成，主要探讨互联网时代的创新人格、社会脑等问题。人格自我是从里往外的，而互联网则是从外往里的。信夫！

以上是我对本书内容与架构的大概介绍，这只是一幅简要的阅读地图，相信读者诸君将会见仁见智。

王俊秀

中国信息经济学会信息社会研究所所长

第一章　新轴心时代

智能科技与新轴心时代：
未来的起源与目标

我在20世纪90年代初才接触到卡尔·雅斯贝斯的轴心时代概念。1993年，在雅斯贝斯诞辰110周年之后，孔汉思（Hans Küng）倡议并组织召开了芝加哥世界宗教大会，会议通过了《走向全球伦理宣言》。据此，一些社会学学者认为世界已进入以“共同意识、生态意识”为特征的“第二轴心时代”。当时，我认为这是小题大做，不过是怀特海的“过程哲学”诱发的“过程宗教”现象又一次复苏而已，没什么大不了的。在之后的很长一段时间里，我甚至忘记了轴心时代这个词。直到2009年撰写报告时，才想起雅斯贝斯的《历史的起源与目标》，我觉得它的书名很好，就套用它写了题为《智能与时代：历史的使命与未来》的报告。后来，我又写了《智能与时代：未来的起源与使命》等报告，旨在以醒目的方式“鼓吹”智能技术，推动智能控制技术发展，特别是社会计算与平行控制等平行智能技术。

从阿尔法狗到新信息技术：工业5.0的必然

人工智能在中国如此火热，阿尔法狗功不可没。除了人和机器在围棋的黑白世界里大战一场之外，阿尔法狗为我们揭示了什么本质性的东西呢？我个人的看法是：科技时代已从邱奇－图灵论题（Church-Turing thesis）转入了阿尔法狗论题（AlphaGo thesis），从信息技术（information technology）转入智能技术（intelligent technology）。工厂不再“挨踢”，该“爱替”了。也就是说，“踢”掉旧产业，“替”上新产业。智能产业，就是“新”IT。

70 年前，冯·诺依曼在读了图灵的文章后，认为今后用图灵机算数就行了，据此设计建造了世界上第一台数字计算机，并提出了今天仍在应用的冯·诺依曼体系结构。因为图灵机与邱奇的 λ 演算在数学上是等价的，而且邱奇的文章发表在图灵之前，所以后来邱奇的一位学生克林（最终转入哥德尔门下完成博士论文）于 1952 年正式提出邱奇－图灵论题。这一在当时具有里程碑意义的事件，今天很少有人记得，但计算机和信息产业能有今日的规模和影响，本质上就是坚信邱奇－图灵论题的结果。实际上，这个论题到底是怎么回事，谁也说不清，但是计算机因此诞生了，整个信息时代也随之而来。人工智能发展到今天，也有邱奇－图灵论题的一份很大的功劳，因为邱奇的 λ 演算后来经“人工智能之父”约翰·麦卡锡发展成 LISP 语言，这也是人工智能历史上具有里程碑意义的工作之一。

我认为历史将会证明阿尔法狗也是这么一回事。围棋的复杂性摆在那里，既然人工智能能这样打败人类围棋选手，那以后任何涉及特定应用的智能问题都可以如法炮制，就如同用图灵机来解决计算问题一样，这是一个新的范式。这个从计算到智能的范式转移，我称之为“阿尔法狗论题”，我还组织了几位同事与学生参与讨论，写出了一篇题为《阿尔法狗去往何方？：从邱奇－图灵论题到阿尔法狗论题》（Where Does AlphaGo Go：From Church-Turing Thesis to AlphaGo Thesis）的文章。

其实这是一个比较“沉重”的问题，因为涉及对复杂性的认识，以及复杂性与智能化的关系问题。我的直觉是，阿尔法狗展示了如何从问题的一般规律出发，将小数据（人类的几十万盘对弈情况）转变成大数据（机器模拟所生成的几千万盘对弈情况），再用智能的方法把大数据转变成小定律、小规则、精准对弈策略知识，这就是智能决策之路，是未来智能算法的生成之道。我称之为“从牛顿到默顿”，即从牛顿时代“大定律、小数据”式的控制方式，到默顿时代“大数据、小定律”式的引导方式。实际上，这只是一个初级的开始。从表面上看，阿尔法狗主要靠深度学习，但其实它体现的是生成式对抗网络（GAN）或对抗式生成网络（AGN）的思想。深度学习只是一种实现手段，肯定还有许多其他更好、更有效的实现手段。比如，集描述学习、预测学习、引导学习为一体的平行学习，以及基于人工、计算和平行（ACP）的平行智能算法。这是一条很长的道路，但生成式对抗网络的算法之力不全是深度学习之力，还有数据之力和计算之力，为这条道路的加速开发提供了动力，并形成了一个突破口。

无论如何，用“文学”的语言来描述这一切就是：阿尔法狗出现之后，时代变了，IT的含义也变了。IT不再是信息技术，那是“旧”IT，现在是“新”IT，即智能技术。但大家也不要忘记200年前的“老”IT，即工业技术（industrial technology）。今后，将是老、旧、新三个IT的结合与平行，即：IT= 老 IT+ 旧 IT+ 新 IT。

这一认识的哲学基础就是卡尔·波普尔的“三个世界”观点，波普尔是20世纪最伟大的科学哲学家之一，他认为现实是由物理、精神、客观知识（或知理、智理、虚理）三个世界组成的，而我认为老、旧、新三个IT分别是这三个世界的主要技术手段。而且，三个世界本身及其互相之间是由交通、能源、信息、物联和智联这5张网结成的一个整体，由此产生了三个驱动轴心，开创了三个平行的轴心时代，人类也因此自然地进入以工业5.0为特征的包含智能科学、智能技术、智能产业、智能经济、智能社会的智能时代。

这当然与工业4.0有十分密切的关系。德国学者认为工业4.0的核心是信息和通信技术（ICT）与信息物理系统（CPS），其实从字面上看这也是工业5.0的核心。但不同时代的人对这些字母的认识不同：对工业4.0而言，I代表信息，C代表通信，S代表系统；而对工业5.0而言，I代表智能，C代表联通，S代表社会。前一种是工业自动化的思维与认识，后一种则是知识自动化的思维与认识。我非常高兴地看到，一些德国学者从2015年开始，用工业5.0的思维重新解释工业4.0。

三个世界与三个轴心时代

为什么要这样讲？这与我们对“轴心时代”的认识有很大关系。十月革命的一声炮响，给我们送来了马克思列宁主义，开启了中国的现代化道路，这是100年前的事情。就在马克思辞世的1883年，卡尔·雅斯贝斯出生了，他在1949年出版了《历史的起源与目标》这本名著，提出了具有深远影响力的“轴心时代”这一概念。雅斯贝斯认为，从公元前800年到公元前200年的这600年间，中东、印度、中国各自独立地发生人性的大觉醒，产生了哲学上的伟大突破，比如中国产生了《道德经》《论语》。雅斯贝斯认为，轴心时代形成的动因是，人类“恐惧、贪婪、懒惰”的“天性”对“交流、比较、共识”的本质性需求。由于这一需求，人类不断地设法建立相互联系的网络，并试图使之全球化，所以哲学上的突破为网络的建设和全球化提供了思想基础。

在雅斯贝斯的轴心时代，网络就是交通网。早在秦始皇统治时期，中国就建成了世界上第一条“高速”公路，即今天还在西安能看到的“秦直道”。依靠“车同轨，书同文”的共识，秦最后统一了中国。

想想被秦国最后灭掉的齐国，当时齐国想扩军的话，不但要招兵买马，兵器也必须在一个地方造好后再浩浩荡荡地运送到另一个地方去，这要耗费巨大的物力、人力和时间。但当时的秦国已统一度量衡，造出来的兵器都是标准件，技术统一，培训简易，既节约了资源和人力，管理起来也更加明确有效。就这样，春秋战国近 600 年，最终只剩一个秦朝及其统一的中国，这是轴心时代流传至今最伟大的奇迹之一。

所以，我几次在国际上“鼓吹”，特别是在国际系统工程协会的论坛上提出，秦朝完全是靠系统工程和标准化运作才统一了中国。否则，今天的中华大地可能就是欧洲目前的局面，甚至像中东那样四分五裂、小国林立、战乱不断。在秦朝以及之后的汉朝，中国又开始了以丝绸之路为代表的全球化尝试，让中华文化、技术、物产有机会传播到全世界。

然而，雅斯贝斯的轴心时代只是第一物理世界的轴心时代，那么第二、第三世界怎么办？用同一个轴心吗？我个人的观点是：每个世界都有自己的轴心时代。精神世界的轴心时代是从文艺复兴时期开始的，直到爱因斯坦的现代物理学体系的基本建立，也经历了五六百年的时间，代表着人类理性的大觉醒和科学的重大突破。客观知识世界的轴心时代源自哥德尔不完全性定理，标志着理性的有限甚至“破产”，随之而来的是人类智性大觉醒，以及技术，特别是人工智能和智能技术的重大突破。有趣的是，人工智能先锋和图灵奖获得者赫伯特·西蒙（Herbert Simon）就是因为提出“有限理性”原理而获得诺贝尔经济学奖的，“离经叛道”的行为经济学随之产生。

在第二个轴心时代，人类开始了第二、第三和第四个网络的建设。这三个网络分别是：从电力网开始的能源网；从电话网开始的信息网，直到今天的互联网；从互联网开始的物联网（IoT 或 IoE）。现在人类社会进入了人工世界的第三轴心时代，并开始建设第五个网络，就是智联网（SoM 或 IoM）。智联网的英文名字也是另一位人工智能先驱马文·明斯基在 1986 年出版的一本书的书名——*The Society of Minds*（《心智世界》）。今天在人工智能中起重要作用的代理方法，就是这本书提出来的。对我而言，SoM 就是智联网。

我称这五张网为从 Grids 1.0 到 Grids 5.0，它们使三个世界结合成一个有机的平行智能世界。Grids 1.0、Grids 3.0、Grids 5.0 分别是物理、精神、客观知识世界的主网，人在中心，借助 Grids 2.0 从物理世界获取能源，实现动力的工业自动化，利用 Grids 4.0，从精神世界得到知源，实现智力的知识自动化。显然，Grids 2.0 和 Grids 4.0 的功能是实现不同世界之间的过渡，相应地，工业 2.0 和工业 4.0 也必须是过渡性质的。从此，一切都变了：交通变成了社会交通，从优步（Uber）、滴滴出行到共享单车；能源变成社会能源；计算变成社会计算；制造变成社会制造；最后，智能变成社会智能。我认为，这才是走向共享经济和智能社会的正道，也是必经之路。

世界与轴心的起源与动机

波普尔早在 20 世纪 50 年代就提出了三个世界的观点，但他并没有将这个观点当成一回事，只是在演讲里说说而已。一直到 20 世纪 70 年代讨论知识的本质时，波普尔才正式推出他的三个世界的理论。一位在我看来十分谦虚的人，此时竟然一反常态，说三个世界理论是一个“奇迹”，为全人类找回了“尊严”。为什么？因为第二轴心时代的科学一开始时带给人类的都是“悲剧”：哥白尼的“日心说”使地球从宇宙中心这一神圣的位置上被拉下来，人类的物理世界崩塌了；还没等人们缓过神儿来，达尔文的进化论又说人类不是上帝之子，而是从“猿猴”进化来的，人类的精神世界也失陷了！相较之下，只有波普尔的客观知识世界是由人类独创和主宰的，在这里人类就是造物主！

这印证了马克斯·韦伯的困惑。他率先认识到轴心现象，但令他困惑的是，似乎大悲剧和大史诗才是产生轴心时代的必要条件。从文艺复兴到爱因斯坦，正是从大悲剧到大史诗的历程。地球不再是宇宙中心，人类也不再神圣，但我们有了科学的理性，有了哥白尼、伽利略、牛顿、爱因斯坦等伟大的科学家，也有了以现代物理学为代表的现代科学体系和现代化的社会生活。这也是我反对把 1993 年的芝加哥世界宗教大会视为第二轴心时代的开端的一个重要原因。但是，为什么会有三个世界和三个轴心时代呢？

我认为这只是开始，将来还会有更多的世界和更多的轴心时代。这是一个从简单到复杂，再从复杂到简单的必然过程，是人类的天性所致，也是一个永恒的过程。

对我而言，波普尔的三个世界观点就是人类认知的数学商空间或商关系的表示，第二世界是第一世界的一个商空间或心理“坍塌”，第三世界又是前两个世界的一个商空间或知识“坍塌”。换言之，这是希望把复杂事情简单化的必然结果。

为什么？我们在物理世界里认识和建设的东西越来越多，以至于产生了将物理世界的东西进行合并归类的想法，于是，我们的语言中就有了诸如“树叶”和“汽车”等概念和术语。“树叶”是苹果树叶、橘子树叶等各类树叶的总称，“汽车”也是奔驰车、宝马车等现在或将来的各样车辆的总称。这些总称大大减轻和简化了我们的认知负荷和学习负担。久而久之，自然就产生了物理的第一世界和生理或精神上的第二世界，加上自动化技术，就有了今天的工业社会。

20 世纪 80 年代有一套名为《走向未来》的丛书，影响很大。我还记得其中一本书讲到人类学家去亚马孙雨林研究原始部落，并发现那里的人无法理解“树叶”这个概念。他们认识雨林中各种树的叶子，却不知道抽象的“树叶”概念是什么。对这些人而言，世界上根本就没有“树叶”，就像我们在地球上找不到一辆“汽车”能够展示出所有车的特征一样。

现代人或许觉得原始部落的人很无知，但原始部落的人也可能认为我们不可理喻。我年少时觉得“白马非马”是笑话，后来才知道其中蕴含的深刻的哲理。总之，复杂与简单的“斗争”促使我们不断创新，不断以新的“关系”淡化复杂性，颠覆已知的世界，形成更简洁的“商空间”。

但随着各种各样的概念越来越多，形成了今天无人能够全面了解的庞大科学体系，事情又变复杂了！为了更好地生存，更有效率地生活，我们只能继续简化。于是，我们在物理、精神空间之外寻求简化之道，“虚理”空间应运而生，这就是波普尔所谓的“客观知识世界”。因此知识自动化、人工智能或智能科技，就成为重新简化和改变世界的法宝。

三个世界之外是什么？我不知道，但对数学领域的无穷大概念有所了解的人都知道，在认识上突破“三”不是一件容易的事，后面我会解释这个问题。

轴心时代是如何产生和发挥作用的？根据雅斯贝斯在《历史的起源与目标》中所述，轴心时代的形成和发挥作用都是因为全球化运动，也是人的恐惧、贪婪和懒惰的天性作用的结果。人们因恐惧而渴望交流，因贪婪而进行比较，因懒惰而寻求共识、制定“标准”。当人类驯化马之后，“人路”变成了“马路”，全球化的速度大大提高，形成了村落乡镇的社会形态，推动了第一轴心时代的到来。

在第二轴心时代，我们建设了交通网、能源网和信息网，马路变成了高速公路，还有了大都市。在第三轴心时代的今天，无人驾驶汽车成为热点话题，物联网使汽车变成“网联车”，智联网又进一步使“网联车”变成“智能车”，同时变革社会基础设施，把水泥森林般的城市转变为智能社会的生态系统。总之，轴心时代是全球化和网络化的必然结果，也是人类交流、比较和达成共识的需求作用的结果，还是从复杂化到简单化在新的空间中的对立与统一。

这一过程是永恒的，我们不妨回想一下《科学革命的结构》一书作者托马斯·库恩在《结构之后的路》中所讨论的“3C”理论：不可公度性、不可比较性和不可交流性。该理论揭示了人类“交流、比较、达成共识”的全球化道路不但艰难，而且是一个永恒的人类发展过程。借用奎因和库恩的隐喻，人类的努力就是结网，从局部网到全局网，从单学科到跨学科，旧世界由商空间约简“坍塌”而“涅槃”成为新世界，层层生成人类的“字典网络”，整体复杂，但新的技术使新生层简单，从而在一段时间里完成从复杂世界到简单空间的进化。

新的世界、新的轴心、新的时代，从简到繁，周而复始，这就是人类存在和发展的动机和使命。

人类在新时代的位置：无用阶级无用吗？

我从未想过人的地位和作用在任何世界及其轴心时代会发生任何变化：人生于世界、定义世界、主导世界，这是一个永恒的哲学命题，其证明过程就是人类存在的唯一理由。

但社会上形形色色人物的言论，让许多人担心人工智能，特别是所谓的“强人工智能”的发展会让人沦为机器的奴隶。其中的典型代表有“技术奇点”理论，它认为机器智能将很快全面超过人类智能，这个过程不可避免且不可逆。这种观点从 20 世纪 80 年代就出现了，从未被严肃对待过，人工智能再次成为热点之后，这一理论又被一些人拾起，热闹过后，现在已经很少有人理会它。一些著名的企业家预言“人工智能将引发第三次世界大战”，著名物理学家霍金甚至称“人工智能会终结人类文明”，这些危言耸听的言论虽博人眼球，但无法产生持续的影响。我可以直言不讳地说，所谓超人类的“强人工智能”只存在于虚构作品之中，它无论在科学还是法律上都是非法行为。

最令大众担心的是“人工智能很快将导致50%甚至70%的工人失业”之类的言论，这直接触及他们的个人利益。《人类简史》和《未来简史》的作者尤瓦尔称人工智能将使人类变成“无用阶级”，这进一步加剧了人们的担心。其实，早在200多年前，英国人就担心过机器会抢了他们的饭碗，当时的女王认为纺织机会使她的臣民沦为“乞丐”，以至于臣民们干脆把机器都烧掉，这就是近代工业史上的“卢德运动”。今天的机器比过去先进多了，虽然会偶尔打乱一些人的生活节奏，但它们不但没有让人失业，反而提供了工作机会，让生活变得更美好。相信不久以后，人工智能也将为我们提供更多的工作机会，让生活更美好。

回顾人类发展的历史，我们无须担心自己会变成“无用阶级”。从母系社会到游牧社会，我们成了“无母阶级”；到农业社会，我们又成了“无游阶级”，不必再跟在野兽和野果后面“游荡”；到工业社会，农民成为产业工人，走进车间和办公室，不用再受风吹雨打之苦。400年前，徐光启翻译“无用”的《几何原本》时，曾悲愤地感叹：无用之用，众用之基。因此，“无用阶级”的形成是人类的进步，是众用之首。一个稳定和规模化的“无用阶级”，是一个社会成为智能社会的标志和保障。

能对此进行更深刻阐释的案例是从事人工智能研究的第一位华人王浩的工作。王浩于20世纪40年代在国立西南联合大学学习哲学，后去哈佛大学做了奎因的博士生。在此期间他对利用早期的计算机进行定理证明产生了兴趣，并因此成为人工智能领域的开拓者，还被国际人工智能联合会授予第一届“数学定理机械证明里程碑奖”。王浩晚年专注于研究哥德尔的哲学和数学思想，创立哥德尔学会，并担任首届会长。根据王浩的研究，哥德尔在建立其不完全性定理之后，一直希望将其推广到哲学和社会学中去，以证明“或者人脑超过所有的计算机，或者数学不是人脑创造的，或者二者都成立”。总之，机器智能永远无法超越人类智能。

在一定程度上，哥德尔关于人工智能的思想可以用“广义哥德尔定理”简述如下：算法智能远小于语言智能，语言智能远小于想象智能。表示如下：

算法智能（algorithmic intelligence）<<

语言智能（linguistic intelligence）<<

想象智能（imaginative intelligence）<<……

换言之，能够清楚写下的规则所展现出的智能，不如能够清楚讲出的语言所蕴含的智能，这两者又远不及能够清楚想到的意象所隐含的智能。而且，随着人类的进步，新的世界将不断产生。其中，从想象智能到语言智能再到算法智能，将是一个永恒的进程。

有趣的是，中国在第一轴心时代的第一位哲学家老子的《道德经》，是以“道可道，非常道”开头的。但当今一些学者根据新的考古发现，认为这句话的正确断句方法应是“道，可道，非常道”，这恰与算法智能、语言智能、想象智能相呼应，更与广义的哥德尔定理实现了完美的匹配。道，即算法智能；可道，即语言智能；非常道，即想象智能。

所以，我们可以相信汽车比人跑得快，飞机比人飞得高，计算机比人脑存储得多、算得快、判断得准，但人类还有算法没有的语言智能，以及语言没有的想象智能。我们永远不能相信机器比人类更“聪明”，除非重新定义什么是“智能”。就算要重新定义，也是人类的工作，如同哥德尔定理和库恩的 3C 理论所揭示的，算法写不出、语言讲不出、电脑想不出。追求智能，就是人类生存的一切。

老子的《道德经》还有“道生一，一生二，二生三，三生万物”之言，为何是三？数学上有无限个无穷大存在，但人类至今除了整数的集合、实数的集合和曲面的集合这三个分别代表点、线、面的无穷大存在之外，并不了解其他的无穷大存在。或许，搞清楚人类在三个世界、三段轴心、三层智能之外的位置，是人类对自己的非分要求。

中国梦的意义：智能全球化的历史机遇与使命

第三世界的开发和第三轴心时代的开始是人类社会发展的历史性机遇，这一机会对于每个国家都是均等的。然而，中华民族的人口资源、文明传承和施政体系，以及目前国家领导核心的理念、决心和执行能力，已使中国被世界许多国家看好，最有可能抓住这一历史机遇。在许多中国人心中，这也是抓住机会实现“弯道超车”的绝佳时机。

但如果我们希望以和平及对世界有所贡献的方式实现中华民族伟大复兴的“中国梦”，我们就必须摒弃“弯道超车”的思维。在普通人眼里，为了安全，大家应在弯道之处减速，而不可为了领先而超车，更不能在别人的道上“弯道超车”。拥有 13 亿人口的大国如果“弯道超车”，这个场面一定十分壮观，但也必然令一些人不安，会在客观上加剧“中国威胁论”。

“改变心态，就是改变命运”，我们必须打破在别人后面追赶的惯性思维，创建自己的智能科技话语和实施体系，掌握智能时代的话语权和影响力，建设第三轴心时代的新“直道”。我们不但要自己“换道”实现安全超车，还要鼓励和帮助其他国家和民族借我们的新“直道”共同发展，走向智慧和富裕的社会。可喜的是，《新一代人工智能发展规划》在全世界首次提出建立中国的智能创新、智能科技、智能军事、智能经济和智能社会体系，这就是创建“直道”实现发展的新思维。

从秦朝的“秦直道”到智能科技的新直道，这也应是“一带一路”倡议的时代思维。第一轴心时代的目标是第一世界的全球化，但这是一个“你无我无”的物理世界，只能是“负和”的全球化，战争成为其主要手段。然而，中华民族却以当时最文明的方式——“丝绸之路”开始了第一次全球化尝试，为世界文明做出了自己的贡献。第二轴心时代的任务是第二精神世界的全球化，这是一个“零和”的世界，除了知识的自由传播，自由贸易成为其主要手段，但可耻的是仍以列强的侵略和殖民为开路先锋，而郑和“七下西洋”是中国又一次尝试全球化。在第三轴心时代之初，中国发起了“一带一路”倡议，以智能科技开发出能够“无中生有”的人工世界，这是一个可以“正和”全球化的世界，为多赢包容的第三次智能全球化开山辟路，创建一条人类命运共同体的智慧发展新“直道”。

随着人工智能和智能科技的发展与普及，中华民族历史上的“天人合一”和“知行合一”可以成为落实新轴心时代“共同意识、生态意识”的理念和技术，这就是人机结“合”、知行合“一”、虚实一“体”的“合一体”平行智能技术体系。因此，我们的当务之急是从教育改革入手，就像百年前在外力的压迫之下，我们把农业时代的私塾变成工业时代的学校。今天，要实现中国梦，走到世界舞台的中央，我们就必须主动把目前的工业化教学系统变革为智能化的教育体系，为新时代、新产业培养新的科技和管理人才。

一个拥有世界最多人口的大国，除了领先世界并多做贡献之外，没有其他选择。我们必须抓住人类发展的这一历史机遇，“逢山开路，遇水架桥”，创新智能科技，以和平的方式实现民族伟大复兴之梦，推动人类命运共同体的发展。

王飞跃

中国科学院自动化研究所复杂系统管理与控制国家重点实验室主任

国防科技大学军事计算实验与平行系统技术研究中心主任

中国科学院大学中国经济与社会安全研究中心主任

青岛智能产业技术研究院院长

智能文明何以可能？

机器文明的历史审视

现代社会以技术的全方位应用为根本特征，或者说现代社会的本质是技术性的，这是法兰克福学派等西方马克思主义流派的一个重要观点。从逻辑上来看，由于技术是决定当代生产力发展水平的核心要素，所以该观点与马克思关于生产力决定生产关系的论断相吻合。

技术在历史上呈现出的物质形态很多，比如从原始社会的石器到近代的蒸汽机，从陶制器皿到反应釜，从木制水车到水力发电机等，都是历史上不同阶段的技术人造物。但由于工业革命以来蒸汽机对社会发展的巨大影响，人们把机器作为近代技术的标志，把自蒸汽机发明以来生产力的巨大进步视为机器带来的革命，与之相匹配的则是机械唯物主义对人类世界观的重塑。

在这种背景下，如果从社会文明发展的技术决定论的立场出发，我们可以用石器、青铜器、铁器这些进入人类生产实践的材料来对文明进行分类，也可以按能量来源的不同，用水力、蒸汽、电力、核能来标示人类文明发展的不同阶段。总之，都是采用某种技术人造物作为人类文明发展的标志。

但是，技术与文明发展的关系未必是单向的线性决定关系，文明中不同的传统习俗、宗教信仰、文化观念和价值观取向等对技术的发展和应用也存在着巨大的反作用。如果从更宽泛的角度来看技术与文明之间的互动关系，除了将人类从早期的整体主义世界观向近代机械世界观的转变，视为受科学革命的直接影响之外，也将其视为近代以蒸汽机为标志的机器广泛应用的结果，那么我们用“机器”来标示文明似乎比用材料、能源更加全面。尤其是自控制论诞生以来，对机器这个概念的审视从能量角度转向了信息角度，或者按控制论哲学家克劳斯的说法，从操作能转向控制能，从而区分了古典机器和控制论机器两个不同的机器发展阶段。这意味着信息就像历史上的钟表一样，对文明发展进程中的世界观和生活实践也产生了重大影响。

鉴于此，我对于文明的历史性考察将以“机器”为主要脉络，根据机器发展的历史水平来定义不同的文明历史阶段。在这种考察中，关于机器的定义采取了更宽泛的维度：除了通常意义上用于进行能量转换、做功的机器之外，还包括器皿（比如反应釜等）、公共设施（比如水利工程、公路等）、工具、实验设备、技术技能和经验等，这种广义的机器定义也被称为“机器体系”（下文如无特殊说明，对于机器和机器体系的含义将不做区分）。

20 世纪 30 年代，美国社会哲学家刘易斯·芒福德在帕特里克·格迪斯的观点基础上，把机器体系和机器文明划分为三个连续但又相互重叠、相互渗透的阶段：始生代技术时期、古生代技术时期、新生代技术时期。其中始生代是从 10 世纪到 1750 年，古生代是从 1750 年到 1850 年，属于一个过渡性时期，新生代是从 1850 年到 20 世纪上半叶。芒福德对这三个时期按照“能源–材料”的维度进行了区分，始生代对应“水力-木材”技术体系，古生代对应“煤炭-钢铁”技术体系，新生代对应“电力-合金”技术体系。这种特殊的机器文明体系分类维度，从人类生产与生活的实践来看，具有一定的合理性。历史上除游牧文明之外，农业和工业文明时期的人口分布、生产体系的组织、技术和产业的竞争、资源的争夺乃至战争，均可以从“能源-材料”分类的角度加以分析。

芒福德的技术发展分期并没有覆盖人类历史的全部，而且由于其对技术史的考察主要基于欧洲和北美，所以忽略了东方文明的辉煌成就。他认为格迪斯把技术发展的历史仅区分为古生代和新生代还不够，还需要加入一个长达 700 多年的始生代来说明古生代的技术成就不是凭空产生的，但实际上始生代也有前史，始生代人与技术之间的关系也应有更早的起源。同时，他对新生代之后计算机的发明对人类社会发展趋势的影响，也未加以考虑。因此，利用杠杆、斜面等始生代之前的技术时期，以及“二战”后计算机给人类文明带来的冲击，都需要被纳入机器文明历史的考察范围。

在上述机器文明的进化史中，机器体系的进步固然成为文明进化的核心推动力，但很多时候它并不是唯一的推动力，有时候甚至会遇到旧文明中强大的守旧观念的抵抗。比如 19 世纪晚期中国的洋务运动在建设铁路时，就因为中国文化中的风水传统而遭到抵制，个别铁路甚至在被赎回后遭到拆除。这说明机器文明的代际更替需要社会观念做好相应的准备和转变，以应对机器体系进步带来的冲击。铁路、航海、电话和电报的发明和发展，使得传统上相对独立、分割的社会在技术上可以逐步按照中央集权的方式进行管理，人员、信息、物质的交流在新生代技术时期空前繁荣起来，传统文明或者融入机器文明的进化进程并在观念上完成转变，或者被孤立在最新的机器文明之外，固守过时的历史传统和观念，就像“二战”前未被开发的封闭地区或偏僻小国那样。

机器文明历史上的核心特征

在机器文明进化的历史中，技术发展的主题从宏观来看，主要还是围绕着提高生产力水平和优化社会组织方式展开，并由此形成了若干核心特征。

首先，技术在不同阶段重塑了社会秩序和等级。在人类社会发展早期，或者通过天象等自然现象，或者通过宗教或巫术来建立和塑造秩序，人们生活在一种整体主义的世界观中。后来随着时钟的发明和透视规律的发现，时间和空间被结合起来，这使得整个社会建立了一种可以独立计量和考察的时空观。接下来科学革命和工业革命的成果，使得在军队、政府和宗教组织之外诞生了像工厂这样的大规模组织形态，社会等级和秩序不再只与宗教、封建王权、军队有关，商业组织和工厂生产的迅猛发展，也重新塑造着资本主义社会的等级和秩序。

其次，技术的开发往往围绕着如何克服生产和生活中时间和空间的限制这一问题。比如对于食物储存而言，人们发明了各种冷藏、杀菌以及腌制技术，使食物的保质期更长。各种交通技术，比如车辆、船舶的建造，是为了克服空间移动的困难。照明技术则使人们在黑夜中有了更大的活动空间。对于各种器皿和基础设施而言，石头、钢铁、合金的使用寿命比木材更长。纺织和服装业的发展，使人们可以抵御温度变化给身体带来的影响，这也扩大了人类的活动范围。总之，类似的发明在历史上是一个被持续关注的主题。

再次，技术的发展以打破人的生理或体力限制为目标，各种工具可以说是人类器官的延伸，比如杠杆、斧头、刀具等，也可以说是个人能力的放大。就做功而言，从依靠四肢到依赖杠杆，再到各种电动工具以及蒸汽机、内燃机等动力设备，人类做功的能力逐步得到提高。在视物方面，从用裸眼到用近视镜或老花镜矫正视力，再到用显微镜、天文望远镜放大肉眼的观测范围，克服了人类视力在生理上的局限。

最后，技术有助于人类形成严守纪律和效率至上的观念。无论是始生代还是新生代，参与社会实践的人类只有通过协作才能达成目标。早期的协作是人与人之间以及人与简单工具之间的协作，比如船舶上的桨手、舵手划船前行，或者在房屋建造中通过群体劳动来夯实地基等。到了工业革命时期，大机器工业需要劳动者严守纪律和操作规程才能保证生产的稳定性和产品质量的可靠性。而且，效率上的提高往往能够带来物质上的奖励，从而强化纪律和效率观念。

智能文明是当代的机器文明

自从控制论诞生以来，人们对机器和机器体系的认识又深入了一步。机器不只是完成操作能的转化，在当代更多的是通过信息来控制机器的运作，最终机器甚至不必具有传统意义上能够做功的物质形式，而只需要完成信息的输入、输出和加工转换。从这个意义上来看，以计算机为核心的智能文明同样是一种形态更高级的机器文明。围绕着计算机，人们又建造了各种实用性的基础设施，比如机房、网络、不间断电源等。针对信息处理的复杂性，人们还发展出各种管理体系，比如网络协议、公钥密码体系等。因此，在这种以信息处理为核心的机器文明中，机器帮助人类提升了工作效率，代替人类完成了各种工作任务，从解放人类的体力劳动转向解放人类的脑力劳动，从而构成了这种文明的关键特征——智能化。

与历史上用“能源-材料”的维度来区分不同的技术体系类似，在智能文明时代也有类似的区分，只不过当时代的主题从能源转向信息之后，这种区分更多是在象征意义的层面上。

在智能文明时代，社会生产力发展的动力不再是传统的一次能源或化石等二次能源，而是计算能力。计算能力可以从计算设备和算法两个维度来度量，即“计算设备 / 算法”，同样，计算能力处理的也只能是各种原始数据和信息，即“数据 / 信息”。所以，与历史上机器文明的“能源-材料”维度对应的是智能文明的“计算能力-信息”维度。

与历史上机器文明追求克服时空的限制一样，在智能文明中，人类通过赛博空间保持虚拟的不朽和永恒，新的等级和秩序也基于不同的标准建立起来。比如在区块链技术中，针对某种特定算法的计算能力就是新秩序和等级的建立者。而在黑客社区中，对专业知识的掌握程度和技术问题解决能力的高低，则成为新等级的划分标准，这种等级观不再建立在黑客的家庭出身、学历、职业背景之上。

当前，智能文明并不独立于新生代技术时期而存在，相反，智能文明与新生代技术时期是一种共生性的存在。若没有之前发展起来的交通、能源、化学、冶金等各种基础工业和设施，智能文明将成为空中楼阁，无法独立生存。随着未来对传统新生代技术的改造，两个世代的机器文明将逐渐融合，智能文明将逐渐接管人类在生产实践中的某些环节，在精神上大大地解放人类。

智能文明的孕育和诞生

智能文明从表面上看是一种工具驱动的机器革命，即计算机的发明催生了智能文明，但在深层次上却有着多种驱动因素。

首先，工业革命后，以“电力-合金”为基础的技术体系极大地推动了生产力的发展。传统的三机体系——动力机、传动机和工具机在大规模工业生产中逐渐成熟，能源的生产、输送从蒸汽时代的点状和较短距离的线状发展到电力时代的网状和大规模部署，与之对应的配套机械和设备更加丰富多样。这些都大大提高了人们的生活水平，生产效率的提高也为智能文明的诞生提供了物质基础。

其次，文艺复兴和宗教改革为科学革命和工业革命提供了观念转变的基础。人们从中世纪的教义中得到解放，在基督教新思潮的庇护下从事科学研究。同时，宗教改革为商业发展提供了观念上的动力，从而为科学在商业上的应用找到了切实的需求。

再次，在20世纪上半叶，完成了从机器拟人化（machine as mind）到人类拟物化（mind as machine）的观念变革。这个变革把以前世代的机器文明中的人类劳动器官的投影，扩展到人类心灵能力的机器实现上。这个变革在知识来源上至少有4个方面，前3个是数学、心理学、计算机，最后一个方面是通过控制论的诞生和传播，在生物和机器之间建立起新的对应关系或隐喻。

最后，作为催化剂的战争推动了计算机的发明和智能时代的到来。第二次世界大战把工业革命之后的“能量”主题升级为“信息”

主题，决定大西洋海战中盟军舰队命运的，不再是强大的火力，而是布莱奇利公园中计算机科学家和密码专家研发的密码破译设备。这种设备的用途和在原子弹研制及防空火炮控制中的计算任务明显不同，由此人们自然地想到将计算机用于计算之外的用途。虽然在这之前很多年，机械计算器早已开始帮助人们进行数值计算，但只在电子计算机发明后，人们才有可能用它来解决常规的智力任务。比如 1956 年在达特茅斯会议上,计算机科学家演示了用于证明命题逻辑定理的“逻辑理论家”程序。

智能文明应具备哪些特征?

与新生代或始生代的技术体系相比，智能文明除了继承历史上机器文明的核心特征之外，还具备一些新特征。

第一，智能文明具有重塑新的秩序、等级和效率观的作用。这比以前的工业革命或电气革命更加重要，原因在于当前社会由于人口膨胀和资源短缺，对文明社会中的秩序和等级更加重视。由信息驱动的社会，其效率度量的标准不再只是机器做功的能力，而是信息的生产、储备和消费对物质生活和精神生活的影响程度。

第二，智能文明可以重塑人类的幸福观。这种新幸福观的最大特点就是在虚拟世界中人类如何实现不朽。借助各种技术手段，每一个普通人都可以像历史上的圣贤那样在赛博空间中留下痕迹并影响他人。人类将觉得自己不再受到肉体的束缚，而可以在网络中永恒存在。同时，这种虚拟的幸福观将与人们在现实生活中追求幸福的行为相互影响。

第三，智能文明将塑造在缺乏具身性下的人类行为方式。在赛博空间中，人们不再用在场的躯体感来设想和感受行为的后果，这使得人类的决策和行为机制面临很大的挑战。比如，操纵着数千千米外的战斗无人机的人员如何在屏幕上决定是否攻击可疑的目标；当仿真系统显示大坝可能崩溃时，工程师能否仅依靠计算机给出的可能后果来决定是否泄洪。

第四，智能文明中机器的应用比以往具有更大的反身性。在新生代技术时期，机器体系产生的巨大威力会鼓励人类开发威力更大的机器。但在智能文明时代，对机器力量的感受、开发哪一种机器、将机器应用于什么场合等问题，都可能由计算机或者人工智能代替人类来做出决策。实际上，人类对新机器体系的决策将不再是独立的，而是会受到智能机器体系的影响。这种反身性应用可能会导致人类逐渐失去决定人和机器之间距离的独立性。

第五，人类闲暇时间由于体力和智力任务的双重减轻而空前增加，由此带来对精神产品和服务需求的增速将远高于物质产品。当然，精神产品和服务的生产边际成本将非常低，甚至为零。

第六，出于上述种种原因，社会治理方式将发生根本性变革。由于传统秩序和等级的消解，中心化的社会治理结构将逐渐被淘汰。个体的自我决策与其他去中心化的技术措施也将结合起来，形成一种崭新的人类社会治理结构。

智能文明何以可能?

智能文明作为当代的机器文明，虽然人们已经见证了它的诞生，但距离其成熟并具备上述的核心特征仍存在不少差距，因此目前我们还不能说已经进入了智能文明时代。下面从技术、文化和哲学、社会实践这三个宏观维度来探讨人类真正跨入智能文明时代的可能性。

从技术维度看，支持智能文明实现的主要技术包括人工智能、智能控制和认知科学，目前这些技术面临以下困难。

第一，当前的人工智能一般只是针对人类智能所面临的特定任务的“智力放大器”。比如，数值计算、图像自动识别、博弈等还不具备跨领域的自我学习能力，更为重要的是，它们无法理解人类生活的精神基础，也就无法在理解人类价值观和生活方式的前提下进行自我限制和约束，从而最终在精神上与人类共存、互动。

第二，对于人类特有的“意识”及由此产生的精神生活，目前还缺乏足够的认知，难以从原理上解释人类的意识现象和精神活动。因此在解决意识问题之前，我们需要先在技术上找到类似“道德代码”或者“价值观代码”之类的机制，使机器在缺乏人类意识的情况下，成为人类友好和得力的帮手。

第三，当前智能文明处于较低发展水平，通过对大量数据或信息的处理来实现的人工智能，一般需要海量的计算资源并始终在线，在同等任务环境下比人类消耗的能量更多，因此大规模、低成本地在离线状态下完成智能计算任务将成为未来发展的方向。

第四，鉴于目前智能文明所依赖的技术尚处于一种黑箱状态，我们需要考虑技术故障所导致的社会风险，以及风险发生后的恢复措施。而目前这方面的风险管控技术和恢复机制尚不成熟，对于把社会治理的各项基础措施（比如智能交通、医疗、司法等）交给机器来接管，人们仍然有些担忧。

第五，由于机器目前尚不具备跨领域的学习能力和相互协作能力，所以在各个特定领域大规模地部署专用机器和软件可能不是最经济的方式，也难以完成创新型任务，智能机器对人类智能的替代远未达到我们期望的水平。

第六，当前人工智能和智能控制的技术开发并非基于对人类智能工作原理的理解，因此这种黑箱式的技术实践不能给人类带来安全感，尤其当技术的应用规模急剧增长时。在历史上，只在人类对鸟类的飞翔原理进行了空气动力学方面的深入理解之后，才实现了各种航空器的大规模制造。在智能文明时代亦如此，只在深刻理解机器工作机制的前提下，人们才能大规模地开发和应用智能技术。

从文化和哲学的维度看，当前的智能文明发展仍然面临不变的挑战：宗教、习俗等传统文化可能排斥机器全面接替人类，人类社会能否安然接受由算法主导建立的新秩序和等级？人类独有的知识生产和评价能力能否完全交给机器来主导？价值观和道德领域能否交给机器来生成和评价？在虚拟空间的无身性存在和认知能否作为人类决策的依据？最重要的是，随着我们把理性、符号、工具制造能力乃至创新能力这些传统上属于人类的本质特征均赋予机器之后，哲学意义上人类的本质和边界在哪里？这个哲学人类学的深刻问题仍然没有一个获得广泛共识的答案。

从社会实践的维度看，智能文明也面临诸多问题。一是历史上各个机器文明时期的贫富差距问题能否得到缓解或者消除；二是我们需要判断机器对人类智力活动的解放，是否会导致大量重复性较高、复杂度较低的工作岗位消失；三是智能文明时代生产效率的提高，能否满足大多数不从事物质生产的人的生活需要（比如粮食、能源等）；

四是在机器智能成为主导力量，取得对人类军事力量的压倒性优势之后，人类的军事行动是否还有存在的必要；五是如何在智能文明中建立一个新型的社会治理机制，比如是否沿袭传统的代议民主制度；六是一个很关键的问题：历史上人类文明的多样性是社会发展的核心动力之一，如果智能文明建立了一个单一的社会形态，那么如何保留并发展多元化的社会文明形态？

综上所述，当前的智能文明自诞生以来，还处在新生代技术体系主导的传统文明的环境中，面临从技术到文化乃至社会的多方面问题，而且大多数都没有找到比传统文明更好的解决方案，因此我们只能将当前称为智能文明的婴儿期。

跨入智能文明尚需时日

历史上各个世代的机器文明，逐步解放了人类的体力，并开发、利用自然界资源的巨大能量，使之满足人类生存发展的需要。但它们在全面解放人类的智力，在精神上与人类形成一种友好的共生互助关系，以及在技术、文化和社会实践上，似乎还没有找到一条清晰的实现路径。

与历史上的轴心时代相比，如果将当前智能文明将要迈入的时代称为新轴心时代，那么新轴心时代的来临为人类提供了一个重新建立秩序、效率、等级的机会。在这种背景下，我们需要用全球视野来进行对话和交流，建立推动智能文明实践的治理机制。

目前在这种自发性的发展智能文明的实践活动中，从学术界、产业界、政府到普通民众，均存在广泛的利益诉求和冲突。在全球对话过程中话语权的分配也不平衡，大多数发展中国家都被排除在外，发达国家中的话语权又往往掌握在产业巨头手中。因此当前的行动计划应该是在全球范围内，建立一个涵盖各方诉求、平衡各方发展的历史差异的对话机制，让更多人参与到智能文明的讨论中，谋划新轴心时代的文明如何消除旧机器文明中的社会发展不平衡，为建立一个崭新的技术友好型文明而共同努力。

陈自富

理学博士

上海交通大学科学史与科学文化研究院客座研究员

从量化历史看人工智能

人们常说："需求是创新之母。"但需求到底如何引导或驱动创新，或者说，创新如何满足人的需求呢？关于这方面的系统性研究并不多。基于心理学家马斯洛的需求层次理论，我对过去一万多年里科技创新的成果如何满足人的各层次的需求做了一个分类，结果如下图所示。

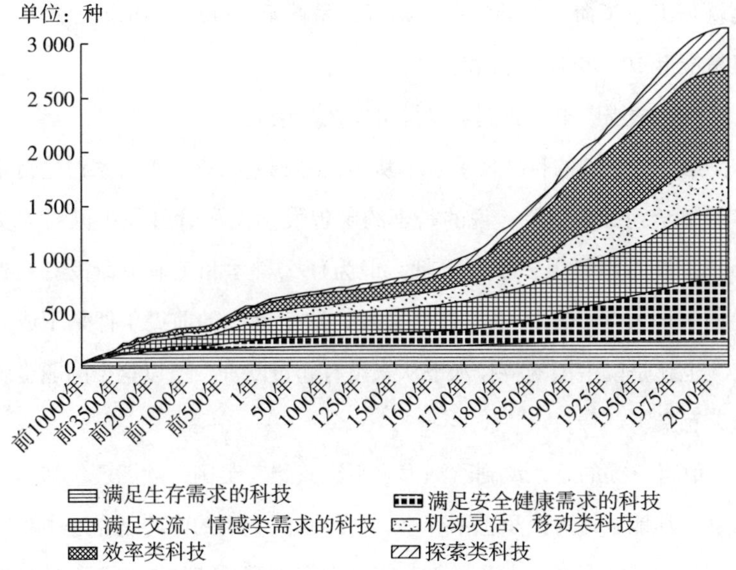

图 1-1　过去一万年里人类科技创新成果的分类趋势图

上图中最下面一层是满足生存需求的科技，往上面一层是满足安全健康需求的科技，再上面一层是满足交流、情感类需求的科技，从下往上的第四层是机动灵活、移动类科技，从下往上的第五层是效率类科技，最上面一层是探索类科技，即几乎没有什么实用价值、像观测星空之类的科技。

我也对科技创新成果做了一个地域性分类。在图 1–2 中，第一组是截至公元前 700 年，也就是雅斯贝斯所说的轴心时代之前，各地区科技创新成果的累积情况。涉及的国家和地区分别为：中国、欧洲、印巴、中东、北美和其他地区。第二组是截至公元 1 年，也就是轴心时代结束后，各区域的科技创新成果的累积情况。第三组是截至 1300 年（中国历史上宋末元初时期）的情况。第四组是截至 1600 年，也就是工业革命之前的情况。第五组是截至 1900 年的情况。最后一组是最近 100 多年来的情况。

从这两幅图里，我们可以得出什么结论呢？

第一，欧洲的科技发展水平从不比中国差。有一个大家讨论得很多的“李约瑟难题”，说的是李约瑟曾发问，尽管古代中国对人类科技发展做出了很多重要贡献，但为什么科学和工业革命没有在近代的中国发生？从图中的数据来看，这个问题的前提条件是不成立的，也就是说中国的科技水平从来没有超过欧洲，所以这个问题也就毫无意义了。

值得一提的是，说到欧洲大家不能只想着英国，欧洲还包括其他国家，其地域覆盖面积也不算小。古代欧洲文明的中心是在地中海区域，而不是在英国。在公元前，英国没有太多的科技成就，而当时地中海地区的科学技术则非常发达。

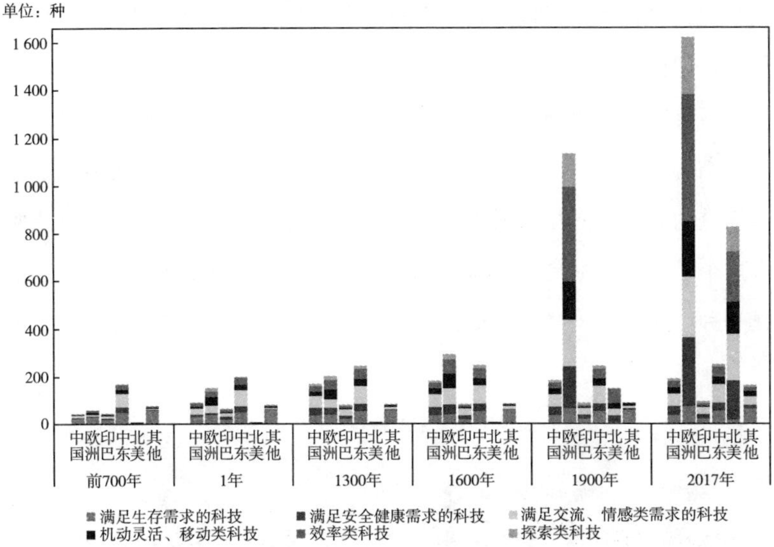

图 1-2 各主要地区在一些关键历史节点的科技创新成果累积分类图

第二，在远古时期，中国的科技水平虽然没有超过欧洲，但也差不多。量化分析的方法总会存在一定的误差，每一次考古都可能会发现新的东西，从而更新数据。可以说在轴心时代之前，中国与欧洲地区的科技发展水平差不多。但轴心时代开始后的几百年，却是一个大分流的过程。一方面，欧洲科技在这段时间内比中国发展得快；中国在这段时间内的思想成就很多，技术成就也不少。另一方面，世界几个主要的文明地区在轴心时代后的科技成就结构也变得很不一样。

图 1-3 是公元初年，即轴心时代刚刚结束的时候，几个主要文明地区的科技成就结构图。从图中可以看出，中国在生存类、健康类、交流类的科技成就比较多，而欧洲表现出比较明显的对效率类科技，以及探索类科技的偏好。也就是说当时欧洲人喜欢做一些几乎没有实

用价值的科技创新，这主要是因为古希腊开启了一种特别的自然哲学传统，即科学传统。

历史学家一般会忽略这种结构性的差别，而强调动量性的差别。其实结构性的差别也非常重要，因为历史是一个矢量，它是沿一定方向演进的。当不同社会形成了结构性的差别以后，历史可能会持续放大这个差别。也就是说，历史不是在补短板，而是在强化长处，这也是一种“路径依赖”的表现。

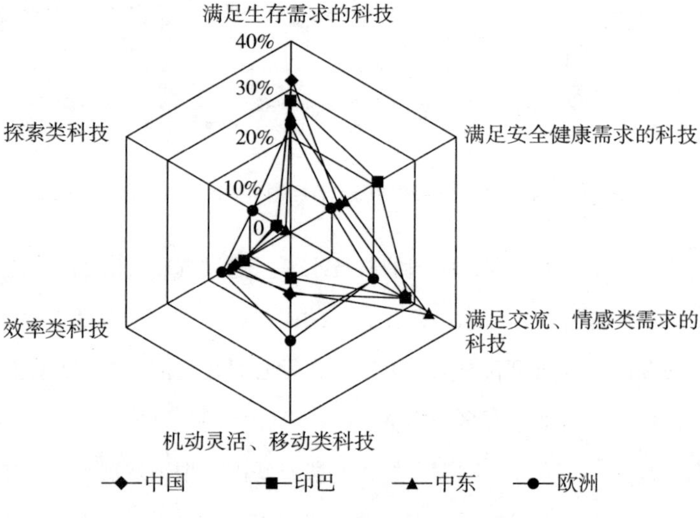

图 1-3　公元初年，几个主要文明地区科技成就结构图

图 1–2 还告诉我们，欧洲与其他地区的另一个大分流点是 1300 年，也就是中国的宋末元初时期。在这之前的 1 000 多年里，处于罗马帝国后期和中世纪的欧洲发展得较慢，而经历了东汉、三国、魏晋南北朝、隋、唐、五代十国、宋朝等朝代的中国发展得很快，成果

也很丰富。当然，欧洲在中世纪时期也有一些创新，并不像人们想象的那样是完全的“黑暗时期”，只是发展得比中国慢。所以，到了1300年前后，中国和欧洲在科技创新成果的积累方面是比较接近的。

从1300年到1600年，是文艺复兴时期和科学革命的早期，欧洲的科技创新重新开始加速。1600年之后，欧洲科技发展的速度更快了。1900年之后，欧洲科技仍在发展，与此同时美国迅速崛起。1900年后的100多年里，美国的科技成就特别亮眼。

总的来说，中国和欧洲的大分流有两个历史节点。一个历史节点是在轴心时代结束后，两个社会科技成分的结构性差别已经形成。另一个历史节点是在1300年，自此之后欧洲的发展突飞猛进，而中国基本陷入停滞状态。

可能是因为有很多讨论中西文化差异的历史学家没有做量化研究，所以他们一般会忽略结构性分流这个事实，对动量性分流的时间点也把握得不准。很多人把这个时间点定位在明朝或者清朝。实际上它从宋朝末期就开始了。只有搞清楚东方和西方大分流的时间节点和性质，才有可能解释清楚为什么有大分流。“为什么在明朝开始分流”和“为什么在元朝开始分流”，这两个问题的答案是完全不一样的。问错了问题，就会形成伪问题，从而引出大量没有必要的伪解释。

对于中西历史上科技发展大分流这个现象，有很多学派都在尝试做出解释。

简单来说，像中国、印度、中东这些古代文明社会，有两个很重要的传统。一个是实用和经验传统，这种传统发展得非常早，也发展得很好。另一个是精神世界的认知传统，比如巫术。

在轴心时代之后，中国的学问走上了玄学之路。而在西方，古希腊哲学家开启了科学认知的传统。这是认知上的一个大分流。中世纪之后，欧洲文艺复兴又回归古希腊的认知传统，从而萌生科学革命和工业革命，这是与中国完全不同的认知方式和发展路径。

接下来我们把世界看作一个整体，说说各个时期科技创新的结构性特征。从图 1–4 可以得出以下结论。

第一个时期是距今 5 000 年前，人类花了差不多 2/3 的努力来进行生存类技术创新。这很好理解，因为人类先得活下来，才能顾及其他。这个时期实际上就是所谓的农业革命时期，其最主要的成就就是人口大幅度增加。

第二个时期是从公元前 3000 年到公元初年。在这 3 000 年里，在通信技术方面出现了一个发展高峰，叫作信息革命时期。也就是说，第一次信息革命是在那个时候发生的，而不是近代。

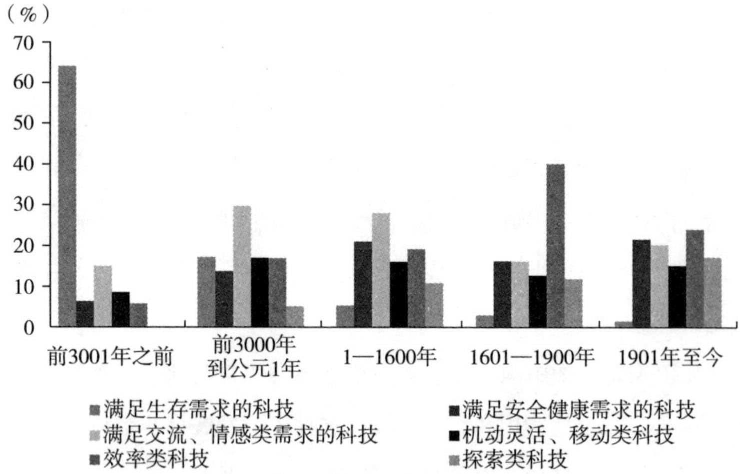

图 1–4　各个历史时期的各类科技创新成果结构图

由于我们离那个时代非常久远，所以无法亲眼见证当时“信息革命”的辉煌和伟大。实际上，人类最重要的奠基性信息技术元素都是在那个时代发明的。文字、数字、算术、基本的通信方式、写作、书写工具……这些是人类文明的起点。

第三个时期是公元初年后的 1 000 多年时间，此时一些地区已经基本完成了“信息革命”，并开始进行其他种类的科技创新，而另一些地区仍然把信息方面的技术创新当作重点，这与各个地区的发展水平不平衡有关。总体来说，这是一个转折时代。信息技术虽然比较多，但它没有超过总量的 30%，安全健康、机动灵活和效率等类别的科技都取得了一定的成就。

第四个时期始于 1600 年之后，追求效率的科技创新开始加速，为工业革命拉开了序幕。可以说，生产效率显著提升是工业革命的一个重要特质，人类社会在这个时期取得的效率类科技创新成就非常亮眼。

第五个时期是在 1901 年之后，人类又进入了一个新的转折时代。也就是说，除了生存类科技之外，其他各类技术的发展都比较均衡，没有哪类科技创新成就特别突出。

现在让我们把工业革命的细节放大一些，看看技术创新的波段。如图 1–5 所示，第一次工业革命如果从 1700 年算起，第一阶段应该是水力机械的大发展，第二阶段才是蒸汽化的过程，这两个阶段都是由英国人领导的。很多人都强调蒸汽机对工业革命的重要性，但蒸汽机的发明不是一个历时几十年的过程，而是追求了 2 000 年的结果。要追溯蒸汽机历史的话，古希腊时期的希罗就开始玩“蒸汽机”了。在中世纪时期，也有几个早期版本的蒸汽机被发明出来，其主要目的是满足给矿山抽水等特殊需求。

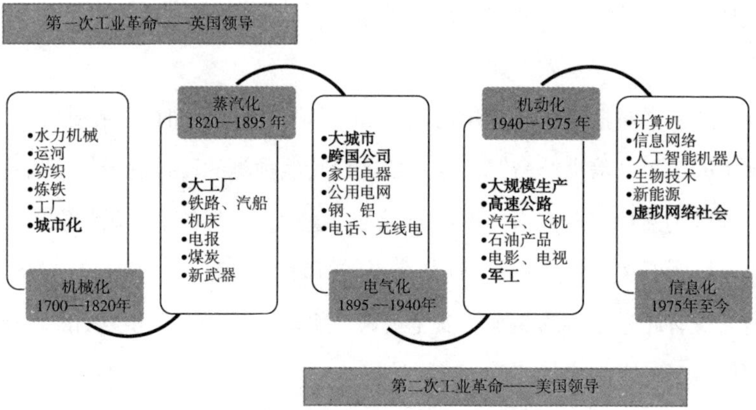

图 1-5　两次工业革命的阶段图

在 17 世纪末，蒸汽机技术最好的是法国，而不是英国。但法国那时正忙于权力斗争和宗教斗争，皇权和教权之间、新教和天主教之间的斗争都很激烈。新教徒中有不少科技人才，受到迫害后不得不远走他乡。有一些人辗转来到英国，其中包括一位蒸汽机发明高手巴本，他的蒸汽机对英国人学习和研发新一代蒸汽机起到了关键作用，使得英国的蒸汽机事业后来居上。

那么，蒸汽机为什么没有在中国被发明出来，而是在欧洲？这先要归因于中西之别，任何事情的发生都有一级原因、二级原因和三级原因，中西之别与欧洲内部各地之别的影响力是完全不同的。

分析蒸汽机为什么没有在中国被发明出来，有两个思路可循。

第一个思路是，中国没有“玩蒸汽机”的历史，所以不可能突然发明出一台高效率的蒸汽机。很多重大技术的发展都源于悠久的社会传统。英国人发明蒸汽机是在 18 世纪初，也就是清朝早期，当时即便有人把蒸汽机引入中国，也未必能被接受，更不用说发明了。一个社会对技术的需求，往往要有悠久的传统。从供给侧的角度来说，人们对技术的感觉和熟悉度也非常重要，这同样需要一个漫长的过程，培养出足够多的相关人才才能实现。

第二个思路是，东西方在水力机械的使用和布局方面也大不相同。水力机械在中国的历史很悠久，早在汉朝就开始用水力机械粉磨粮食。当然，欧洲和中东地区的水力机械历史也很悠久。可以说，到了 17 世纪末，水力机械在全世界都很普遍，已经不算高科技，而是被广泛使用的技术工具。

但是，中国的水力机械的布局和用途跟欧洲大不一样。在欧洲，水力机械的用途很广，起重、磨面、榨油、造纸、纺线、织布、印染等，都是用水力驱动的。也就是说，欧洲发明的水力机械的种类远远超过中国。从布局上说，当时包括英国在内的很多欧洲国家，河道上都有许多水力机械，甚至会因此出现争执和堵塞交通的情况。

而中国的水力机械应用较少，布局也没有那么广。水力机械的应用肯定要在有河流的地方，中国南方河流比较多，而北方比较少。此外，中国的水力机械主要出现在一些比较大的城市周边，完全没有深入乡村。

为什么？我认为原因在于在河流较多的中国南方，人们常吃大米，不常吃面粉，稻米去壳又比较简单，所以不需要水力机械。虽然北方人常吃面食，且制作面粉很麻烦，有这样的需求，但又不具备水力机械的使用条件。所以很遗憾，水力机械未在中国普及。这是从需求的角度来看这项技术。

从社会结构的视角来看，欧洲为什么有那么多水力机械？因为欧洲有一个非常重要的社会机构，就是教堂。很多教堂都有两个非常重要的用于吸引民众的工具。第一个是钟，很多中世纪的教堂都有钟，悠扬的钟声能传遍四方。第二个是磨坊，很多教堂都有磨坊，既能自用，也能服务大众。

在工业革命发生之前，教堂基本上遍布欧洲，深入城市和乡村。教堂是第一波推动水力机械普及的力量，各地的庄园主是第二波力量，企业家是第三波力量。就这样，一波又一波，机械化开始了。

蒸汽机的发明和改善是从“矿井抽水”这样一个应用和需求开始的。但是，让蒸汽机成为普遍使用的动力源，是基于水力已经成为普遍动力源的事实，而无须全新的想象。蒸汽机普及的浪潮，先是促使重新设计水力机械，后又产生了全新的应用，比如火车、汽船等。

工业革命的经济结果众所周知，图 1–6 是过去一万多年来人均 GDP（国内生产总值）的变化图。从图中可以看出，人均 GDP 一直都很稳定，直到最近的 200 多年出现了大幅增长，急速蹿升。这种情况不仅对历史学家产生了巨大冲击，对政治家的冲击更大。于是各国争相实现现代化和工业化，提升人均 GDP 是最重要的驱动力。

工业革命产生这样一种经济结果的技术原因可以概括为以下几点。

第一，效率类科技创新让生产效率大幅度提升，其结果是产品成本、生产时间都大幅减少。

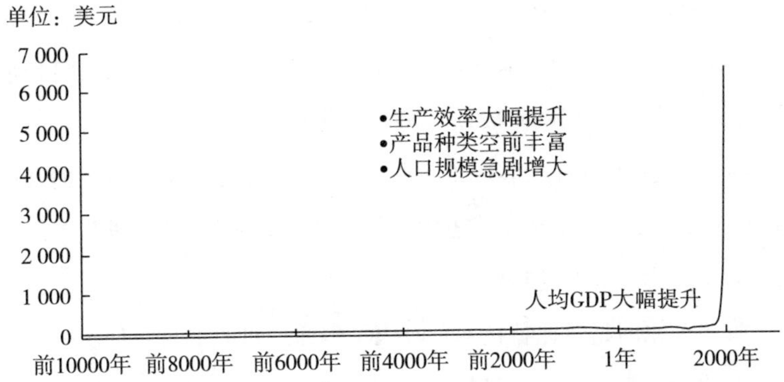

图 1-6　世界人均 GDP（以 1990 年的国际货币计算）在近一万年来的变化图

第二，企业家可以把大量的历史发明很便宜地制造出来，让曾经奢侈的商品平民化。

第三，自工业革命以来，各类产品创新活动都非常活跃，产品种类空前丰富。生产效率的提升和产品种类的繁多形成了一个放大 GDP 总量和人均 GDP 的矩阵。

第四，人口规模在过去几百年里也急剧增大，从另一个维度上放大了 GDP 规模。

如图 1–5 所示，工业革命的最后一个阶段是信息化，从 20 世纪 70 年代就开始了，直到今天。相较之下，信息化与之前的阶段所带来的经济指标和人口指标的提升不太一致。有经济学家分析发现美国人的 GDP 中位值，在消除了过去几十年的通货膨胀因素的影响后基本没有增长，人均 GDP 的增长也较小。我们知道信息化是美国最先开始推动的，到目前为止也是发展情况最好的。所以，美国的情况对世界来说有一种前瞻性的启示作用。

从世界范围来说，人均 GDP、GDP 中位值还在增长，但大多来自发展中国家。中国在最近几十年里，人均 GDP 的增长很快。但中国以及印度等发展中国家实际上仍然在消化欧美工业革命的科技成果，仍处在提升效率的阶段，尚未完全进入信息技术时代。

于是，美国的情况形成了一种悖论：信息技术创新不再提升以 GDP 为核心的经济指标，或者说，用 GDP 来测量“社会进步”的方法失效了。为什么会这样？

第一个原因是“比特技术”红火，但原子世界的科技创新乏善可陈。“比特技术”就是信息技术，是以 0 和 1 为基础的，而原子世界是以实实在在的物质为基础的。

从图 1–7 可以看出，在原子世界或者整个世界中，最近 100 年来重大创新数量在下降。该图展示的是每年的人均重大创新数量，不包括微创新。重大创新是一个新物种，一项重大创新会带来一系列的微创新。微创新一般来说都是改良性的，而不是一种革命性的创新。

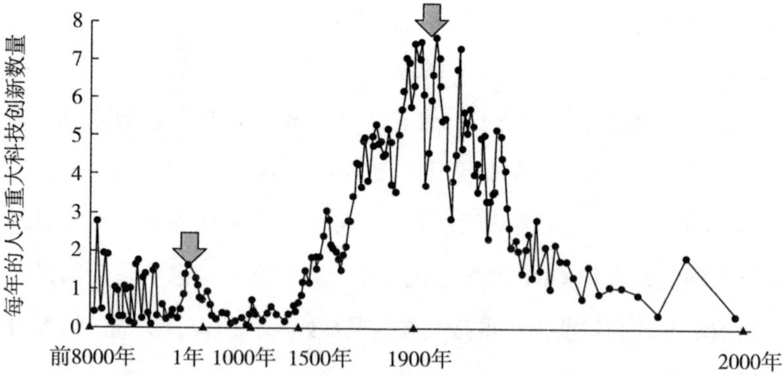

图 1–7　每年的人均重大科技创新数量

重大创新往往是创新的领先指标，即一个超前性指标。在这幅图上我画了两个箭头，第一个箭头指示的是轴心时代，第二个箭头指示的是工业革命的巅峰期，即 20 世纪初（1915 年前后），此后，重大创新数量开始减少。

我们现在所用的重要设备，以及原子世界的重大发现，除了计算机、互联网等信息类技术以外，大多是在 20 世纪上半叶创造出来的。考虑到最近 100 年来全世界投入的研发人员和经费之多，我们就知道大规模的群众运动并不能推动重大创新。

第二个原因是零和游戏。信息技术往往不是带来一个增量性产品，而是新产品、新服务出现了，把旧产品、旧服务取代了。但现在崭新的物类已较少出现，这和工业革命时期是不一样的。工业革命时期，崭新的东西不断涌现，汽车不只是取代了马车，规模也比原来大很多。

第三个原因是，美国出现了一些新现象，比如产销者，即一些人的闲暇时间多了，开始自产自销。

最后一个原因是，比特类型的产品是以消耗人的时间为前提的。但人的时间是有限的，一天只有 24 个小时，如果玩这个游戏，就不能同时玩别的游戏。

鉴于最近几十年来信息技术，特别是人工智能技术的发展，有些人认为新一轮的“某种革命”正在发生，或者说“新轴心时代”即将到来。但也有不同意见。所以，我自己也在想这个问题：现在真有“革命”发生吗？

我觉得现在的局面更像这几百年来工业革命的结尾，而不是一个新时代的开端。为什么？无论是轴心时代，还是工业革命，它们的开端都是价值观出现紊乱的“礼崩乐坏”阶段，接下来就是战争的频发。这是破坏旧秩序的过程中必不可少的，如果现在这个破坏过程还没有开始，新时代的形成就无从说起。

第一个轴心时代从春秋时期的“礼崩乐坏”开始，延伸到秦汉时期，历时好几百年。我们现在回望那段历史，似乎很美好，当时出现了许多思想家，如群星璀璨。但对于老百姓来说却非常痛苦，战争的阴影挥之不去。几百年之后，直到秦汉时期才开始建设性的过程，从此创建了一个较为稳定的社会结构，并持续了2 000年。

欧洲的文艺复兴在当时的基督教体系看来，也是一场“礼崩乐坏”。14世纪初，只有少数人质疑基督教社会已经运行了上千年的价值观。然后，这个解构过程慢慢放大，不仅自然观、人文伦理等都受到质疑，社会秩序和结构也受到挑战，宗教分裂成多个派别，各种世俗势力展开血腥斗争。

重新构建的过程是从17世纪开始的，新世界观（包括现代科学）和价值观的碎片逐渐出现，英美的新社会结构也于18世纪晚期建立，并成为其他社会的模范。

接下来持续200多年的工业革命，既是欧美的科技成就向世界各地传播的过程，也是新建立的工业文明价值观和社会秩序向其他社会传播的过程。这个过程并不和平，充满了血腥的战争。

综上所述，如果历史能给我们启示，我觉得一些人预测的新时代离我们还很遥远。只有礼崩乐坏出现，新时代才可能到来。就现在来说，与其问人工智能等信息技术会不会带来一个新轴心时代，还不如问人工智能会不会让工业文明礼崩乐坏。

其实很多人都想象人工智能会让人类的生活更美好，如果是这样，包括人工智能在内的信息化就只是几百年来工业革命的美丽结尾而已。

董洁林

清华大学技术创新研究中心兼职教授

清华大学中国科技政策研究中心兼职研究员

关于技术革命与社会变革的两个半故事

“轴心时代”是德国哲学家雅斯贝斯在《历史的起源与目标》一书里提出的概念，它指的是从公元前800年到公元前200年，各个文明都相对独立地取得了巨大成就。其标志是，一批伟大的哲学家涌现出来，集中回答了关于人与自我及世界的关系等一系列基本问题，其高峰期出现在公元前500年。

这个时代也是科技发展比较迅猛的时代。在古希腊，公元前6世纪发生了被历史学家称为“爱奥尼亚启蒙运动”的事件，也就是在米利都诞生了一批最早的哲学家和哲学学派，他们向神话和史诗发起挑战，认为决定世界运行方向的并不是宙斯或者波塞冬等神明，而是自然规律。“爱奥尼亚启蒙运动”的历史背景是神话时代祭司阶层对知识垄断的逐渐瓦解。类似数学、医学、修辞学和辩论学之类的学问在很短的时间内被许多人掌握，其中起主要推动作用的是毕达哥拉斯学派。这个奉行神秘主义的学派实行非常严格的会员制，后来演化成一个影响力遍布古希腊城邦的精英俱乐部。它大大加快了知识的传播，也促进了所谓的智者群体的诞生。此后又涌现出苏格拉底、柏拉图等一批知识精英，以哲学家（philosopher）之名与智者（sophist）辩论，获得了一种自觉意识。

类似的历史过程也发生在中国，也就是《汉书·艺文志》的“诸子出于王官”之说。具体来说，儒家出于司徒之官，道家出于史官，阴阳家出于羲和之官，法家出于理官，名家出于礼官，墨家出于清庙之守，纵横家出于行人之官，杂家出于议官，农家出于农稷之官，小说家出于稗官。吕思勉先生评论说，这虽然是东汉人的想象，但应该是有道理的，它反映了早期的学术知识从贵族扩散到平民的过程。这个扩散过程当然也包括科学技术，比如墨家传承并发展了很多技术，因此成为战国时期与儒家并立的大学派。

这些大变革时代促使我们思考这样一个问题：技术革命与社会结构变革之间的关系究竟是什么？高中生都知道一个道理：生产力决定生产关系。既然科技代表的生产力取得飞跃式发展，生产关系和上层建筑就不可能保持原样。但是，生产关系究竟会如何变化，它和技术变革之间到底存在什么样的关系？下面我给大家讲两个半历史故事，或许能帮助我们更好地理解这个问题。

弩机与秦墨：技术如何作用于社会组织形式

研究中国历史的政治学者历来都很喜欢问一个非常有趣的问题：为什么中国早在先秦时期就出现了欧洲直到近代早期才出现的现代国家组织制度，建立了发达的科层制，而西方却没有？换句话说，为什么在中国的政治史上，集权能力和官僚组织制度发展得如此早、如此快？即使跟同时期的西方帝国相比，比如罗马、拜占庭，中国的集权能力和大一统传统都毫不逊色，这是为什么？

马克思曾经用一个“亚细亚生产方式”的概念来描述这种状况，也就是小农经济、封建制度与独裁统治的结合。但他的这个概念主要基于印度等国家的情况，他其实不太了解中国的史实。印度在被英国殖民之前的大部分时间都是四分五裂的，但中国不是，这是一个很重要的区别。

之后，一位名叫魏特夫的学者沿袭了马克思的理论并解释说，因为大多数东方社会都以农业生产为主，农业生产又依赖发达的灌溉技术，所以在当时，如果要修建水渠，就需要有一个强有力的中央政府来调动大量劳动力，这就是所谓的“东方专制主义”的来源。但是许多现代学者认为，魏特夫的这个解释基本上是错误的，原因之一是几乎所有农业文明一开始的灌溉都是依靠河流本身，而不是水利设施，而且这些文明的专制王权出现得都比大规模水利设施要早，所以不存在这样一个因果关系。原因之二是中华文明最早的发源地之一是黄土高原，那里种植的基本是耐旱、抗旱的农作物，对小水渠的依赖程度远高于大型水利设施，这跟魏特夫的理论完全相反。

中国学者赵鼎新将查尔斯·蒂利对中古晚期欧洲国家形成原因的解释套用到我国战国时期，即战争频发导致政府不得不集中资本的力量来维持常备军，进而建立了稳定的科层制来管理经济和人口。这种解释有一定的道理，但他主要是从宏观的角度分析了战争频次和中央集权的相关性，关于背后的机制讲得不太透彻。

我试图从一个比较细致的侧面来给这个问题一个新解释，即当时有一种特定的技术可能对先秦时期集权体制的形成产生了重大影响，这种技术就是弩。兵器史研究者都清楚，弩在古代中国的应用要比欧洲更多。早在战国时期，中国弩的形制就已经基本成熟，而且与希腊弩相比有两个显著的优势：一是扳机灵敏发达，二是制作工艺成熟。这两项技术差异使得用弩单兵作战在中国战争史上要比西方广泛得多，由此带来了制度史演化的重要路径的分野。

为什么这么说？我们先来看另一段不太相关的史料。在中世纪早期，威尔士和英格兰长弓手的战斗力闻名于世。由于中古时代对长弓手的训练高度依赖狩猎习俗，所以为了保持长弓手的作战实力，中世纪的英格兰政府曾颁布“长弓法令”，规定人们在礼拜日不能进行除长弓以外的运动，否则就是违法。

然而，随着火枪的兴起和枪支在军队中的普遍列装，很多人提出，长弓将被逐渐淘汰，这个法令已没有实质性的作用了。1595 年，英国议会就是否废除“长弓法令”展开了一场激烈的辩论。在这次辩论中，支持长弓的一派和支持火枪的一派各自列举了很多论据。其中大多数人都是“挺弓派”，因为就当时的技术发展程度来说，长弓比火枪的射程远、杀伤力强，性能也更稳定，最重要的是，它的射速远胜火枪。而火枪装弹慢，火绳容易受潮，杀伤力还不行。最终，“挺枪派”赢得了这场辩论的胜利，原因只有一个：火枪使用起来既简单又便捷，训练一个火枪手只需要几个星期，这使当时的英国政府有条件在短时期内把平民训练成作战部队，而训练一个长弓手可能要花几年甚至十几年的时间。

我在这里举火枪的例子，是为了告诉大家，弩在古代战争中发挥的作用与火枪十分类似：使政府可以在短时间内组织大量平民或囚徒并将其训练成能与正规军队相抗衡的作战力量。这就使得中国古代战争动员的规模非常庞大，也使得中国早在战国时期就有了动员大规模平民参加战争的能力。成书于战国中后期的《墨子》对此有非常详尽的记载。《墨子》第十四卷里的《备城门》和《备高临》都较为详细地描述了利用弩来守城的战术。

里面提到的“兵弩”是指单兵用的手持弩，“转射机”指重弩，“连弩之车”是一种弩箭上连着绳索的重弩。其中还多次提到“九尺一弩”“二步一木弩”，可以帮我们得出两个结论。第一，墨子非常重视弩在守城战中的重要性；第二，“二步一木弩”一定不是那种十几个人才能使用的重弩，而是供单兵使用，可以大规模武装平民的手持弩。《备城门》里也提到，守城战是全民动员战：

> 守法：五十步丈夫十人、丁女二十人、老小十人，计之五十步四十人。城下楼卒，率一步一人，二十步二十人。城小大以此率之，乃足以守围。

这明显不是只有常备军参与的守城战，而是全民参与的总体战。

有人质疑，《墨子》是一本思想性著作，只是说明了想法，可能并未付诸实践。这就是不了解历史学研究最新成果的表现。数年前经过何炳棣先生等著名学者的努力，这一时期的一个重要历史事件基本得以还原，就是“墨家入秦”。它的重要性在于揭示了这样一个史实：墨家学说并不是一套只停留在纸面上的学说，而是在秦国变法改革过程中得到了实际运用，帮助秦国统一天下，并深刻影响了秦朝集权制度形成的学说。

这个故事要从商鞅变法前的秦王，也就是秦献公说起。秦献公继承王位之时，魏国任命吴起为将军，在对秦作战中获得胜利，并夺取了河西之地。此战之后，魏王与亲信泛舟湖上，感慨山河之险。魏王这么做并不是为了游山玩水，而是因为河西之地处于秦魏边界非常险要的地方，在今天陕晋边界黄河大拐弯向东的地方。我们从图 1–8 中可以看到，此地往东是险峻的群山，向西是一马平川的平原，经渭南到秦国都城不到百里。魏国夺取河西之地，意味着它的军队可以随时像一把尖刀一样直插秦国心脏。

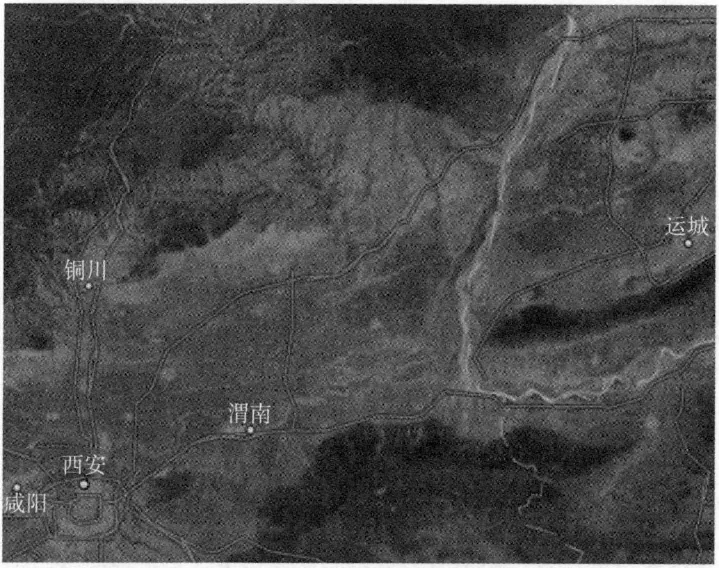

图 1-8　河西之地

在这样的形势之下，刚刚即位的秦献公忧心忡忡。在他执政第 4 年的时候，楚国又发生了一件令他极度震撼的事。

这件事也与夺取河西之地的吴起有关。吴起在魏国建功立业后，遭人诬陷，于是他逃到楚国。楚王任用他变法图强，损害了楚国贵族的利益。楚王死后，贵族们组织起来刺杀吴起。吴起在临死前跑到楚国王宫，抱住楚王的尸体，贵族射向他的箭中有几支射到了楚王的身体上，按楚国法律，这属于重罪。于是新晋楚王即位之后，宣判了这些贵族的罪行，并派人褫夺了他们的封地。

在这些贵族之中有一位阳城君，他是阳城的领主，也参与了对吴起的刺杀行动，并被追究罪责。于是他畏罪潜逃，但他在阳城有一个好友名叫孟胜，孟胜是墨家的钜子，也就是掌门人。孟胜的弟子徐弱劝谏他说："如果我们替阳城君作战，就必死无疑。如果死对他有益，那么我们也算死得其所。但是，我们死了不但对他无益，墨家也可能因此不复存在，你最好不要这样做。"孟胜却认为自己和阳城君交情匪浅，如不行义举，将来没有人会信任墨家。当然，孟胜在作战前把钜子之位传给田襄子，没有让墨家学派就此消失。这场战争的结果非常惨烈，墨家"弟子死之者百八十""赴火蹈刃，死不还踵"。

这个事件极大地刺激了秦献公，原因有二：其一是墨家的大义和忠诚令他动容；其二是墨家的守城技术令他印象深刻。秦国在丧失了对魏国的全部天险后，只有动员本国国民坚守城防打总体战，才有可能抵御外来的进攻。在这种情势下，他对墨家学派可谓求贤若渴，也促成了所谓的"墨家入秦"。可惜的是，由于史料遗失，关于墨家入秦的具体记载已经找不到了。但我们从一些文献中还是可以查证出墨家入秦确实发生在秦献公时期。因为秦献公之后的国君就是秦孝公，而在秦孝公即位之前的秦国已经存在一些《墨子》里所记载的官职，而且这些官职与守城密切相关，所以这只可能发生在秦献公时期。

秦献公时期墨家入秦，并全方位参与了对秦国的制度改造。由此推测出，后来的《商君书》，也就是商鞅变法的内容，在某种程度上是对墨家制度的全方位吸收与发展。学者多认为商鞅变法的重要贡献在于推行户籍制和什伍连坐制，从而大大强化了国家对民众的控制，建立了强有力的兵农合一制度。但从制度史的角度看，无论户籍制，还是什伍连坐制的出现都早于商鞅变法，其中“什伍”和“连坐”都是《墨子》中极为强调的制度，是在守城时期为防止通敌和查访间谍而设立的。

如果以上结论成立，即中国弩的技术优势使得战国时期的政府有能力也有意愿快速武装平民，充作战事的兵源，那么接下来的推论可能也是成立的，即先秦时期集权制度的形成，恰好是符合这一技术发展趋势的。幸运的是，从技术到制度的连接点，恰好是《墨子》。

从内容上讲，《商君书》中的很多制度和安排与《墨子》如出一辙，墨子当然不可能借鉴商鞅的著作，那就只能是商鞅借鉴墨家的成果了。从思想史的脉络上讲，墨家的平民主义思想恰与秦国的集权制度相吻合。墨家主张的“尚同”思想，其实是追求“同于上”。

> 故曰治天下之国，若治一家；使天下之民，若使一夫。……圣王皆以尚同为政，故天下治。
>
> （引自《墨子·尚同下》）

> 是以数千万里之外，有为善者，其室人未遍知，乡里未遍闻，天子得而赏之。数千万里之外，有为不善者，其室人未遍知，乡里未遍闻，天子得而罚之。是以举天下之人，皆恐惧振动惕栗，不敢为淫暴，曰：“天子之视听也神。”
>
> （引自《墨子·尚同中》）

这就是为什么墨子主张“尚贤”。他认为社会体系必须是正义的，其前提是这个有如神明一般驱使所有人的天子一定是贤能的天子，他任用的各级官员也是贤能的官员。墨子理想中的“圣王”跟韩非理想中的“全能君主”实际上很相似，只不过前者对圣王的道德要求更高，极权程度也更高。

墨家发轫于平民阶层，主张兼爱非攻，但却要建立一个全能的极权社会。这不是自相矛盾吗？从思想史的脉络来看，其实并不矛盾。我们可以把墨家跟历史上基督教、伊斯兰教和犹太教的平等主义社团做比较。这些社团的共同特点是，它们的发轫主要依靠平民，在团体内部实行平均主义，有忠诚的信仰并愿意为之付出生命（宗教团体是为神，墨家是为道义）。因为墨子很早就知道，只有这样的极权组织，才是对平民最有利的组织。亚里士多德也有同样的观点：跟民粹联系最密切的政体就是僭主制。民众越是要求平等，就越容易产生一个政治家，利用这种呼声和给民众的承诺掌握最大的权力。与之相对的就是呼吁精英、优秀、自由、荣耀的贵族，但在这些价值取向背后往往是极度不平等的等级化社会。

要么为实现平等而接受一位全能君主，要么不要君主要自由，但自由的背后是那些拥有更多资源的人形成贵族阶级。从某种程度上讲，这正是思想史研究所揭示的人类的政治宿命。中国历史上至少有两位政治家的目光穿透了笼罩在历史宿命上的思想史面纱，一位是提出“汉家自有制度，本以霸王道杂之”的汉宣帝，另一位是写下“百代都行秦政法，十批不是好文章。熟读唐人封建论，莫从子厚返文王”的毛泽东。

在我看来，中华文明在经历轴心时代后，在诸多思想理念中最终选择了大一统的集权政治制度作为演化路径，这恐怕与弩机技术的发展和传播相关。正是弩机技术的传播，使得各诸侯国迅速组织大规模兵力成为可能，但这又反过来导致战争惨烈程度的升级。一方面，平民因为弩的发明而有机会参与军事活动，并通过积累军功完成阶级晋升，这打破了贵族对社会资源的垄断；另一方面，大规模常备军又催生了强有力的军国政治和集权主义。在古代，天子是军队的最高领导者，也是平民的庇护者，正所谓“率土之滨，莫非王臣”。在大规模的惨烈战争面前极其脆弱的个人别无他法，只有俯首称臣，以自由为代价，换取天子对秩序与和平的庇护。在这个不断自我强化的机制下，“弩机”作为一项重要技术，也许起到了非常关键的推动作用。

蒸汽机与工业革命：社会革命与技术革命的脱节

我要讲的第二个故事，是关于蒸汽机的故事。

历史学家一直以来都十分感兴趣的一个话题是：为什么工业革命发生在英国，而不是其他国家？

关于英国发生工业革命的因果解释在学界大致有如下五种：第一种以圈地派为代表，认为圈地运动带来的社会结构变化最终引发了工业革命；第二种以自由派为代表，认为光荣革命带来的对私人产权的保护改善了投资环境，最终引发了工业革命；第三种是科技派，认为科技的突破必然会推动工业的崛起并为之服务；第四种以马克斯·韦伯为代表，认为新教文化在西方兴起的历史过程中起到至关重要的作用；第五种以彭慕兰为代表，认为英国煤矿和铁矿距离近，这一得天独厚的地理优势最终成就了英国的工业革命。

而英国历史学家罗伯特·艾伦指出，以上五种解释各有不足。圈地派的解释夸大了中世纪和新时代的割裂，实际上，中世纪的法律制度中有相当一部分延续下来，新社会结构的冲击也没有那么大。自由派的问题在于，并没有史料能证明在光荣革命发生前后的法律改变对金融投资回报有足够的刺激作用，史料也不支持知识产权得到了更好保护的说法。科技派的问题在于，最早的科技革命发生在意大利，但意大利却错过了工业革命的潮流。韦伯的说法过于笼统，实际上，新教文化对西方崛起的唯一好处可能是增加了识字率。彭慕兰的解释相对而言是最合理的，唯一的问题在于，低地之国也拥有类似的自然资源，但却未能发生工业革命。

艾伦认为，工业革命之所以发生在英国，是因为英国当时的社会经济环境恰好造就了这样一个条件：工程师对蒸汽机的改造是有利可图的。这个条件的产生与英国社会经济的两个特点有关：第一，英国工人的工资水平较高；第二，英国市场上能源价格十分便宜。在这两个特点的推动下，全社会都在寻找以廉价能源代替劳动力作为动力来源的技术，这使得工程师有足够的动力对蒸汽机进行改造。换句话说，既然英国工人的工资高，可以承担得起“烧煤取暖”的费用，那么对资本家来说，最有利可图的方式就是“用煤来运煤”，而非“用人力来运煤”。实际上，蒸汽机技术在法国早已有了阶段性突破，但由于法国不具备像英国这样的条件，工程师无利可图，所以技术改良很难发生。另外，早期的蒸汽机技术并不具备普适性，几乎都是针对当地特有的环境设计的，设计者从一开始就没想过将这项技术标准化。蒸汽机后来得到推广，与英国工程师在几十年的时间里对这些技术进行持续改良的努力是分不开的。如果没有持续的经济回报，这些技术改良就不会发生。

艾伦的观点从某种程度上验证了彭慕兰的哲学：我们应该问的问题不是为什么工业革命没有发生在东亚，而是为什么它发生在西欧。这是一种历史的偶然性。但这个偶然并不只是煤铁资源这么简单，更关乎整个社会的经济结构。了解这一点，有助于我们进一步破除自由主义带来的辉格史观迷思。

普林斯顿大学的两位学者斯科特·艾布拉姆森和卡莱斯·博伊克斯在 2012 年的一篇论文中，进一步验证了引发工业革命的两种假说：工业革命的发生究竟是因为“干中学”的内生增长机制，还是因为合理的制度结构。他们将欧洲整体划分为几个面积相等的地理区域，用纺织中心和炼钢中心来衡量各个地区的原工业化水平，用议会指数来衡量它们的制度建设水平。他们得出的结论是，原工业化水平既能够显著影响制度建设水平，也能够显著影响后来的工业化水平，而制度建设水平则对后来的工业化水平没有直接影响。这项研究初步可以得出两个结论：第一，此地有议会是因为此地富庶；第二，此地富庶是后来工业化水平高的根本原因，大量的技术工人在此聚集，有利于接受并运用最新的技术。

这对我们有什么启示呢？第一个启示是，工业革命的起源并不是一场“革命”，而是一场渐进的变化。这场变化的推动力不是某个伟大的发明家或者某个有先见之明的政府，而是一个个从渐进式改良中获得了利润和收益的工程师与资本家。英国近代最早的蒸汽机技术被应用于矿井抽水，其适用范围非常窄。大约同一时期，法国出现了更先进的蒸汽机技术。但是，法国的经济条件决定了研发蒸汽机无利可图。而英国却可以提供这种利润，从而保证蒸汽机技术得到持续改良，最终研发出普遍适用的蒸汽机，并迅速在各地推广开来。

第二个启示是，政治学者特别容易陷入某种迷思，认为政治制度可以决定历史演化路径。实际上，人类的政治生活更容易停留在长期不变的状态之中，就像独立的生命和意志一样保守、顽固，这是一种常态。从纯粹的政治视角看，光荣革命对当时英国的意义不过是把克伦威尔所代表的新教徒集团和斯图亚特王朝所代表的天主教集团排除在核心执政集团之外。英国在之后的一个世纪里被卷入欧陆政治，发挥离岸平衡优势并演化出内阁制。更应该感谢的是《王位继承法》，这一法律基本上把天主教徒排除在继承者的行列之外，为英国送去了一位有荷兰血统的国王和数位有汉诺威血统的国王。正是因为这些德国人，英国才被卷入与法国的百年战争中并取得胜利；也正是因为这些德国人，内阁才渐渐取代国王成为英国政治的决策核心。除了这些，英国的政治制度实际上比欧洲其他国家更多地保留了中世纪的特点，更保守也更古老。

这与我们长期接受的关于启蒙运动的革命史叙事存在很大的差别，后者总认为宪政革命是现代文明的根基所在。但实际上，君主立宪制百年前就在瑞典王国出现，波兰议会则实行了更激进的“一票否决制”，王权被前所未有地架空。然而，瑞典和波兰为何未能崛起？政治制度有其本身的目的和存在意义，并不一定与技术革命或国家崛起相关。技术演化也有其独特的路径和脉络，它偶尔会被政治影响，比如中古早期技术工人多加入反天主教的共济会或胡格诺派等新教分支。政治斗争和宗教迫害的确会影响技术的传承与发展，但本质上，技术是技术，政治是政治。除非政治制度愚昧自闭到连技术人员最基本的生存与尊严都无法保障（比如希特勒大肆迫害犹太裔学者），否则二者在大多数时间都是相互独立的。

如果考察技术与政治的关系，我们也许可以得出另一个结论：英国的政治制度在应对工业革命方面是迟钝的，工业革命对英国政治制度的冲击也不大。实际上，工业革命对政治制度的冲击，在德国比在英国表现得更明显。杰弗里·赫雷拉的《技术与国际体系变迁》一书详细勾勒了第一次工业革命后，德国的一些地方政府主动引进铁路的热情。在当时，铁路是一项所需资金规模非常庞大的项目，只有政府出面为这种投资做担保，才能把新技术迅速推广。在这个过程中，政府部门也涌现出一批技术官僚，他们的高素质和专业能力为德国实现工业化奠定了基础。更重要的是，铁路前所未有地把支离破碎的德国在经济版图上统一起来。既然德国在经济上已经成为一个整体，它在政治上的统一就只是时间问题。

这也是德国的议会民主政治一直不成熟的最重要原因之一。在英国由民间资本家和工程师推动的技术进步进程，在德国则是由技术官僚和银行资本推动的。时任德意志帝国宰相的俾斯麦极富政治眼光地建立了世界第一项福利保障制度，该制度和统一战争激发出的民族自豪感有效地收买了底层劳动者群体。所有的一切导致自由派在德意志政坛面临前所未有的孤立处境，这也是德意志后来建立高度集权体制的一个原因。

但如果我们从相反的角度看，被恩格斯称为“半波拿巴主义”的德意志政治体制，恰恰是一种匹配工业革命的、能促进工业革命展开的政治体制。“波拿巴主义”指的是拿破仑通过法律改革和保护小产权等措施换取小资产阶级和底层民众的支持，以维系独裁统治的一种政治安排。这种政治安排在某种程度上又是进步的，是有利于资产阶级颠覆封建王朝统治的。德意志的“半波拿巴主义”指的是作为宰相的俾斯麦和作为皇帝的威廉一世在德意志帝国密切配合，形成事实上的二元制，摒除自由派的威权体制。但是，正如前文指出的，这个聚合各邦代表的威权组织确实对德国引进工业革命的成果功不可没。

事实上，美国学者马丁·威纳在《英国文化与工业精神的衰落：1850—1980》一书中指出，早在19世纪末，英国的文化界就开始对工业革命的破坏性力量做出反应，并且迅速把阻碍经济创新和增长的价值观和态度灌输给中产阶级和资产阶级。换句话说，得到全国性认同的不是工业制度、技术、资本主义或城市生活，而是植根于变化缓慢的“乡村”生活方式的价值观。这种思想得到像公学、牛津大学、剑桥大学这样的机构以及可能过上类似贵族生活的机会的滋养。其结果是，“工业价值观”的兴起受到抑制，工业和技术职业的地位明显低于政府官僚或专业人士。而在德国，类似的情况并未发生。威权政府的压制有效阻碍了这种田园主义倾向，也造成了阿伦特和福柯描述的那种将人原子化的后现代主义的蔓延。

但我在这里想指出的是，纯粹从马克思主义的“生产力决定生产关系”的角度来看，德国的这种威权体制实际上更加接近福柯所谓的“全景敞视”，也更加匹配工业革命对社会结构的改造。如果谁对这个论断没有概念，就可以看看后全能主义时代中国的农民工流动：工业革命将以前生活于自然经济环境中的个体驱赶到城市，让他们住在狭窄逼仄的宿舍中，将他们捆绑在一天10多个小时的流水线工作上。在高层办公楼里工作的白领群体，每天上班打卡，加班到晚上10点，他们除了不从事体力劳动之外，与农民工的生活状态有什么本质区别吗？很明显，工业化施加于劳动者的这种生活状态在开放性政治结构中将会激起反工业化的态度，而威权体制能够有效压制他们的这种诉求。

然而，政治学对此并未给予足够的关注。部分原因在于，自由主义对极权主义的胜利被描述成一个过于廉价的故事，如同历史上民主对威权的胜利和道德对邪恶的胜利一样。然而，这背后的真正问题被遮盖住了：工业革命带来的社会结构变革正在塑造新的人性和新的权力控制关系，并侵蚀 19 世纪成形的自由选举制度的基础。

新技术革命：我们如何想象未来?

以上我们关注的两个案例，即弩机的发展与帝国集权体制的建立，以及蒸汽机的改良与工业革命在英国的开展，能够带给我们的历史经验或教训是什么？毫无疑问，技术变革会推动社会变革，但仅凭一些技术上的小动向去预测社会结构的变迁实在太难了。如果我们生活在先秦时期，恐怕极少有人会预见到建立在分封制和宗法关系基础上的贵族社会会如此迅速且暴力地被摧毁，以致后来整个中国的政治发展路径都受到这一关键时期的深刻影响。这并不是说时人对此毫无感知，而是说多数知识分子一味悲慨礼崩乐坏，却想不到平民社会带来的集权制度。当然，从某种意义上讲，礼崩乐坏也是对旧制度瓦解与新制度成形的一种深刻体现与反馈，但它能否帮助时人理解在 200 年左右的历史周期中，天下即将面临剧变，是一个值得探讨的问题。

同样的道理，在瓦特生活的年代，技术进步的数量看似繁多，却少有真正意义上的重大进步。悠然自得地喝着下午茶的议员们，是否知道井下矿工一点一滴的技术改进即将改变这个世界？他们中的某些人或许对巴贝奇的差分机感到震惊，但绝大多数人还是会秉持实用主义的态度和英式礼貌，对这类疯狂的机器敬而远之，而这又恰恰构成了世人称许英国政治的标签——无论时局如何发展，英国人中庸的政治智慧都不会被一时的冲动左右。然而，最终却是蒸汽机为英国赢得了日不落帝国的辉煌。

当然，熟悉思想史的人会认为，古代人无法充分想象未来世界将怎样被技术改变，主要原因在于，古人的知识结构或认知范畴尚未经历库恩所谓的科学革命的颠覆。那么，经历过工业革命和进步主义时代洗礼的人们又是如何想象未来的呢？在科幻小说之父儒勒·凡尔纳的作品《机器岛》中，人们居住在一座能移动的机器岛上，该岛由两个寡头家族统治，因为两个家族的斗争和海盗的袭击，这座岛最终分崩离析。赫伯特·乔治·威尔斯的《当睡者醒来时》被视为《1984》和《美丽新世界》的前篇，它虚构了一个将人类分为不同等级的未来世界，统治者用宗教和娱乐麻醉人们，最终却被民众的抗争推翻。《1984》和《美丽新世界》中设想的极权主义和资本极权主义盛行的未来我们都很熟悉。问题是，这些小说对政治寓言的兴趣比对预测未来的兴趣要大得多。后果是，它们对未来的设想要么太保守，要么太激进。在一部分科幻小说家设定的未来世界里，人们坐上了宇宙飞船，遇到了外星人，但其思维方式和行动选择却与罗马帝国、中世纪或大航海时代的人并无二致。另一部分科幻小说家则设想出像《黑客帝国》这种在人工智能极权统治下的“缸中之脑”社会，但从目前的技术水平看，我们还不知道这样的图景什么时候会实现。

科幻小说家或者像威尔斯、奥威尔和赫胥黎这样的未来思想家，只需要写出符号化的预言就够了，因为“科学地设想未来”并不是他们的工作。那么，“未来学家”的工作进展如何呢？近几十年来出现了一批自称“未来学家”并对未来做出各种预测的人，比如阿尔文·托夫勒、凯文·凯利、库兹韦尔等。从某种程度上讲，他们的确成功预言了现代文明的某些发展趋势，比如托夫勒在20世纪80年代就曾预言了共享经济和自媒体的出现。那么，他们的预测是依据什么做出的呢？

我把未来学家大致分为三类：第一类以鼠标的发明者道格拉斯·恩格尔巴特为代表。他依据萨丕尔–沃尔夫假说提出了“新沃尔夫假说”：某个文化所使用的语言，以及开展有效智力活动的能力，在其演化过程中，都会受到个体对外部符号控制方式的影响。在这一思想的指导下，他致力于开发能够增强个人处理信息符号能力的计算机系统，基于这一系统的软件哲学也极大地改变了我们的生活：从工业设计到艺术设计，各种各样的编程软件极大地增强了人类对各种符号进行处理的能力，并从根本上颠覆了许多行业的工作方式。像恩格尔巴特这样的预测未来的思维方式，我称之为“工程师路径”。他从技术中总结出一个适用范围较窄的特定规律，并在这一规律的指导下以工程师特有的务实精神，循着可操控的路径一点一滴地完善每个步骤。第二类以阿尔文·托夫勒为代表。他是如何预测出共享经济的发生的？在他看来，关键问题在于，大规模工业化生产和消费主义将人与物的关系彻底颠覆了。在商品数量没那么丰富的年代，一件物品会陪伴一个人很长时间，人对其所处的环境以及使用的工具常常会产生一种特殊的情感。而新时代大大缩短了物品更新换代的速度，上述情感关系很难建立，因而人们更倾向于分享或短期出租自己的闲置物品。托夫勒的这种思维方式，我称之为“经典人文路径”。尽管他的这种分析方式应被归类于现象学领域，即与海德格尔分析桥或靴子的方式类似，都是从事物本身“显现”的现象出发，分析其背后的经验与情感，来推断人类行为的路径，但在他之前，很多经典著作的作者也用这种传统的哲学手段来思考未来的可能性。第三类以凯文·凯利与库兹韦尔为代表。我称之为“历史主义路径”，即他们试图先总结出某个历史规律（比如，人类科技的进步将呈现指数级增长，因此奇点突破即将来临），再用这一历史规律来判断当今社会所处的阶段及其未来的发展方向。

这三种模式各有优点，也各有问题。工程师路径对短中期未来的预测也许是最准确的，但这建立在两个前提条件之上。第一，它以之为基础的技术突破必须是已知的。比如，恩格尔巴特预测未来的前提是计算机编码科学，但他无法预言智能手机的形态，因为他不了解 21 世纪初传感器技术取得的突破。第二，它只能预测某一个领域的变化，却很难推断这一变化会对整体社会结构产生怎样的冲击。经典哲学路径，或者说现象学路径，则过分依赖于预测者本人的敏锐洞察力，并不是所有人都能从一座桥上看出海德格尔能看出来的东西，也不是所有人都能从身边正在变化的现象中洞见托夫勒发现的重要趋势，而且稍有不慎，它就会变成占卜师的预言。由于黑格尔历史哲学的影响力，历史主义路径提炼出的基本矛盾简洁清晰、论断有力，非常受媒体和大众的欢迎。然而，历史究竟在多大程度上能够简化成“阶级矛盾的冲突”或者“自由与独裁的冲突”推动的产物？更何况，我们在前文中通过弩机和蒸汽机的例子已经说明，这种对于真实历史的过分简化，往往是不符合事实的，容易落入意识形态或道德说教。

以上总结无非说明了一个问题：预测未来是一项很容易失败而且没有什么明显好处的工作。毕竟，未来总会到来，与其冒着预测失败被事实“打脸”的风险，倒不如默默等待未来的到来。不过，这种掩耳盗铃式的做法或许适用于过去，但未必适用于现在和不久的将来。因为，技术进步迫使我们问自己这样一个问题：如果不去关注它，或者关注了却又不去探讨和解决它，我们会不会在觉醒的那一刻发现为时已晚，等到我们想要关注并应对技术进步对社会产生的冲击之时，它已经将我们深深地裹挟其中，无可挽回？

我认为，网络媒体和社交平台对大众的影响，在某种程度上证明这种担忧是有道理的。2016 年的美国总统大选证明，信息爆炸带来的资讯冗余与社交媒体的玻璃笼子带来的阶层断裂，使得普选制越来越难以达成共识，民主社会越来越容易被撕裂，而某些威权与独裁政体则看到了用大数据和技术进步进一步强化自身统治的机会。如果资本巨头对技术手段的操控使一个人越来越难分辨自己的独立意志何在，一人一票的普选制就会失去为政权提供合法性的基础。

今天的技术进步给我们这样一种感觉：人文和社会科学所依赖的一些基本假设，有可能面临更严峻的挑战。比如，从霍布斯时代开始，建构现代政治制度的一个基本前提就是人人平等，即人和人之间的能力差距，并没有大到抹杀他们享有平等的尊严的程度。但是，就像《人类简史》的作者尤瓦尔·赫拉利所说的那样，如果技术进步允许一批人通过“脑机结合”或植入芯片的方式变成“超人”，进而使得人与人之间的阶级差距扩大到如同物种之间的差距（实际上，能够熟练运用互联网工具的人，其吸收信息的能力已经大大超过不熟悉互联网的人群了），那么人人平等的基本前提是否还存在就成为一个问题。又比如，如果人工智能技术的推广将会造成全世界范围内真正意义上的生产过剩，那么维持世界经济秩序的基础是否还有可能存在？这些担忧看起来很“前沿”，后果也很严重，仿佛《黑客帝国》《1984》《美丽新世界》《黑镜》中描绘的各种反乌托邦世界就在眼前。但现实是，英国脱欧和特朗普当选美国总统比这些想象更深刻地影响着我们的世界秩序与社会结构。这才是历史的真正走向。

为了更好地理解、预测，并给出可执行的具体方案来指导这一历史走向，我们应该从两个方向上共同努力。第一个方向是，我们要更多地运用工程师思维来勾勒短期和中期的技术前进方向。现在讨论“强人工智能”和在此基础上建立起来的“强智能社会”可能为时过早，但讨论人工智能对大量重复性劳动职位的取代是有意义的。第二个方向是，社会科学学者需要在基础理论层面认真思考技术变量的作用，并据此构建出有足够现实意义的可操作社会结构模型，将工程师思维观测到的技术变化容纳进来。

下面我仅从个人角度出发，结合工程师思维与经典人文社科思维提出短中期（未来 10~30 年）内将会影响社会结构基础的问题，并期待这些问题将在或许会到来的“新轴心时代”得到全面的解答。

- 深度学习技术将在怎样的广度和深度上取代各种重复性的劳动职位？如果这种取代足够广泛和迅速，被取代的劳动力会迅速成为“多余的人”，即极权主义的土壤，那么届时我们该怎么办？
- 利用现有的传感器技术和数据监测技术建立起针对每个个体的实时安防监控系统，这是否可行？成本有多高？这是不是各国政府为解决上一个问题不得不采取的措施之一？

- “增强智能”是否会发展到足以造成高度等级差异的地步？如果是，那么人类尊严平等这一原则应该如何维护？
- 量子计算机带来的计算能力提升是否有可能解决交易成本长期上升，即所谓的诺斯悖论问题？如果能解决，这是否意味着中央集权下的计划经济已成为可能？
- 在大众舆论和社交媒体影响下的普选制是否已经背离其最初的政治理论构想？是否应当发展能够作为其补充机制的民主沟通制度？如果制度进步的速度太慢，我们还有没有其他能够抵御技术集权的手段？
- 现代社会人口出生率下降趋势是不是不可逆的，这是否会从根本上影响所谓的“文明冲突”的版图？如果人口出生率下降的趋势无法逆转，全景敞视是否会成为西方世界维护自身文明而不得不采取的措施？
- 是否有可能从技术上解决性别差异导致的社会不平等现象？
- 是否有可能用深度学习技术模拟出虚拟人格？如果有可能，我们是否应当将虚拟人格纳入现有的法权结构？
- 是否有可能以纯粹的人工手段制造出一个人？
- 是否会出现纳米武器与基因武器？

张笑宇

华东师范大学世界政治研究中心研究员

法律的社会功能与终极危机

深度学习与深度不学习

雅斯贝斯在《历史的起源与目标》中揭示了对人类文明至为关键的轴心时代，其时间跨度为公元前 8 世纪至公元前 2 世纪。自 16 世纪以来，人类社会又经历了波澜壮阔的资本主义轴心时代。进入 21 世纪以来，由技术革命所催生的一系列变化，似乎正在召唤一个新轴心时代。那么，新轴心时代的法律相较于以往任何时代，将发生何种根本性变化？在回答这个问题之前，我们需要先回答一个前提性问题，即人类的法律自出现以来，其最核心的功能到底是什么？

今天，在人工智能领域有一个流行的概念——深度学习。在我看来，这个概念意味着喂给人工智能各种算法、数据和场景，让它从早到晚不停地学习，只有学习好了，它才能和柯洁下棋。所以，今天人工智能技术发展的前提就是学习，而且是深度学习、强化学习、内卷化学习。

相较于深度学习的概念，我们或许可以说，人类社会自有法律以来，其最大的功能和特征其实就是“深度不学习”。我所说的“深度不学习”指的是，一旦立法者把法律制定并颁布出来，无论你是否知道它们，只要你触犯了法律，你就要承担相应的责任。

就法律而言，不管你是否知道它、是否遵守它，也不管执法者和司法者是否严格地执法，它们都在那里。

为什么法律是这样一副面孔？为什么法律不能像人工智能一样，也展开深度学习，根据外界信息、参数或环境的变化，随时随地调整其认知、倾向和态度？答案很简单：如果法律随时根据外界情况的变化做出调整，那么所有人都不知道如何遵守法律以及遵守何种法律。因此，法律最大的特征就是深度不学习，这体现了法律的稳定性、安定性和确定性。一旦法律被制定出来，它就必须凭借"深度不学习"的特征，来维护它的神圣性和权威性。

法律面临的最大悖论是，必须对一系列不可决断的事务做出决断。正是因为人们对争端解决方案缺乏共识，实在化解不了矛盾，才会诉诸法律，做出一个最终决断。在这个时候，法律将发挥其"不学习"的特征，不管人们的意愿如何，法律不讲灵活性，不做金钱交易，不搞道德说教，也不进行科学实验推演。诉讼双方或许可以庭前和解，但一旦上了法庭，案件就必须严格按照法律条文来审理。

法律为什么一定要摆出一副"铁面无私""不知变通"的样子呢？因为大量的法律纠纷尤其是疑难案件，时间紧迫，而且已经无法通过协商、谈判来解决，但又必须快速解决矛盾，在这种情况下，只能由法律来扮演铁面无私的角色，强制性地给双方做出一个决断，解决矛盾和纠纷。否则，社会矛盾和纠纷的持续累积，可能会让社会陷入混乱，甚至是战争状态。

在人类历史上，无论中西文明，法律都是从巫术、神判、占卜、决斗演化而来，并始终秉持一种深度不学习的姿态，来化解社会矛盾。

比如，“龟为卜，策为筮，卜筮者，先圣王之所以使民信时日、敬鬼神、畏法令也；所以使民决嫌疑、定犹与也”。[①] 再比如，“皋陶治狱，其罪疑者，令羊触之。有罪则触，无罪则不触”。[②] 在西方法律史上，也有诸如热铁法、热水法、冷水法、吞食法、摸尸法、决斗法等判案方法。在早期文明中，还没有演化出成文法、法庭抗辩和证据展示等法律技术手段，法律的深度不学习的“野蛮”特征尤为突出。从科学和理性的角度看，古代法律几乎没有科学性可言，经常不讲“道理”，并诉诸神秘的巫术、无常的命运或冷酷的暴力来做出决断。

实际上，即使到了理性司法时代，对于一些疑难案件，由于难以彻底还原事件真相，也仍然需要法官或陪审团用自由心证对案件做出裁决。比如辛普森杀妻案、小布什诉戈尔案都已证明，法官或陪审团不一定都是理性的，甚至有时是有失公正的。

法律是一种规范，它的规范性就是前文所谓的深度不学习。

规范性是一个区别于认知性、事实性的概念。当法律的社会期望落空时，当人们没有按照法律的期望采取相应的行动时，法律就一定要通过暴力威慑或社会舆论机制，来保持其规范性期望。这正是法律最核心和最独特的功能，即维持社会期望的稳定。法律的功能不是我们通常所理解的社会控制，也不是简单的惩罚犯罪，而是维护社会期望的规范性。

为什么会这样？最重要的原因如前文所述，社会的高度复杂性会造成一些疑难案件，无法通过简单的协商、调解、交易和谈判来解决。欧洲中世纪早期的赎杀金制度，虽然对割一对耳朵赔多少钱，断一根

---

① 出自《礼记·曲礼上》。——编者注

② 出自《论衡·是应篇》。——编者注

手指赔多少钱，砍一条腿赔多少钱，打掉一颗牙赔多少钱等都做了细致的规定，但它显然无法做到面面俱到。这一制度更明显的弊端在于，即使花钱也未必能摆平，赔完钱后一方仍有可能翻脸，以致陷入恶性升级的家族复仇和同态复仇。这样一来，不仅社会成本和负外部性大大提高，还将陷入人人自危的丛林状态。至于中国古代的儒家式调解成本也很高，并且需要建立在特定的熟人社会的基础上。当事人如果不再买宗族老人的账，儒家法律伦理就慢慢瓦解了。

进入现代社会后，上述方式在判决疑难案件方面都不如过去有效。那么，是不是可以考虑采取科学的方法，即认知性、实验性的方法呢？现代科学可以通过不断做实验，尝试新假说、新工具、新方法，根据认知的变化和实验的结果对原来的假设和预期做出调整，得出新的结论。但是，如果社会也采取科学实验的方法处理各种争端，就会陷入极大的麻烦。疑难案件一旦发生，就必须在有限的时间内做出决断，绝不允许根据认知的变化，依靠认知工具的发明，不断地做新实验，并进一步修正和论证，最终得出"可证伪"的事实性结论。更棘手的是"休谟问题"或"实然与应然问题"，即从"是"能否推出"应该"。事实上，科学意义上的"是"（is）无法推出社会意义上的"应该"（ought）。

在现代社会，处理疑难案件的另一个替代方案是民主。但是，当法律疑难案件遇上民主，同样会面临如同科学方案的尴尬、时间压力和社会成本。另外，民主方案还会面临如何避免"多数人暴政"的难题。如果两方之间的纠纷由一个更大的群体根据"少数服从多数"的原则做出决断，我们就难免会问一句：凭什么？而且，到底该动员何种规模的"多数"来对疑难案件做出裁决，其界定标准何在？

现代法律的新悖论

正如美国法学家劳伦斯·莱斯格所言，法律不同于道德，不同于市场，不同于代码机制，但其最大的不同实际上是深度不学习或者高度规范化的功能特征。在当代法理学研究中，更加常见的看法是，一些疑难案件根本无法找到真相。面对此种“罗生门困境”，法律经常需要做出某种“主观”决断。

但是，为了使这样一种主观决断正当化和合法化，必须发展出一系列的法律技术作为依据。在古代社会，人们用巫术、神判法、占卜术、决斗法来掩盖此种决断的主观性，把它转换为烦琐的程序化仪式，或者外化为命运的无常，目的就是不让当事人和旁观者发现此种决断的秘密。在进入现代社会后，则发展出一套精致的法律技术，特别是司法解释技术，通过各种严谨平肃的法律程序，以及各种立法和司法教义学的阐释法来转移法律决断的悖论。一旦我们对事实真相无法做到百分之百的客观还原，就会面临罗生门困境，存在对最终决断的主观性进行转移的需要。

与此同时，法律条文本身的模糊性也不亚于案件真相的模糊性，所以，直到今天法律条文仍然无法被有效地代码化。法律语言作为一种高度复杂的自然语言，无法用高度数学化的人工语言对其做代码化处理。正因如此，法律和司法过程从不等同于科学操作过程。法律过程是一种深度不学习的社会安排，是高度规范化期望的社会实现。而科学操作是一系列时刻学习、强化学习、深度学习的过程，需要保持不间断学习的强度，并落实为一系列高度认知性期望的技术操作。

法律之所以采取深度不学习的方式来维持在科学意义上并不理性的功能特征，以及高度规范化的期望，其实也是不得已。随着人类社会的成功演化，既要坚持学习，也要坚持不学习，并且需要在两者之间保持一种微妙的平衡。让所有社会过程都坚持学习，这根本做不到。因为社会矛盾和疑难案件有紧迫的时间要求，必须在特定的时间（比如诉讼时效）内将案件处理掉，把矛盾解决掉，把冲突化解掉，否则社会就会陷入冲突和混乱。所以，社会演化没有不间断学习和认知性调整的从容空间。

即使有充分的学习时间，也获得了必要的学习能力，不间断的社会学习也会带来非常严重的问题。当一切社会过程都可以学习时，当所有外部环境的信息都可以学习时，这意味着一切都可以被代码化。而当一切都变得透明时，社会演化就会丧失必要的黑箱，丧失反事实性的虚拟生存空间，即尤瓦尔·赫拉利在《人类简史》和《未来简史》两本书中提到的人类社会通过发明和创造神话来推动合作的特殊能力。除此之外，人类文明也会丧失借助宗教、道德、法律这一系列深度不学习、反事实性的社会系统推动功能建构和社会演化的空间。所有这一切导致人类社会演化的结构、节点和层次大大蜕化、萎缩甚至坍塌，从而大大降低人类社会特有的高度复杂性。如果用科幻小说《三体》中的概念来表述，这就是人类文明的降维化过程，一旦社会演化丧失了黑箱，就意味着社会降维的可能。如果用文学化的语言来描述，这意味着人类世界丧失了意义和价值，想象力消失，上帝不复存在。

一方面，不间断的学习会降低社会复杂性；另一方面，不间断的学习又会形成一种新的无穷尽的复杂性，一切都处于不确定性的状态，时刻需要根据新的认知来做出新的决策，面临进一步学习的压力和环境。实际上，不学习的根本目的是降低社会的高度复杂性，将学习带来的无止境的认知链条暂时切断。在人类社会的演化过程中，我们经常需要切断认知链条，因为如果一切社会过程都需要达成共识，都需要进行哈贝马斯所谓的“主体间商谈”，最后可能什么事情也干不成。在古代社会存在许多社会共识，但到了高度复杂和分化的现代社会，如果一切都需要达成共识，最后肯定什么事都干不成。

所以，法律或者说大部分法律制度，都是用来切断这种共识需求的。比如，法律上的所有权制度，其实就是对财产占有状态在所有社会主体间所需达成共识的一种切断。所有权制度的设置，使得所有权人不再需要去和其他所有人一一谈判来达成对财产权的共识，并可以规避其他人对其财产权的侵犯。否则，一一谈判达成共识的成本太高，以至于占有财产的行为也会变得极不经济。所有权制度暂时切断了达成共识的需求，直接赋予其规范性的法律效力。所有权制度只是一个例子，除此之外，涉及合伙、法人、契约、侵权、犯罪等的各种法律类型，都需要在特定时间点切断共识需求。由于法律类型极其庞杂，所以需要化简的社会复杂性类型也非常庞杂，根本不可能在社会主体之间一一达成共识，也不可能一一通过深度学习来处理，而只能通过不学习，或通过法律的规范性切断共识需求，来推动社会演化。所以，德国社会理论家卢曼说：“只有法律规范，才能让不学习失去病理性质。”

面对越来越复杂的现代社会，想要通过不学习来推动社会演化，以及匹配社会的高度复杂性，就需要进一步增强法律系统的内在复杂性。特别是在进入现代社会，即工业文明时代之后，社会发展出越来越复杂的法律部门、条文和解释技术。这形成了一种新的悖论现象，即通过采用一种法律自我学习和深度学习的方式，来实现对社会深度不学习的治理功能。一方面，法律系统对社会发挥不学习的功能；另一方面，法律系统又要通过强化内部学习，建立高度的复杂性以支撑其不学习的功能运作，进而化简社会的高度复杂性。这正是当代法律大爆炸，不断发展出越来越庞杂的法律部门、条文和解释技术的根本原因。可以说，当今的任何一个律师，哪怕是最厉害的律师，也掌握不了全部法律知识的 10%。这就是现代法律特有的悖论现象：它必须通过内部的深度学习来维持其对社会的深度不学习的功能。

法律是否会被代码替代

综上所述，从古至今，人类社会的法律都具有一种深度不学习的功能特征，因而法律是一门特殊的，同时采取内部深度学习和对社会深度不学习的方式来维持社会的规范性期望的操作技艺。

法律实际上起源于古代的占卜活动，占卜产生了最早的文字，继而产生了吉 / 凶这种最初的二元代码。吉 / 凶二元代码是高度规范化的，它深度不学习，没有任何科学道理可言。对于占卜者提出的任何问题，卜辞直接做出吉或凶的决断，以此来安抚人心或应对政治社会遭遇的挑战。中国从夏朝开始就有占卜和易术，据称，夏曰《连山》，殷曰《归藏》，周曰《周易》。占卜和易术其实就是中国最早的法律，占卜实现的也是一种法律功能。占卜产生了人类社会最早的二元代码，吉和凶即 0 和 1，占卜的结果只有吉或凶两种。

可以说，从早期人类文明到雅斯贝斯所谓的轴心时代，再到 16 世纪以后的第二轴心文明，法律的深度不学习的规范化特征都没有发生根本性改变。只不过，在不同的文明演化时期，会采用不同的概念来描述和运用它。从早期人类社会利用习俗、巫术和神灵来进行这种二元代码的操作，到第一轴心时代的绝地天通，这样的例子不胜枚举，比如希腊文明用哲学 / 神话、自然 / 习俗、正义 / 不义来评判人的行为，中华文明用道 / 非道、德 / 失德、仁 / 不仁来定义人的行为，犹太文明用原罪 / 救赎、审判 / 毁灭、虔敬 / 不信来评判人的行为等。在进入 16 世纪以后的第二轴心文明时期之后，则主要被起源于西欧文明的自由 / 奴役、平等 / 压迫、正义 / 不义等现代政治和法律哲学概念取代。但是，在这一发展过程中，法律内在的功能逻辑并没有发生根本性变化。也就是说，法律依然通过发挥对社会的深度不学习功能，来维持社会的规范性期望，并通过对社会共识需求的不断切断来推进社会演化。

但是，在新轴心时代来临前夕，法律这种独特的深度不学习特征，有可能会遭遇真正的挑战。过去人类社会不管怎么变，法律的“不可被随意支配”的功能都没有遭到破坏。但在今天，它却有可能遭遇真正的冲击。就像莱斯格说的，当法律遭遇代码，法律被代码化，法律的独特功能被代码篡夺时，法律就会遭遇真正的危机，而且是前所未有的根本性危机。

也就是说，法律的深度不学习功能，在人类社会的演化过程中，起初是不得不这样做。但是，当一切都可能因为迅速发展的技术手段而变得透明时，当智能技术可能凭借越来越强大的计算能力、算法和海量的大数据资源，消除人类决策所面临的时间压力时，法律的深度不学习功能的存在意义，就有可能被瓦解。特别是，现代法律条文让人眼花缭乱、繁复异常，已造成了大量的人力、财力和物力的沉没和浪费。

莱斯格在其著作中提出了一对富有启发性的概念，即美国“东海岸的法律”和“西海岸的法律”。东海岸的华盛顿制定法律，西海岸的硅谷则制定代码，东海岸和西海岸的“法律”在未来将形成一种长期的根本性冲突，也是未来法律可能遭遇的最大的、真正的危机。

当技术凭借越来越强大的数据、计算能力和算法，消除了原来的认知局限和时间压力时，法律的不学习功能特征就会逐渐丧失其存在的意义，并遭到解构。

如果将来代码能够实现法律的功能，而且做得更好，为什么不能用代码彻底替代法律呢？这在今天看来并不是一种未来学式的幻想。比如，当前正在迅速发展的区块链技术，它作为一种价值生成和确认的协议（即社会契约），其实就是一种新型的法律确权手段。依靠去中心化的、分布式的数字加密和记账手段，以及一种基于特殊算法的去信用化、去共识化的技术手段，它可以即时性地对某种价值和权利的归属做出决断，从而取代法律的规范性确权模式。代码一方面是深度学习性的，但另一方面它又借助技术手段将这种学习时间压缩到几乎可以忽略不计的程度。相较于法律的不学习，代码的效率和成本更低，并且更具有科学上的说服力。既然如此，人们难道不会逐渐抛弃传统的法律确权手段吗？人们难道不会抛弃虽然保持对社会的不学习，但又因为现代社会的高度复杂性而变得越发烦琐，并且需要进行内部强化学习的法律，最终选择区块链之类的技术，即虽然需要深度学习但实际上又不需要时间投入的确权手段吗？

这些新技术包含了当下热门的分布式计算、量子计算、人工智能、区块链、边缘计算、深度学习和算法治理等，也包括未来将持续进化的技术。它们会共同形成一股新的认知性学习的力量，来夺取传统法律的势力范围。

法律之所以不学习，是为了解决社会信息或信用的高度不对称所造成的沟通难题，从而实现社会的团结与合作。但是，区块链之类的技术，实际上预设了一种能一劳永逸地去信用化和去共识化的机制。一旦形成这种机制，就可以抛弃传统的信用系统，使任何达成一致的双方或多方实时地、点对点地进行价值的创造、转移和确权。这样一来，法律的独特功能就会瓦解，丧失它存在的意义。

死亡抑或蜕变？

因此，新轴心时代法律的核心变化可能并不像很多人说的那样，是技术发展可能对人和物的关系重新定位，以及对人法、物法等领域重新建构。它也不是关于隐私安全和被遗忘的权利，以及关于数据和算法谁更适合作为未来法律世界建构基础的阐述。这些问题基本都是柏拉图时代质料/形式、主体/客体、抽象/具体、意义/媒介等问题的延伸。新轴心时代法律的核心变化，其实是法律的独特性功能丧失的问题。

深度不学习被深度学习取代，法律不学习被技术学习取代，规范性期望被认知性期望取代，法律被代码和算法取代。法律的独特功能依赖于时间维度而存在，时间维度造成信用不对称的社会问题和社会沟通的不透明性问题，由此带来的沟通风险无法也不适合用学习机制来解决，而只能通过各种不学习的社会机制来应对。

但是，当社会进入新轴心时代时，当技术进化到一定程度时，就可能把时间的维度变成可忽略不计的因素，采用去信用化、去共识化的即时性技术手段来重构一种社会机制。这种社会机制是一种实际上并不需要达成共识的机制，今天的区块链技术就是这种机制，它依赖数字加密和去中心化的记账系统，达成一种社会契约意义上的沟通共识。这种共识机制不再建立于传统的主体间商谈的基础上，而是直接绕过人类沟通和互信的维度，完全取决于技术的自我进化。

伴随着代码对不学习和规范性维度的逐步取代，法律将面临终极危机。在人类历史的演化过程中，不乏这类先例。比如，巫术在主流社会中基本消失，宗教从公共领域全面退出，以及道德在现代社会表现出的无力感。在人类历史上，巫术、宗教、道德都曾扮演过和法律一样的深度不学习的角色。法律作为深度不学习的规范性技艺，已经成为现代文明中不学习和规范性维度最后的守护者。今天各国宪法所保障的各类基本权利，正是深度不学习的法律的最基础架构，它们不能被挑战和质疑，不能被随意支配和更改，不能被交易和讨价还价。

但是，这些“深度不学习”的基础架构，有没有可能伴随技术的进步而被“深度学习”的代码取代？如果法律逐渐失去它神圣的光环，势力范围不断沦陷，特殊功能的领地不断缩小，新轴心时代的法律就可能会面临最大的危机。尽管危机意味着死亡的可能性，但其中也潜藏着蜕变的机会。轴心时代面临的是礼崩乐坏的世界，之后又有一套新的礼乐取而代之。但在新轴心时代，有没有可能在礼崩乐坏之后再也没有任何我们熟悉的礼乐出现？这不完全是危言耸听。

余盛峰

北京航空航天大学法学院、高研院助理教授

《文化纵横》杂志执行主编

进化论与思想史：
从基因到模因

生物的进化

美国当代哲学家丹尼尔·丹尼特认为，达尔文进化论中的自然选择说是人类最伟大的思想，所以达尔文比牛顿和爱因斯坦都伟大。进化论统一了两个完全不相干的领域：一个是毫无目的的物质和运动，碰撞的粒子和虚空；另一个是目的性、设计、意义和思想。在进化论出现之前，这两个领域是完全分离的，而在进化论出现之后，这两个领域被整合到统一的图景中。

进化论的伟大之处在于它提出了一个简单的机制，不需要借助任何外部的神秘力量，就可以解释为什么生命会不断演化，会成为不同的物种，会从简单变复杂，会产生种种不可思议的奇妙特征。从某种意义上讲，进化论不仅在生命和非生命之间曾经不可逾越的鸿沟上架起了一座桥梁，也在实然和应然之间的鸿沟上架起了一座桥梁。达尔文的“物种起源”也提供了“价值起源”的答案。如何解释“甜”的价值呢？常识性解释是因为糖是甜的，所以我们想吃糖。进化论的解释与常识性解释互为逆向思维：因为人体需要糖，所以我们进化出对

“甜”的价值判断，即先有对糖的需要，之后才有“甜”的味觉。进化论不仅是生命科学的基础，或许也提供了通向伦理学和道德哲学的路径。

进化论的核心机制其实只有三个简单的要素：一是遗传，二是变异，三是选择。所谓遗传，是指生命体的某种信息可以复制并传递给下一代，这些信息控制着生命体的某些特征。所谓变异，是指在遗传过程中可能发生的随机偏差，呈现多样性。所谓选择，是指环境会像一个筛子一样让某些变异的个体消亡，而另一些变异个体的特征则可以传递到下一代。有了这三个要素，再加上足够多的个体组成的样本空间和足够长的时间，就可以促使生命不断进化。在进化过程中，信息有“基因型”和“表现型”之分。所谓基因型信息，是指以 DNA（脱氧核糖核酸）为载体的遗传信息。所谓表现型信息，是指个体的基因外化所形成的外部特征（包括行为），比如孔雀的羽毛、老虎的利齿等。一般来说，自然选择是指对表现型信息的直接选择，它只关心老虎的牙齿够不够锋利，而不关心老虎的基因如何。当然，对表现型信息的自然选择，最终会间接决定哪些基因型信息能够传递下去。

在进化过程中除了遗传、变异和选择之外，还有一些其他机制在发生作用。比如，越来越多的研究表明，基因变异可能不是完全随机的，而是和组成基因材料的 DNA 分子的结构稳定性以及基因间的相互作用有关。从这个意义上讲，选择不只是针对表现型信息，也可以针对基因型信息，基因的变异只会落入那些相对稳定的“状态山谷”。还有一个机制是遗传漂移，当种群的样本空间小到足以导致出现“群体瓶颈”时，某种基因特征就会覆盖所有其他可能的特征，这是一个统计学现象。比如，南美洲的印加人只有一种血型，那就是B型，太平洋某个岛上的所有人都是色盲，另一个岛上的所有人都患有糖尿病……这都是因为这些人群经历了“群体瓶颈”，如果基因池足够小，某些特征（比如B型血）就会覆盖所有其他特征。

自从达尔文在一个半世纪前提出进化论之后，进化论的理论基础和经验数据都得到了长足发展，特别是DNA的发现，使进化论研究取得了质的飞跃。但人们对进化论还普遍存在一些误解，比如我们经常听到的一些说法：如果靠进化过程中的随机变异产生有秩序的复杂结构，就好比一阵旋风吹过，把一堆零件变成了一架飞机，或者好比一只老鼠在打字机上跳来跳去，就能敲出莎士比亚的名句。所以，进化论描述的极小概率事件几乎不可能发生。这些说法看似有道理，却忽略了进化的一个本质特征：进化不是一个组合函数，而是一个时序过程；进化不是每次都从头开始，而是一个渐进积累且不可逆的过程。老鼠随机地在打字机上跳来跳去，的确敲不出莎士比亚的名句“To be，or not to be”，但进化并不是这样的过程。一个更准确的描述进化过程的例子是：老鼠先随机地在键盘上蹦跳着敲出一个毫无规律的句子，在此基础上再随机敲出几个变异的句子作为候选，再在这几个候选句中找到和“To be，or not to be”最相近的句子作为新的基础，继续变异和选择。虽然刚开始的句子是完全随机的，老鼠的蹦跳也是随机的，但是几次迭代之后，得到的句子就会完美地收敛于“To be，or not to be”。所以，进化的核心机制是：遗传变异是随机的，但自然选择是定向收敛的。

对进化论的另一个常见误解是，由于物竞天择，适者生存，所以进化得到的特征一定都是完美的、最利于物种生存的。其实很多生物的特征只是动态平衡的结果，是复杂的耦合系统达到的稳态。很多动物的性征夸张到无以复加的地步，以至损害到其生存能力。比如，雄性孔雀的羽毛和雄鹿的角都是性选择和生存选择平衡的结果。如果一开始有一只雄鹿的角比别的雄鹿大，它可能就有更大的可能性被雌鹿选中，大鹿角的基因就会被传递下去，在鹿的基因池中占据越来越重要的分量，使得鹿角一代比一代大。但鹿角大到一定程度，就会危及雄鹿自身的生存，不但影响觅食，也会降低遭到猎捕时的逃生概率。一旦到了这个临界点，鹿角就不会再变大。同时，因为进化不是一个组合函数，而是一个时序过程，不是从零开始，而是基于已有的基础，无论它是好是坏，所以，自然界中有很多不完美的例子，比如包括人类在内的所有脊椎动物的视网膜上都有盲点，因为我们是由共同的祖先进化来的。而低等的无脊椎动物，比如章鱼，它们的眼睛没有盲点，反而比我们的眼睛更先进。另一个不完美的例子是连接人类喉部和声带的喉返神经，它是从脑干伸出下延至胸腔绕过主动脉再折返回喉部的。因为哺乳动物的祖先是鱼，所以哺乳动物一开始的身体布局都像鱼，但随着哺乳动物的脖子进化到今天，就形成了这样一个不合理的布局，特别是长颈鹿等长脖子动物。

对进化论最大的误解是，很多人会不知不觉地把设计性和目的论的思维带到对进化论的解读中。事实上，进化是没有任何目的性和设计性可言的。我们常说基因会操控生物的某些特征，基因为了让物种更好地生存会如何如何。这只是一种粗略的说法，并不代表基因真的有某种目的性。基因不是一幅设计蓝图，基因里也不含有最后形成生物体特征的信息，它只包含能够复制到下一代的遗传信息。至于最后会形成什么样的生物体特征，还取决于环境的作用、过程和生物化学结构。所以，从基因型到表现型有一条很长的作用链条。如果你认为人类的基因里包含了人类所有特征的整张设计图纸，就如同认为石头被扔到水池里激起有规律的波纹是因为石头里包含了波纹结构的设计图纸一样可笑。个体的生成和物种的进化是一个自下而上、没有目的、没有中心设计者的网络。其中没有统筹规划和设计，没有任何预设目标，也找不到一条纯粹的因果关系链，其最终结果是这些因素通过互相作用达到动态平衡和稳态。所以，进化不可能像数学方程那样代入变量值就可以得出结果，换句话说，进化没有解析解，要想知道结果，就必须重新演绎一遍历史，每一条路径都是独特且不可重复的。

进化本身没有目的性，但通过无目的的随机过程，却可以产生类似于人工设计的有序结构。怎样区分天然生成和人工设计呢？让我们做一个思想实验：如果真的有外星人，我们用什么语言与其沟通呢？数学是宇宙通用的语言，假设我们收到来自太空的脉冲信号，它们按质数的顺序排成一个数列，那么我们几乎可以肯定它们不是天然生成而是人工设计的。在天文学家卡尔·萨根的科幻小说《接触》中描述过这样一个场景，考虑到自然不可能产生像质数序列这样的有序结构，所以可以断定这是外星人发来的信号。但是，自然界偏偏有天然生成的质数！比如 13 年蝉和 17 年蝉的生命周期便是质数，这些蝉大部分时间蛰伏在地下，每隔 13 年或 17 年就会铺天盖地地出现。为什么蝉的生命周期刚好是 13 年或 17 年？答案是捕食者饱和效应，即某一个物种为了增加其后代的生存机会，通过繁衍大量的后代来应对捕食者，使个体被捕食的概率降低。质数除了 1 和它本身外不能被任何数整除，所以，以质数为生命周期能最大限度地降低蝉与其捕食者生命周期重叠的概率，从而增加它们繁衍生存的概率。在漫长的进化过程中，蝉的生命周期被设定为 13 和 17 这两个质数。这就是进化的奇妙。即使是像质数这样被用于判定外星智慧存在与否的结构，也可以由毫无目的性的进化过程产生。

广义的进化

上文简单地介绍了进化论的基本概念，那么进化论和思想史又有什么关系呢？进化论的影响不只存在于生物界。我们知道，社会达尔文主义就是对生物进化原则的曲解，它甚至为纳粹法西斯主义提供了理论基础。进化论难道没有更积极、更一般性的应用吗？普适达尔文主义认为，进化不仅局限于生物，它还是一个通用的现象和过程，也适用于其他领域。任何具有遗传、变异、选择机制的系统都可以被看作一个进化系统。比如，人的免疫系统就是一个进化系统，它通过对入侵病原的应答试错过程不断积累识别和抵御病毒的能力。商品市场也是一个进化系统，新产品往往是基于对旧产品的改进和突破而成，并被市场接纳或淘汰。科学理论的发展更是一个进化系统，相互竞争的各种假说最终经由实验来检验真伪。理论物理学家李·斯莫林提出了“多重宇宙”假说，可以说是一个最大尺度上的进化系统，只不过进化和被选择的不是生物，而是整个宇宙。在坍缩的黑洞中心的奇点另一侧会创造出一个新宇宙，其中的所有基本常数（光速、普朗克常数等）决定了它能否产生足够多的黑洞，从而生成更多的下一代宇宙。自然选择会调优这些基本常数，我们的宇宙就是这一系列宇宙中的一个。

这些进化系统的具体实现方式大相径庭，但它们都有一种共同的结构：信息的传递、变化和选择。当然，还有两个必不可少的因素：足够大的样本（个体数目很大）和足够长的时间（迭代次数很多）。只有这样，进化的特性才能表现出来。

普适达尔文主义体现了一种多重实现性，这是由美国哲学家希拉里·普特南提出的概念，当时主要是为了在心灵哲学领域批判消除性唯物主义和还原主义。朴素的消除性唯物主义和还原主义认为，人的思维可以完全归结于相对应的物质状态，所以像上层的心灵状态完全可以被消除并被还原成低层的生物和物理实现。比如，人能感受到疼痛，那么疼痛一定对应于某种大脑物理状态，即C类神经纤维的触发，所以疼痛这种心灵状态完全可以用C类神经纤维的触发来定义，疼痛这个心灵概念也就完全被消除了，剩下的只是其对应的物理实现。多重实现性则指出，思维不见得只能用一种特定的大脑物理状态来实现，同样的心灵状态可能对应着不同的物理实现。相较而言，重要的是心灵的功能，而不是其物理实现。假如我们遇到了外星人，其生物和物理实现跟地球人完全不一样，地球人是碳基生物，外星人有可能是硅基生物，在其身上根本找不到C类神经纤维，也就是说找不到和地球人疼痛时完全一样的物理现象，难道我们就可以据此认为外星人没有疼痛感吗？从原则上看，人的思维和心灵活动不仅可以用我们的生物大脑来实现，也可以用电脑来实现，这样一来，人在临死前就可以把自己的思维下载或上传到电脑上让其继续存在。重要的不是物理实现，而是不同物理实现所体现的同构的某种逻辑功能，这个观点在心灵哲学领域被称为功能主义。这个多重实现的逻辑类似于柏拉图的理念，每一种实现类似于一个对理念的摹本，理念体现了不同摹本的不变性。

多重实现性的另一个例子是图灵机。图灵机是指一个抽象的数学模型，而并不是指任何具体的物理实现的计算机。任何可计算的问题原则上都可以用图灵机来计算，任何计算机在逻辑上也都等价于图灵机。我们知道现代电子计算机都是基于硅晶电路的物理实现，都等价于图灵机，但电子计算机只是图灵机的一种实现方式。从逻辑上讲，图灵机也可以有其他实现方式，比如，我们可以制造一台完全基于机械齿轮而非电子线路的计算机（巴贝奇在19世纪尝试制作的计算机），可以用很多根水管和阀门制造一台用水驱动的计算机，可以让很多人排成队列、通过打手势的方式创造一台“人造”计算机，还可以用老鼠、奶酪、鼠夹和迷宫搭建一台“老鼠”计算机……只要规定哪个状态代表 0，哪个状态代表 1，什么样的过程代表与、或、非等逻辑操作，这些形形色色的具体系统就都可以被看作图灵机。同样，重要的不是物理实现，而是同构的内在逻辑（0 和 1，与、或、非运算等）。

有了多重实现性的概念，我们再回过头来看普适达尔文主义，就会发现进化的本质是一个可进行遗传、变异、选择操作的算法，即一个类似于抽象图灵机的“通用达尔文机”。任何可实现这个算法的子系统，都可以被看作进化的过程。因此，普适达尔文主义并不是一个生物学的概念，而是一个信息论和计算理论的概念。在普适达尔文主义看来，进化这个抽象的过程不仅可以由生物进化来实现，也可以由很多其他的物理过程来实现，比如前文中提到的免疫系统、商品市场、科学理论乃至思想史。生物进化只是普适达尔文主义的一个特例，人类思想史的进化是普适达尔文主义的另一个重要特例。

文化基因与思想史

要了解思想史的进化，先要了解另外一个概念。英国生物学家、思想家理查德·道金斯在《自私的基因》中首次提出了模因（meme）的概念，它是指与生物基因类似的可复制、可传递的语言、观念、信仰、行为方式，我们在这里把它叫作“文化基因”。文化基因和生物基因一样都是复制因子，并且符合进化系统的三个特征：复制、变异、选择。模因可以从一个大脑传递到另一个大脑（复制），在此过程中可以被删减或添加细节、组合出新的内容（变异），有的模因感染力很强且容易传播，有的模因则很快会被遗忘（选择）。

生活中有很多模因的例子，比如各种流行用语、谣言等。还有些模因看似没什么道理，比如很多青年人喜欢反戴棒球帽，把帽檐放在后面，这个行为很有感染力。这就好比生物基因可以相互组合以增强遗传性，比如昆虫的颜色基因往往和毒性基因形成基因组，以降低被鸟吃掉的概率，从而有利于繁衍生息。模因也可以相互结合成文化基因组，比如宗教，教义和感人的赞美诗相辅相成，便于传播。

模因这个概念自提出之后便迅速流行开来，所以这个概念本身就是一个成功的模因范例。起初很多人认为模因只是一个很粗糙的比喻，不构成严格的理论体系。关于模因也存在很多疑问：如果生物基因的载体是DNA，那么模因的载体是什么？是语言吗？模因的单位是什么，是一个单词、一个句子还是一篇论文？模因复制、传播、储存的机制是什么？ 随着一些哲学家，比如理查德·布罗迪、苏珊·布莱克莫尔等人对模因概念的梳理和发展，逐步建立起更完整的理论体系，一些学者也开始建立数学模型，对模因进行量化研究。凯文·凯利提出了一个类似模因的概念，他称之为“技术元素”，这里的技术并不只是科学技术，而是涵盖了所有人类可传承传播的创造物，包括科技、艺术、法律、伦理、宗教等。

模因对于人类的意义是什么？任何生物的本能都是传播自己的生物基因，人作为一种动物也不例外，虽然严格来讲是基因在利用人类传播其自身。但是，人类作为一种高级智能动物，除了需要把自己的基因传递下去之外，还有第二个层面的需求，就是传播自己的文化基因。把生物基因传递下去，在某种意义上可以超越死亡。可是，传播生物基因远不如传播文化基因（模因）更有效。因为生物基因每传播一代就会减半，比如生一个儿子，他只有你 1/2 的基因，到孙辈只有 1/4，再到重孙辈只有 1/8。但是，模因的传播却可能不会衰减。孔子的生物基因遗传到今天已经有 80 代了，这些孔子的后代虽然还以自己的祖先为豪，但他们身上留有的孔子基因已经非常少了。相较之下，孔子的文化基因——儒家思想传播到今天仍然很完整。从这个意义上讲，人之所以比其他动物高级，就是因为我们摆脱了被生物基因彻底控制的命运，而成为传播模因的载体。文化基因是对生物基因的反叛，它虽然依赖于生物基础，但一旦产生，就形成了一个全新层面上的复制因子，拥有独立的逻辑，从而使人类生活从生物基因的世界中脱嵌出来。所以，文化基因是对生物基因的超越与突破。

这也决定了文化基因模因理论和社会生物学的本质区别。社会生物学认为人和动物的任何社会行为，原则上都可以归结为基因和生物进化方面的解释，都可以被解读成为了提高特定基因在基因池中的占比的某种策略。比如，人际关系的亲疏程度本质上是由基因决定的。

血缘关系越近的人，基因的重叠程度越高。从生物繁衍的角度说，每个人的生物本能都是把他的基因最大化地传递下去（或者是基因利用我们将其最大化地传递下去）。那么，和他共享基因越多的人，就越能帮他把相同的基因传递下去，所以保护这些人的利益也符合他自身的利益。人们会首先考虑直系亲属的利益，然后是表亲，之后是大家族的成员。正是基因的重叠程度，决定了社会关系的亲疏程度，每个人都能以自己为中心按基因的相关度画出社会关系的同心圆。关于基因如何决定人的社会性，自然界中有更生动的例子。生物界中存在单倍体动物，比如蜜蜂、蚂蚁等。一般动物的雌雄双方都各有两组染色体，有性繁殖过程中雌雄双方各提供一组染色体，即双方各贡献 50% 的基因给下一代，这就是为什么父母和子女之间以及兄弟姐妹之间的基因相关度是 50%。而单倍体动物与一般动物不同，它们的兄弟姐妹之间的基因相关度为 66.7%（2/3），高于一般动物兄弟姐妹之间的基因相关度 50%（1/2）。这也从某种程度上解释了为什么很多单倍体动物都显示出高度的社会组织性。

但是，任何社会行为、意识形态都可以完全还原成生物现象吗？儒家文化里的纲常伦理，现代社会中的民族主义，都可以用基因来解释吗？从文化基因或模因理论的角度看，答案显然是否定的。比如，关于性的解释，社会生物学认为人的任何与性相关的行为，包括爱情、婚姻、家庭，都可以用生物学来解释，之所以女人在择偶时更挑剔，男人更滥情，是因为卵子和精子之间的资源不对称性造成的。然而，在模因理论看来，性不只是一种生物本能，也是一种社会建构。人类的性行为在很大程度上是被电影、文学作品等塑造的，人的欲望是在社会中被反复传播、复制、加强的。否则，我们无法解释人为什么会

采取各种避孕措施，因为避孕显然是阻止生物基因复制并传播的。由此可见，模因作为一种独立的复制因子，已经挣脱了生物基因的束缚，甚至还会反过来对抗生物基因。

在模因理论看来，人类的历史就是一部各种文化基因（模因）不断产生、传播、变异、融合、选择的历史，是思想观念和符号进化的历史。虽然我们在画漫画或做 PPT 演示文稿时总喜欢用灯泡来表示创意和点子，但思想“不是一个亮点，而是一个网络”。人的思想并非凭空而来，而是源自之前其他思想的传承和融合，这就是文化基因的遗传性。各种已知观念重新排列组合，就会产生新思想，这便是文化基因的变异性。虽然从提出者的角度来看，思想是他们主动思考的产物，但从整体来看，新思想的产生依然是随机性的。在文化基因池里，各种思想相互竞争，大家都试图复制得更多，传播得更广，而历史环境（包括政治、经济等子系统和其他思想）的自然选择会决定哪些思想被发扬光大、哪些被淘汰，这就是文化基因的选择性。把人类历史看作文化基因的进化史，以及普适达尔文主义的一个特例，就可以在生物进化和思想史进化之间找到很多对应的同构性。

比如，与生物进化中的基因漂移对应，也有文化基因的漂移。为什么在 20 世纪 80 年代出现了若干计算机操作系统，最后是微软操作系统存活下来并独占鳌头？这不能完全用自然选择和适者生存来解释，这里面是文化基因漂移在起作用。

前文中提到生物进化的结果未必完美，它是有历史包袱和路径依赖性的，比如长颈鹿的喉返神经是先下降到胸腔再绕回喉部，这是受其鱼类祖先的长期影响形成的。在文化基因中也有很多类似的例子，这说明存在未必是合理的，而是受限于历史包袱。凯文·凯利问过一个有趣的问题：为什么航天飞机的固态助推火箭的直径是现在这种尺寸？不是因为它是最优化尺寸，而是因为需要用铁路来运输固态助推火箭，所以铁路的标准轨距决定了火箭的直径。美国铁路的轨距参考的是英国铁路的轨距，英国铁路的轨距参考的是罗马帝国公路的宽度，罗马帝国公路的宽度参考的是当时战车的宽度，当时战车的宽度参考的是两匹战马并排的宽度。2 000 多年前两匹马的宽度，竟然决定了现代火箭的直径，从最先进的技术中依旧可以看到最原始技术的影子，由此可见文化基因的长期影响力。

科林伍德说："一切历史都是思想史。"这也是模因理论的观点，文化基因一旦获得独立，便会在一个更高的层次上按照自身的逻辑演绎，继而通过下行因果关系来影响政治、经济、文化等子系统，甚至可以改变人类的生物行为（比如性行为）。历史唯物主义把所有人类活动的上层建筑（政治、文化、宗教等）都还原成经济基础，而模因理论则把这一做法逆转过来，即经济活动只是文化基因进化过程中的一个子系统，是模因进化的一个特例。思想和社会子系统（政治、经济、文化）之间的相互作用，可以被看作基因型和表现型之间的关系。生物进化过程中的自然选择往往是对表现型（生物的外部特征）的直接选择，最后间接地影响了哪些基因可以传递下去，哪些会被淘汰。同样，思想作用于政治、经济等子系统所产生的结果便是文化基因的表现型，对文化基因的选择往往也是通过思想产生的社会结果来决定的。当然，在某些特定的条件下，模因的基因型和表现型是结合在一起的。

人类历史上出现的种种重大新技术和突破，都可以被看作在为模因服务，这些技术和突破深刻地改变了模因传播和传承的机制。我们先来看语言在模因进化史中的作用：模因所覆盖的范围要大于语言，模因的复制、传播并不需要语言，只要有可以复制的信息，就可以算作模因，比如音乐、舞蹈行为、表情等。在语言出现之前，人类之间复制、传播模因只能靠面对面的肢体语言，这是一种失真度很高的复制方式。有了语言之后，模因的复制发生了质的变化，语言为模因提供了一个载体，正如 DNA 是生物基因的载体。

但通过语言传播模因仍需要面对面，直到人类发明了书面文字。有了文字，模因不仅可以存在于大脑中，还可以存在于文字中。人类社会出现了外化的文化记忆，就像人类集体意识的一个硬盘。通过文字，一个人的思想可以超越时空的限制，在千年之后的遥远国度点燃另一个人的精神火花。设想一下，有一天地球文明灭亡了，如果外星人发现了地球上刻有文字的石碑，也可以在某种程度让地球文明起死回生。文字的出现，还有助于我们更好地研究思想的演化史。我们知道，在研究生物进化的过程中，研究者可以采取 DNA 标记分析的方法，特定位置上的 DNA 标记的变化，可以揭示生物进化的历史。正是通过对人类基因组测序的 DNA 标记分析，我们才确定人类拥有共同的祖先，他们在 5 万 ~10 万年前走出非洲，遍布各个大陆。我们甚至可以分析得出人类数万年来的迁徙路线，以及人类是如何分化成不同种族的。同理，一切历史都是思想史，而思想史浓缩于关键词。语言是文化基因的载体，文字则将文化基因转化成外部文化记忆。因此，对关键词的追踪分析，同样可以揭示出思想和观念演化的轨迹。

我们继续看其他新技术对模因的影响。文字作为传播模因的载体有其局限性，早期的文字只能手抄，所以传播效率非常低下。后来出现了印刷术，中国有毕昇的活字印刷术，欧洲有古腾堡的印刷术。印刷术的出现，提高了模因复制的规模和效率，为知识普及化奠定了基础。后来又出现了大众媒体，比如报刊书籍、广播影视等，它们都使得模因的传播变得更高效和规模化。但大众媒体也有其局限性：模因只能自上而下地单向传播，虽具有规模性，但缺乏互动性。

今天的互联网使模因的传播有了质的飞跃。在互联网上，模因的复制没有成本，它们可以实时传播，而且可以双向互动。可以说，人类的文化基因第一次从物理介质中脱嵌出来，实现了无摩擦、无阻力的传播。互联网是一种能让模因自由创生、变异、碰撞、组合、传播的新媒介，这是互联网在人类进化史中真正的意义。人之所以被称为人，是因为我们不只是生物基因的载体，更是文化和思想基因的载体。

轴心文明与趋同进化

怎样从模因的角度来理解轴心文明和超越突破呢？我们知道，公元前 800 到前 200 年被历史学家称为人类文明的轴心时代，这一时期出现了思想和创造性的大爆发（就像生物进化过程中突然产生大量生命形态的“寒武纪生命大爆发”）。世界不同角落的各个文明几乎同时产生了伟大的精神导师：中国春秋时期的孔子和老子，古印度《奥义书》记载的圣人们和佛教的创立者释迦牟尼，希伯来人创立的犹太教的众位先知（约 500 年后出现了耶稣），以及古希腊的苏格拉底、柏拉图和亚里士多德。人类文明的视野似乎一夕之间发生了“终极关怀的觉醒”，人们开始用和古代文明完全不同的方式来审视和思考这个世界，实现了对原始文化的超越突破，产生了全新的宗教和哲学。直到今天，我们还在传承着轴心文明的精神内核。这一切都集中发生在 1 000 年的时间跨度中，具有某种 “共时性” 。如果你认为这个时间跨度有些长，讲共时性有些勉强，那么至少可以说几大轴心文明有着某种“共相性”，即它们都产生了类似而又不尽相同的“超越突破”。为什么这些古文明在远隔千山万水、相互之间几乎没有交流的情况下，即没有文化基因相互传播的情况下，在 1 000 年间都发生了类似模式的超越突破呢?

在人类社会的发展过程中，有些技术只被发明过一次，比如轮子，所有的轮子都是靠文化基因（模因）的传播方式从一个文明传到另一个文明的。有些技术却是各自独立发明的，比如农业技术，在远古时期部落之间很难进行信息的传播，而不同文明却都独立地进入了农业社会，青铜器和铁器的冶炼技术也在不同文明中被分别发现。历史上还有很多类似的例子，比如牛顿和莱布尼茨各自独立地发明了微积分;胡适虽然之前没有读过戴震的气论，但却有与之同构的中国式自由主义思想……还有更富戏剧性的例子，英国女作家 J. K. 罗琳的系列小说《哈利 · 波特》获得了巨大的成功，结果有人状告罗琳，说她抄袭了自己的创意。凯文 · 凯利至少举出了 4 个例子，都是不同作家在独立创作的过程中产生的类似创意，其中有一个甚至叫“拉利 · 波特”。或许，英语文学发展到这个阶段，就必然会出现一个戴着眼镜的少年骑着扫帚、养着猫头鹰宠物、去上魔法学校的文化基因。所以，我们不禁要问：是什么机制让在没有直接模因传播的情况下产生了相同或类似的思想和发明?

我们可以用比较的眼光再看一看自然界中的类似例子。在生物界中普遍存在着趋同进化的现象，即在遗传世系上不同的物种，甚至是相距甚远的物种，如果生活在条件相同的环境中，在同样的自然选择压力下，就有可能进化收敛到功能相同或相似的形态结构，以适应相同的环境。不同的基因型却显示出相同或类似的表现型，这就是进化中的“殊途同归”。

在自然界中有很多收敛性趋同进化的例子，我们都很熟悉“鲸鱼不是鱼”的说法。鲸鱼和海豚是生活在海洋中的哺乳动物，体型类似鱼类，但和鱼属于完全不同的两个遗传世系。鱼类靠鳃呼吸，而鲸鱼靠肺呼吸；鱼类是卵生，而鲸鱼是胎生；鱼类靠身体左右摆动游泳，而鲸鱼则保留了陆地哺乳动物的运动方式，靠身体上下摆动游泳。鲸鱼和鱼在生命之树中是完全不同的两个分支，但却表现出类似的特征。

最有意思的趋同进化的例子之一是鱼类的扁平化。鱼如果变成扁平的，就可以很好地贴在海床上掩藏自己，所以有很多种鱼都进化出了扁平的体型。扁平化有两种策略：一种是“前胸贴后背”，一种是“左脸贴右脸”。采用第一种进化策略的有鳐鱼和魟鱼。鳐鱼、魟鱼和鲨鱼都属于软骨鱼纲，没有钙化的硬骨，也没有控制沉浮的鱼鳔，只有纤维化的软骨，所以比较容易在上下方向上变扁平，腹部和背部之间的距离变小，这类鱼的游泳姿势也不是传统的左右摇摆，而是扁平的身体两侧像翅膀一样扇动。采用第二种进化策略的有比目鱼，它属于硬骨鱼纲，有鱼鳔，由于它的胸腹腔很难在上下方向上变扁平，所以比目鱼是在左右方向上扁平化。但是，这样做的代价是：当左右扁平的鱼贴在海床上时，有一边的眼睛就会埋在沙子里。为了不浪费这只眼睛，比目鱼进化出了两只眼睛长在同一侧的模样。有意思的是，刚孵化出来的小比目鱼两只眼并不是长在同一边的，而是和其他鱼一样左右对称（它祖先的样子），在长大的过程中它们的两只眼睛逐渐靠拢在一边。这两种不同的“扁平”进化策略充分说明，在相同的自然环境选择压力下，不同的物种会殊途同归，进化出类似而又不完全相同的形态来。

另一个关于鱼类趋同进化的例子是电鳗。在非洲和南美洲的湖泊里生活着两种电鳗，由于身处两个大陆，这两种看似形态相同的电鳗在进化史上是两个完全不相关的物种，彼此之间没有任何基因传递，也没有亲缘关系。这两种鱼生存的湖泊大多非常泥泞浑浊，以至于在水下无法靠视觉判断周边环境和方向，所以它们的视觉已经退化，只能靠其他方式导航。它们的身体两侧长有“发电器”，这些器官能够感知周围的电场，通过这排“发电器”之间的电位差，电鳗便能感知到周边的障碍物和环境。但是，电鳗为进化出这种导航方式所付出的代价是：为了保证感知电场的精确度，鳗鱼的身体必须像一根棍子一样保持笔直和稳定，所以不得不放弃鱼类左右摆动的游泳方式，而采取靠臀鳍游泳的方式（身体保持笔直，臀鳍做波浪式摆动而游泳）。有意思的是：非洲电鳗的臀鳍长在背上，而南美洲电鳗的臀鳍长在肚皮上。在浑浊湖泊中的生存压力使得两个大陆上的不同物种进化出相似而又不尽相同的解决方案，这又是一个完美的趋同进化的例证。

前文中提到的“质数蝉”也是一个很好的趋同进化的例子。虽然 13 年蝉和 17 年蝉都能够通过质数的生命周期来降低碰到天敌的概率以提高繁衍生息的机会，但有意思的是，13 年蝉和 17 年蝉并不是两个物种，而是同一物种的两种类型。自然界中存在三个彼此独立的“质数蝉”物种，每一个物种的蝉都有两种可能的生命周期：13 年或 17 年。这三种蝉都是沿着独立的轨迹进化出来的，不同的物种拥有相同的生命周期，这是趋同进化的另一个例证。

比较上述几个生物趋同进化的例子，我们不难看出其与 4 种轴心文明各自独立完成超越突破之间的相似性。在一个进化系统内，在相同的环境选择压力下，不同遗传路径的进化可能产生类似的结果，但又根据自身的具体情况分化成几种可能的类型。4 种轴心文明的形成都经历了类似的环境压力，都处于社会动荡、分崩离析及多元化思想相互碰撞融合的时期。相反，相对稳定和单一化的埃及文明和美索不达米亚文明却没有产生超越突破。这种相同条件下进化结果的趋同性往往揭示了某种更深层次的结构性本质。

那么轴心文明超越突破的本质是什么呢？以美国社会学家罗伯特·贝拉为代表的一批学者试图从进化论的角度研究宗教和轴心文明的形成，他们的研究角度似乎介于社会生物学和文化基因理论之间，既没有把模因完全当作一个独立的复制因子，也没有完全停留在生物进化还原论的层次上。其中，默林·唐纳德试图从认知科学的角度把从灵长类到人类的进化史分为四个阶段。第一阶段是片段式，指灵长类动物的认知能力基本上停留在分散式的事件驱动的条件反射。第二阶段是模仿式，指原始人开始以非语言的方式互相模仿彼此的行为，也就是我们说的模因复制的开始。第三阶段是神话式，指人类有了语言之后模因的复制传播进入了数字化时代，知识、社会价值和信仰都被植入口口相传的神话故事中。第四阶段是理论式，指人类脱离了神话的载体，而开始用形式化的理论模型来理解世界，理论式阶段的前提是文字的出现，这使得知识和记忆的“外化”有了可能。理论模型一旦形成，便有了自己独立的逻辑和意义世界并进行演绎。从神话式阶段向理论式阶段的过渡，从讲故事到讲道理的转化，就是轴心文明的超越突破。

比起默林·唐纳德从灵长类到人类的进化阶段的划分，科学哲学家卡尔·波普尔的跨度更大，他提出了三个世界理论。第一世界是物理世界，包括物体和肉体；第二世界是精神世界，包括感情和意识；第三世界是客观知识世界，包括语言、故事、艺术和科学技术。如果把宇宙进化看作层次上的跃迁，那么从物理学到化学到生物学再到意识形态就构成了宇宙进化的不同阶段。这种阶段性升级进化的共同特征是，每当从下一层进化到上一层，比如从化学现象中涌现出生物现象，或从生物现象中涌现出意识现象时，都产生了某种多重实现性，即上一层的现象获得了某种独立性，至少在原则上不再依赖于低层来实现。一旦从生物现象中产生了意识现象，从生物进化中产生了模因进化，模因就有了独立演绎的逻辑，从原则上讲就可以脱离低层的特定生物实现，去实现高层的超越突破。

如果我们再看某一个阶段细分成子阶段的进化过程，就会发现它们同样符合这个规律。在人类意识的大阶段中，从古文明到轴心文明的进化，从神话式阶段到理论式阶段的过渡，同样产生了某种多重实现性。超越突破的本质正是触达了这种多重实现性，从而使文化基因能够在一个更高的层次上以独立的逻辑演绎。实现轴心文明超越突破的关键在于，个体从社会中脱嵌出来，独立思考生命的意义。在古文明中，所有的价值和信仰都被纠缠和嵌入整个社会，一旦社会解体，这些价值就不复存在了。而一旦个体找到了生命的意义，找到了文化基因的种子，便产生了一个独立的更高层次的意义世界。即使整个社会瓦解了，文化基因也可以一代一代传下去，重新组成社会。这就是超越突破的力量，在动荡多变的世界里找到某种恒定的不变性，在更高的层次上形成一个独立的逻辑世界，并获得对下层的多重实现性。

我们看到，从宇宙演化、生物进化到人类的思想史，在进化、计算、网络和观念的背后有着某种内在的逻辑。本文只是一个简单的开始，有更多的问题等待着我们去深入探讨，即我们从何处来，往何处去。

余晨

易宝支付联合创始人、总裁

第二章　比特之城

数据科学支持下的城市权

城市权的提出

2016年10月，全球城市规划建设领域规格最高、参与国家和人数最多的第三届联合国住房和城市可持续发展大会（简称“人居三”）在厄瓜多尔首都基多市落下帷幕。人居大会是全球共商城市化挑战应对策略的联合国高级别峰会，鉴于城市发展变化的渐进性和长期性，人居大会每20年召开一次。

20世纪60年代以来，由于城市经济前景的向好和农村地区的极度贫困，全球城市人口进入激增进程。快速的城市化进程也伴随着贫民窟、棚户区、城区无序蔓延等负面问题，这些问题在发展中国家尤为迫切。由于城市化问题的愈加重要与迫切，联合国决定召开以“住房与城市可持续发展”为主题的全球首脑会议。1976年“人居一”在温哥华召开，132个国家参会并分享了关于城市化的经验和困惑，会议通过了《温哥华人居宣言》及其行动计划。

1996年，“人居二”在伊斯坦布尔召开。在此之前，1992年于里约热内卢召开的联合国环境与发展大会是可持续发展历史上的里程碑事件。“人居二”吸纳了许多里约热内卢会议的观点，将可持续发展列为联合国·人类住区规划署（简称“人居署”）的优先工作，并提出了关于可持续城市化的目标。“人居二”通过了《伊斯坦布尔宣言》及《人居议程》，确定了人居署的两个主要工作目标：确保人人享有适当住房，保证在全球城市化进程中人类居住区的可持续发展。

时隔20年，全球城市人口数量在历史上首次超过了农村人口，占到54.5%左右，城市以2%的土地面积创造了70%的GDP，也产生了70%的温室气体、70%的垃圾以及超过60%的能源消耗。“人居三”的主题是“城市的可持续发展”，吸引了167个国家共3万人参会。“人居三”提供了一个可能的机会，使国际社会针对未来20年的城市化挑战和机遇取得共识，并将最终的成果凝聚于《新城市议程》中。该文件的重要贡献之一是，提出了“城市权”（right to the city）的概念。一些学者认为也可以翻译成“市民权”，涵盖了一个人进入城市、居住在城市、参与城市生活、平等使用和塑造城市的权利。

围绕城市权的讨论泾渭分明。以拉美国家为首的支持派因为贫民窟、弱势群体、难民、强拆、公共空间私有化等问题呼吁重视城市权，提出“城市为人，而非牟利”（Cities for People，Not for Profit）的口号，提倡警惕城市发展中的资本化运作。而以美国、欧盟为首的反对派则认为城市权仅是一种思潮，并未得到国际人权法的承认，不应写入《新城市议程》。

尽管争议巨大，但城市权最终还是被写入了《新城市议程》。这场博弈使我们看到，资本驱动、自上而下、大刀阔斧的开发模式正在遭到抵制。全球城市不约而同地开始关注城市发展过程中“人”的诉求，尤其是各类利益群体如何平等地参与城市生活、塑造城市空间。在城市规划领域，践行城市权的重要途径之一就在于，如何将公众参与有效地融入规划工作，让自下而上的声音在城市发展中得到平等体现。

社会感知与公众参与

传统的公众参与方式及其弊端

在互联网技术爆发之前，以线下调研、调查问卷、互动展览为主的传统公众参与方法，一直是城市规划部门了解市民需求、践行城市权的主要方式。北京市城市规划设计研究院与史家胡同、白塔寺、长辛店老镇等社区和地方政府合作，开展了一系列社区营造实践活动；并从 2014 年起，连续三年参与北京国际设计周，组办展览，激发居民和游客的互动热情，宣传城市相关知识，也进一步了解市民对城市发展的诉求。

线下的公众参与和互动展览虽然能够更直观地面向市民大众，但其缺点也是显而易见的：组织成本高昂、可复制性差。随着信息技术的发展，我们试图探索在互联网时代能否找到一种成本更低、效率更高的公众参与模式。

社会感知技术

以微信为代表的新媒体拥有互联网时代最为强大的传播能力。因为看重这一优势，我们设计开发了一系列线上参与地图，嵌入微信公众号“CityIF”，其中包含针对步行环境评估的扎针地图，针对雨季积水情况的积水地图，针对骑行环境评估的自行车地图，针对居民用水质量的自来水地图，以及捕捉市民情感空间分布的心情地图。

以扎针地图为例。2014 年北京国际设计周展览过后，我们获得了一份线下公众参与的成果地图。在互动展览中，到访市民被邀请试用红蓝两色图钉，在北京中心城区范围的纸质地图上扎选出其喜欢或者讨厌的步行地点。展览结束后，我们共收获了 1 560 个扎针点。尽管承载着众多市民对步行环境的评价和意见，但这样一张覆盖整面墙的纸质地图却难以被规划师收藏，并进行后续研究和利用（见图 2–1）。作为规划师，我们最关心的是公众给出每一个好评或差评背后的原因。因此，我们对线下成果地图进行电子化，对每一个扎针点从 8 个方向抓取街景照片，获得 12 480 张街景照片。经过研究，我们设定了 9 项表述空间特征的指标，通过对街景图片的打分，将大众的主观评价转化为 9 个维度的客观评分，进而挖掘出市民打分背后的原因。我们将研究结果制成互动地图，嵌入微信公众号，一方面可以展示分析结果，另一方面可以接受更多市民的打分和评价。

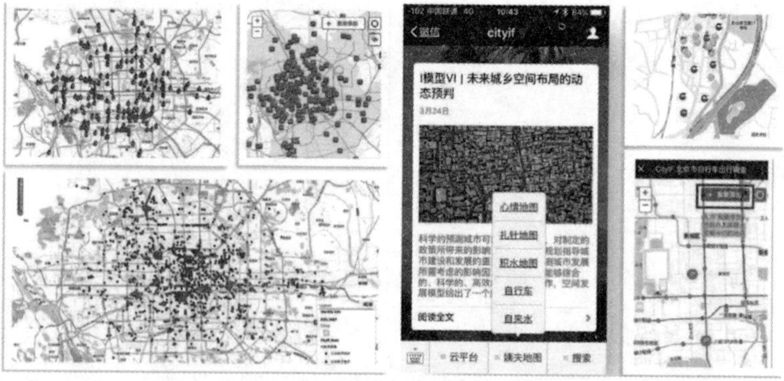

图 2–1　北京中心城区的步行地点评价图

我们在北京东四南街区进行了另一种尝试。一方面，我们利用传统方式，召集社区居民主动参与调查，并在便签纸上写出自己关注的社群问题；另一方面，我们利用来自互联网的语料，无须居民主动参与调查，只利用数据技术手段“靠近”、了解他们的需求，从而抓取分析结果（见图 2-2）。

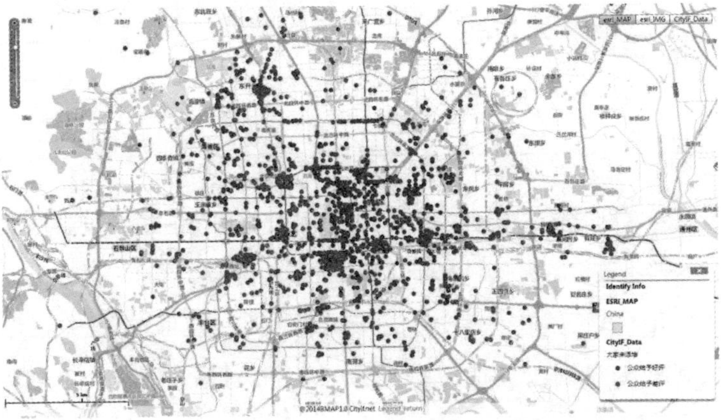

图 2-2　北京东四南街区的社群问题调查

相较传统方法，后一种方法是否会造成信息失真？对比两种方法获取的结果，我们发现：前 6 个问题在两种公众参与模式下被提及的次数是差不多的；而后 3 个问题，更多地被居民主动提及了，却没有反映在网络抓取的结果中。这是因为前 6 个问题反映的是公共空间问题，而后 3 个问题则涉及私人空间，这也是利用数据手段获取居民信息在研究有效性方面的边界。

表 2-1　北京东四南街区两种调查方法的对比分析

反映问题	微博和游记反映次数	居民研讨会反映次数
停车管理问题	2	4
公共空间违章占用	5	6
公共环境破坏	3	2
政府管理不力	5	5
历史遗迹保存	2	2
外地人口问题	2	3
公房出租问题	1	7
住房条件不良	1	5
养老问题	0	3
总计	21	37

在互联网时代，市民在使用互联网时会留下“足迹”。通过抓取、感知这些足迹信息，我们就可以了解他们的需求。在这一过程中，虽然市民并不知情，但他们被我们“感知”到了，也可算作公众参与。这类利用数据技术感知市民需求的方法，可概括为“感知即参与”或者社会感知。

社会感知来源

除微博外，还有更多互联网“足迹”可成为社会感知的来源。

地铁 IC 卡（集成电路卡）的刷卡数据也是一种足迹，可以为我们揭示市民利用地铁出行时的时空行为特征。通过对地铁数据建模，我们观察到地铁中的“灰色人群”，主要包括乞讨者、卖艺者。他们的行为特征是：同站进出且长时间停留。因此，利用刷卡数据，我们不仅可以看到灰色人群在地铁中的活跃时间和地点，还可以识别他们的居住站点，并通过对比分析地铁调价政策对他们的影响。

通过对公交 IC 卡刷卡数据建模，我们识别出具有“极端”出行特征的人：他们出门极早或回家极晚，或每天通勤超过 1.5 个小时，或乘公交次数超过 6 次。这样的特征不是持续一年，而是 5 年。这一群体的公交出行特征在长达 5 年的时间内都没有改变，一直处于“时间不值钱”的生活状态，这表明他们的经济水平一直较低，是低收入人群。

一方面，虽然人的行为数据可以揭示部分人群特征，但却不能直接反映人对空间的评价和感受，因为有些行为是受制于空间不得已做出的选择。另一方面，人的“情绪”才是人对空间最直观的判断和表达。因此，我们也尝试利用图像识别、情绪分析工具去感知人群的心情。

利用情感分析工具，我们发现节假日人流量多达 10 万的北京南锣鼓巷，给游客带来的不是轻松惬意，而更多的是恐惧和害怕。

而在“十一”假期的北京大栅栏街，日均人流量远小于南锣鼓巷，游客的情绪却较为轻松愉快。

利用同样的技术工具，我们在北京杨梅竹斜街上发现了一张情绪为 100% 高兴的笑脸（见图 2–3）。

北京国际设计周能否提升街道上行人的幸福感？我们对杨梅竹斜街在设计周前后进行了时间上的纵向对比，发现设计周的确能够让这条街上的行人更快乐。我们又对有设计周的杨梅竹斜街和没有设计周的大栅栏街进行空间上的横向对比，发现杨梅竹斜街上高兴的行人更多。基于时间和空间上的纵横对比，我们可以确定地判断国际设计周活动会给相关街道人群带来快乐（见图 2–4）。

图 2-3　一张 100% 高兴的脸

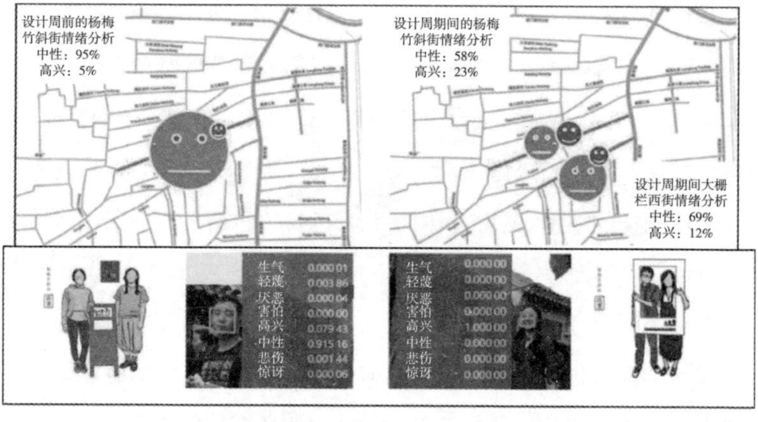

图 2-4　设计周显著提升了杨梅竹斜街行人的快乐感

除了利用街拍图像感知人群情绪，我们还可以利用互联网语料，比如游记或大众点评网的语料数据。在爬取并分析了三清山景区的游记数据后，我们发现冬季的游记数量最少，但是表达的情绪最为积极；而在游记数量较少的夏季，游记表达的情绪则较为消极（见图 2–5）。我们由此可以判断冬季的积极情绪并不完全源自“游客少”这一因素。据此，我们可以提出一些问题和建议：是否该景区冬季的景色很美，却不为人知？该景区是不是应当加大冬季旅游的宣传力度？

此外，在所有出游组合类型里，小两口出游和亲子出游的游记，表现出的情绪最为消极。我们由此提出问题和建议：该景区是否应该完善亲子游、家庭游的服务设施？

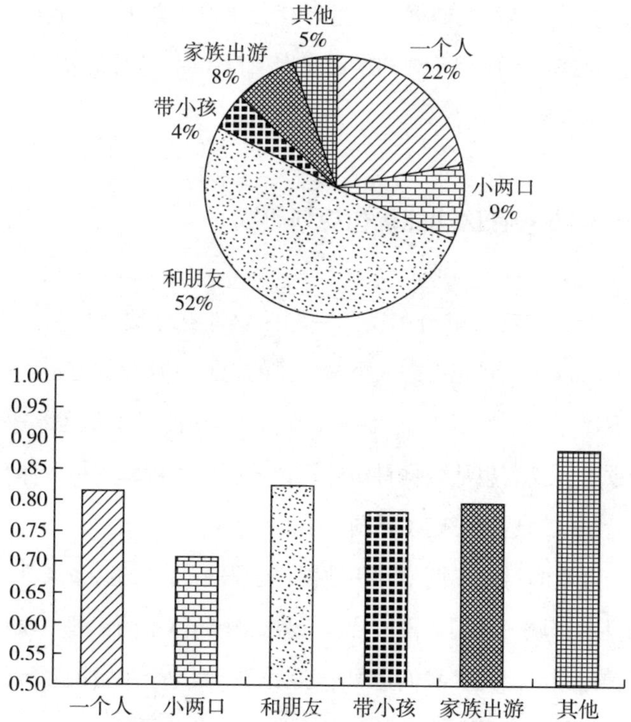

图 2–5　某景区的游客类型与满意度

总而言之，基于数据科学的信息技术能够赋予我们社会感知能力。在无须组织市民主动参与的前提下，我们可以利用互联网“足迹”进行舆情调查、人群识别、情绪感知，以及发现问题。传统的基于人的实地调查更擅长计数，描绘谁在哪儿、在干什么，但其成本高、难度大，没有可持续性；而布置传感器和基于互联网的社会感知技术，则能够以更低的成本进行大范围可持续的调查统计。

城市权的行使

在探索了多种利用数据技术进行社会感知的方法后，我们开始尝试将社会感知技术应用于规划，在规划项目中融入市民需求，从而间接帮助市民行使城市权。

案例一：回龙观社区功能优化规划研究

2016 年，上海彩虹合唱团的一曲《感觉身体被掏空》让北京西北五环的“睡城”回龙观进入全国人民的视野。这首歌道出了许多人对回龙观社区的经验型认知：睡城，职住不平衡，公共服务水平较低，堵车严重等。我们想从数据科学的视角分析回龙观，用指标体系判断这些经验型认知是否正确（见图 2–6）。

一个合适的对标案例是利用数据科学揭示问题的必备条件。不同于其他科学领域，我们还没有一套成熟的指标体系用于评估城市区域是否足够健康。因此，我们选取望京社区作为这个项目的对标对象，因其社区体量、发展历史都与回龙观类似，但已摆脱“睡城”之名，

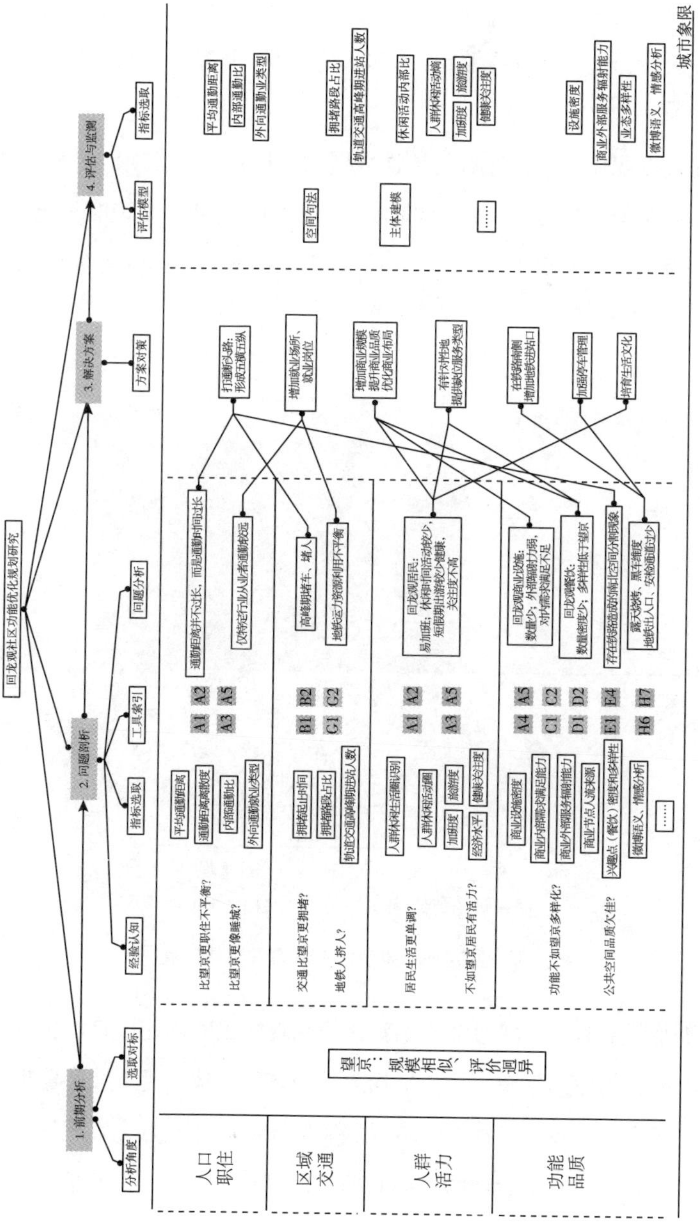

图 2-6 北京回龙观社区功能优化规划研究

并成为比较优秀的社区。通过对比两者的指标，我们就可以判断出回龙观社区在什么方面存在差距，有多大的差距，并提出改善的对策（见图 2–7）。

在通勤职住方面，通过对地铁数据的分析，我们发现回龙观区域的地铁站不但客流量巨大，而且早晚高峰期相对于望京来说时长更长，这意味着回龙观居民平均每天比望京居民多花费约一小时的时间在通勤上。

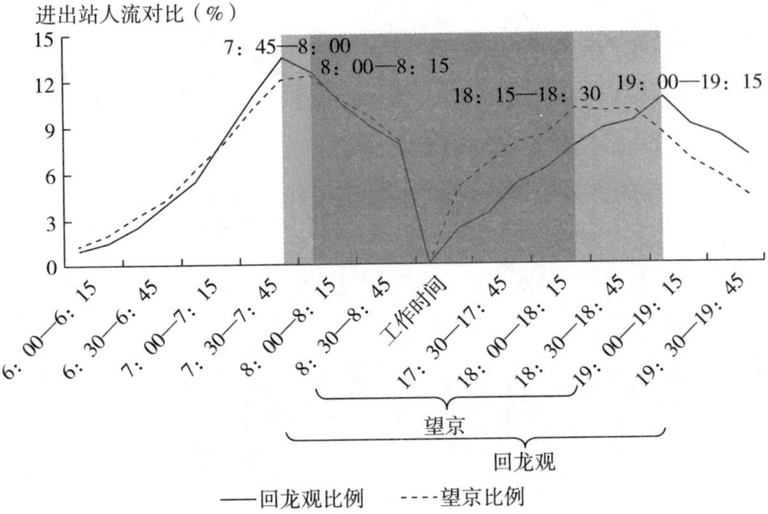

图 2–7　回龙观和望京地铁站的早晚高峰期

从通勤距离、内部通勤比来看，回龙观居民的确比望京居民的通勤距离远、职住不平衡。拉长平均通勤距离的群体，是大众印象里的软件工程师吗？我们又查看了不同职业群体的就业地点，发现居住在回龙观的软件开发从业者的平均通勤距离只有 7 千米，主要集中在上地和中关村；而从事商业、文化娱乐、教育行业的人才是真正的通勤距离远的回龙观居民（见图 2-8）。根据经验型认知，我们通常会认为应当在回龙观区域增设软件开发类工作岗位，以吸引软件工程师就近就业，平衡职住。然而，从数据分析的结果来看，这一对策并不成立：软件开发从业者已拥有比较近的通勤距离，且无进一步牺牲产业集聚优势、缩短通勤距离的愿望。相反，我们应当在回龙观增设更多商业、文化娱乐、教育类工作岗位，这样才能真正平衡回龙观居民的职住状况。

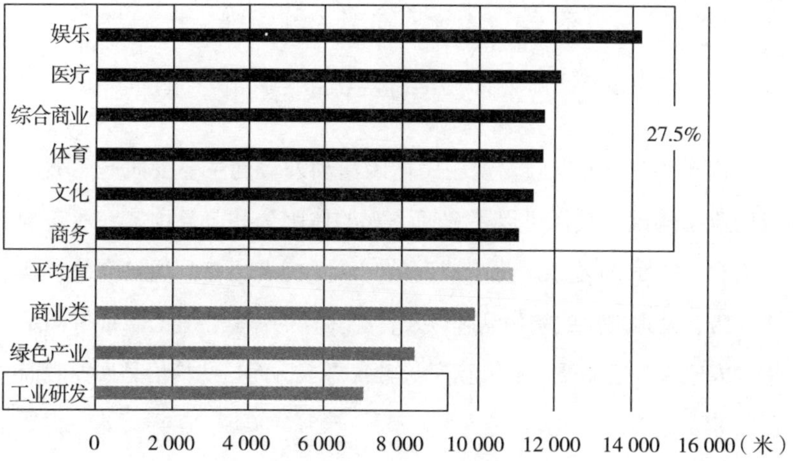

图 2-8　通勤较远的从业类型

在公共服务品质方面，相比望京，我们发现回龙观居民的休闲活动明显呈现出外溢特征，其内部休闲活动比也低于望京居民，这从侧面验证了回龙观社区内部的休闲设施不能够满足居民的需求。

基于访客来源占比的指标，我们发现回龙观只有社区级商业中心，而望京却有更多的区域级商业中心，吸引了更多来自社区外的客流（见图 2-9）。

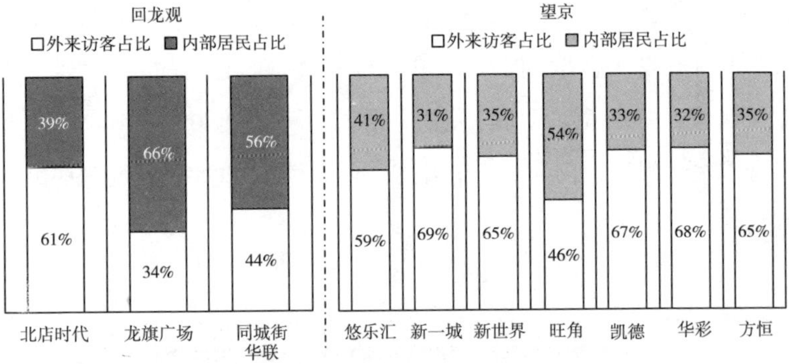

图 2-9 回龙观与望京的外来访客占比

通过进一步观察回龙观居民休闲活动外溢的主要去向——五彩城的业态构成，我们可以了解回龙观的休闲公共服务设施在业态构成上存在多大的差距。位于清河的五彩城拥有更多品质较高的餐饮连锁店、紧跟潮流的购物品牌以及种类多样的体验性业态，能够满足年轻人追求生活品质、照顾孩子等日常需求，而这些恰恰是回龙观商业服务设施所缺乏的。

从职住分析结果我们了解到，大量居住在回龙观的互联网和信息技术从业者的通勤距离并不远，但这并不意味着通勤体验良好。事实上，回龙观地铁站的客流量在全北京市位居前 5 名，且存在严重的潮汐现象；自驾车通勤的群体也面临着拥堵的情况——地上堵车，地下堵人。于是，我们提出了一个疑问：通勤距离如此近，地铁和自驾车通勤方式的体验又如此差，为何回龙观居民不骑车通勤呢？我们继而发现，从回龙观到上地、中关村的骑行系统非常不完善，不仅道路不完整、不连续，而且会异常绕路，实际距离远远长于直线距离。面对这样一个通勤职住方向单一、人流量大的社区，规划师提出回龙观可以效仿哥本哈根等著名的骑行友好城市，规划并建设从回龙观社区至上地产业园的“自行车高速公路”，为缓解回龙观居民的通勤压力提供新的解决方案。目前，北京市政府在了解相关情况后，已批准建设这一北京首条“自行车高速公路”。

案例二：东大桥地区综合规划研究

除了像回龙观这样规模较大的居住社区，我们还关注利用数据科学支撑城市核心区内小规模空间的优化更新。

东大桥地区位于北京东二环和东三环之间，是北京商务中心区（CBD）在西北方的门户。东大桥是一个功能高度混合的建成区，但是空间品质相对落后，其中最严重的问题是交通组织混乱。该区域涉及的利益相关人群的构成相对复杂：医院的医生和患者、中学的老师和学生、CBD 的就业人群、居住在豪宅或老旧小区的居民等。在交通分析层面，所有利益相关人群的出行行为都交织在图 2-10 所示的一个由三角地形成的五岔路口中。该路口折射出来的利益相关人群有三种：机动车驾驶者、行人和骑行者。如何针对这三类利益群体的出行行为进行数据分析并提出解决办法呢？

针对机动车驾驶者人群，交通拥堵的很大原因来自东大桥公交站场。因其呈三角形状且位于路口东北角，所以造成 6 条线路的公交车进出站流线不顺畅。那么在更新改造的过程中，我们是否可以考虑把这个公交站场搬迁至别处？是否有必要保留所有的公交线路？这对市民的出行影响是什么？

图 2-10　一个由三角地形成的五岔路口

基于公交和地铁 IC 卡的刷卡数据，我们发现该公交站场的公交线路贡献的客流量只是地铁客流量的 1/10，但其占地面积却是地铁站的几倍。因此，在空间紧缺的情况下，东大桥公交站场的空间利用率是低下的，我们应该考虑搬迁若干条公交线路的总站，将总站改为途经站点。

应该取消哪几条公交线路的总站呢？我们分析了 5 条公交线路在东大桥站的客流量，发现 109 路和 515 路不仅人少，而且没有明显的通勤特征，它们的沿线站点也大多可以通过地铁到达，因此可以考虑率先取消这两条路线的总站。剩下的 28、433、350 路公交路线，则侧重于为上班人群服务。我们通过分析它们的运行线路与现有或者未来即将开通的地铁线路的重合度，列出了予以保留的先后顺序。

若保留这三条线路，我们该如何设置总站才能够优化公交进出站流程呢？在现有情况下，这三条线路的公交车向东出站后，为汇入自东向西的车流，要马上向西进行 180 度的掉头；然后需连续向左并道准备左转，这会截断交通流，造成拥堵。350 路和 433 路因向东行驶，还需向东南方向呈 120 度掉头，然后马上向右侧并道进站，这也会截断车流，造成拥堵。因此，我们初步提出建议：可以考虑把总站从朝阳北路的北侧移到南侧的三角地上，这样至少可减少一次因为公交车变道而造成的交通堵塞。

针对步行者人群，最大的步行输入源就是东大桥地铁站。现有的地铁 6 号线东大桥站并没有在工体东路的西侧设出站口，造成五岔路口的穿行者非常多。我们进行了一整天的跟踪调查：统计五岔路口每个断面在不同时段的人流量；通过跟踪地铁出站口行人的步行目的地，了解地铁都与周边哪些功能联结紧密，应该设置哪些方向的出站口。最终，我们认为必须让轨道交通一体化的设计实现行人免费过街，才能最大限度地提升步行者的安全感和便利体验。结合调研以及对周边业主的访谈，我们针对未来的轨道交通综合体提出了一些设计目标上的建议，例如，应设置哪些方向的地铁出入站口，让地铁与哪些建筑衔接，过街通道应该保证的最小宽度是多少才能承受未来的客流等。

针对骑行者人群，我们应致力于优化骑行环境、开辟必要的骑行专用道。我们利用摩拜单车的轨迹数据，测算每条路的骑行流量，对流量高的路段给予重点关注，设置道路优化的优先级。与此同时，我们发现有一些骑行者并不会按照理论上的最优路径走，而是会根据经验走小路。例如，去朝阳门悠唐商圈上班的人，会避开理论上距离最近的朝阳门地铁站，转而选择从东大桥站骑车过去。这可能是因为朝阳门站未在立交桥东南角设置站点，如果从朝阳门出站，骑行者必须绕行环岛，经过坡道才能到达，费时费力；而从东大桥站出站，看上去距离较远，但路线简单、省时省力（见图 2–11）。

图 2–11　朝阳门地铁站和东大桥地铁站

利用摩拜单车的骑行轨迹数据，我们批量识别出理论路径、实际骑行路径及两者之间的差异，予以重点关注，并进一步剖析人们选择走小路的原因。是因为红灯时间长，还是骑行环境欠佳？这样一来，我们就可以从数据的角度判断哪些道路需要优化，怎么优化，以及需要开辟哪些路段作为骑行系统的“毛细血管”。

城市权的回归

城市权作为一个人平等地进入城市、生活在城市、使用并塑造城市空间的权利，是一种私人权利。但在现实情况下，塑造城市空间的“信息渠道”往往呈现出自上而下的垄断特征，城市权更多地体现为自上而下的公共权利。普通市民因缺少反映相关信息、将信息付诸实践的渠道，而在实质上丧失了城市权——“信息即权利”。

尽管如此，城市的空间终究是为服务广大市民而建造的。因此，治理城市、塑造空间的诉求信息实际上大量来自市民。但由于缺少信息传达的途径，这些信息和声音被淹没了。

以数据科学为基础的社会感知技术建造了新的信息传递渠道，推动了信息的流动，使得这种由信息带来的权利从公共权利领域向私人权利领域流动。社会感知只是一种手段，而最终目的是通过推动信息的流动带来权利的流动，最终实现城市权的回归。

储妍

北京城市象限科技有限公司高级数据分析专家

共享单车在中国
——公共产品的市场化尝试

自 2015 年问世以来，共享单车迅速成为国内各大城市的“街头标配”。截至 2017 年 7 月，共享单车赛道上共有 ofo 小黄车、摩拜单车、小蓝单车、小鸣单车等近 30 家企业入场，其中 ofo 与摩拜两家企业的估值均已超百亿元，成为行业内的领跑者。据媒体报道，ofo 在全球的单车投放量已突破 600 万辆，遍及 120 座城市，摩拜的单车投放量也超过 500 万辆。除中国市场以外，ofo 与摩拜已向海外扩张，新加坡、英国和日本等国的街头也可见到来自中国的共享单车。

在彼此角力的同时，共享单车领域也在面临第一次行业大洗牌。截至 2017 年 7 月，悟空、3Vbike 两家共享单车企业先后宣布停止运营。另据媒体消息，除 ofo 和摩拜两家国内最大的共享单车品牌外，几乎所有共享单车都在大幅减产。

以往媒体和资本对共享单车的关注，更多聚焦于其作为一种潮流的出行方式或新兴的商业模式。但不可忽略的是，共享单车也是一种公共产品市场化的新探索。

共享单车作为“准公共产品”

共享单车的诞生，主要是因为市民出行“最后一公里”的需求未能解决，而这本质上属于公共服务范围。共享单车的日常停放占用的是公共用地，挤压的是公众的道路使用权，从属性上看，已不再囿于私域范畴，而颇具公共产品的特质。

根据共享领域的企业领军者罗宾·蔡斯的理念，人人共享模型有三个核心要点：利用过剩产能（分享资产）实现实际的经济效益；利用科学技术建立共享平台，使分享变得简单易行；个人是具有影响力的合作者。一一对应来看，共享单车并不符合典型意义上的共享经济，交通运输部在 2017 年 5 月对外发布的相关指导意见（征求意见稿）中称其为“互联网租赁自行车”，而在此之前，类似的租赁自行车模式还有一个名称——“公共自行车”。这均表明，目前所谓的共享单车，实质上具有准公共产品的性质。（为行文简练且与传统的“公共自行车”模式有所区别，本文在探讨 ofo、摩拜等“互联网租赁自行车”模式时，仍沿用“共享单车”的概念。）

所谓公共产品，在萨缪尔森的定义里，是“具有受益的非排他性与消费的非竞争性的产品”。非排他性指任何人都不能专享公共产品在消费过程中的利益；非竞争性指公共产品每增加一个消费者，其边际成本与边际拥挤成本为零。比如，国防与法律均具有非排他性和非竞争性特征。以定义视之，共享单车并不算纯粹的公共产品，它只拥有非排他性——任何人都不能排除其他消费者对单车的使用，但并不完全具备非竞争性，因为每增加一个单车消费者，都会影响到单车的生产成本及其他消费者的使用效果。因此，共享单车在公共经济学中属于准公共产品范畴。

公共产品理论认为，提供公共产品是政府的职责所在，也是其解决公共需求的重要手段。但随着经济和社会的发展，政府在设计和提供公共产品的过程中遇到许多新挑战。有研究者认为，我国进入了公共产品短缺时代，在公共资源配置和公共产品供给上未形成完善的体制机制，应推进以公共服务为中心的政府转型。而在政府主导下的公共产品服务，因其垄断性质，极有可能导致服务质量低、产品迭代慢、个体自由选择权有限等问题，难以满足现代社会人们“个性化、柔性化、知识化、智能化和高质量要求的公共服务需求”。因此，有研究者观察到，“在公共领域中引入市场机制，成为世界发展的一个重要趋势。公共产品供给市场化改革的核心是大幅度缩小政府供给的公共产品范围，在诸多公共产品领域，尤其是基础设施和福利性公共产品领域引入私人力量，解放市场，实行公共产品供给的市场化”。

以交通出行领域为例，“最后一公里”的出行需求由来已久，共享单车企业并非需求的发现者，实际上，政府也曾大规模地建设公共自行车系统，用于满足公众的出行需求。梳理中国公共自行车的发展历程，可见其作为公共产品的发展与转型。

政府主导下的公共自行车的兴起与消亡

世界上最早的公共自行车系统出现在20世纪60年代的荷兰，但由于缺少有效的管理措施，该计划很快夭折。此后，随着监管制度的完善与技术的发展，第二代、第三代公共自行车陆续在丹麦、巴黎问世。共享单车属于第四代公共自行车——定制自行车、利用通信技术和 GPS（全球定位系统）技术、无固定车桩，这种运营模式最早于 2005 年在匈牙利诞生。

表 2-2　四代公共自行车的特点比较

共享单车的发展历程	第一代	第二代	第三代	第四代
特点	车辆不上锁	非办卡 投币做押金	办卡	非办卡
		固定桩 （有桩）	固定桩 （有桩）	活动桩 （无桩）
	无政府主义组织倡议	政府投资建设和运营	PPP（公共私营合作制）模式	全程市场化运作
			内置 GPS	内置 GPS
				互联网 + 技术

国内的公共自行车最早诞生在北京、杭州等地，随后逐渐扩展至其他城市。据媒体报道，截至 2016 年年末，全国共有将近 200 个市县建有公共自行车系统。早期的公共自行车项目，基本上可分为两种运营模式：其一是以政府为主导，典型案例是杭州模式；其二是政企合作，企业主导、政府补贴，典型案例是武汉模式。

但无论哪种模式，投资巨大的公共自行车系统均收效甚微。其主要原因在于，早期的公共自行车几乎都是有桩模式，每投放一辆自行车，就需要修建相应的桩位。由于桩位的建设与维护成本过高，导致公共自行车的投放数量相对有限，往往只分布在景区、商场、地铁站等附近，众多居民区与上述交通节点之间的“最后一公里”并未被打通。所以，公共自行车未能有效解决市民的出行需求。比如，《襄阳晚报》曾报道，在市区公共自行车租赁系统运营4个月后，使用率不足10%，大多数自行车成了“摆设”，而小区居民庞大的出行需求依然存在。

关于公共自行车项目的反思，其实有颇多无奈。

第一，单车是一种道路利用率较低的交通工具，在解决出行需求方面，公交车远比单车好用得多，“公交优先”一度也是各大城市出行领域的基本原则。加之公共自行车建设成本过高，投入规模有限，在缺少有效的民意制约机制的环境中，政府并没有太多精力“消耗”于此。于是，不少政府开始让渡职能，通过政策红利吸引企业进入。

第二，由于公共自行车领域尚未有成熟的规章制度和考核标准，导致地方各区的公共自行车服务无法统一。以北京市为例，东城区、西城区等各自招标采购，公共自行车的质量参差不齐，存取方式也有所区别，在这种情况下，市民无法做到同存、同取，出行需求得不到满足。

第三，公共自行车的赢利模式尚不清晰。公共自行车的投入并不是小数目，其成本主要来源于桩位修建与后期的运营。比如，在前期的桩位修建方面，仅一处桩位的锁车器和站点控制器的累加成本便将近7 000元，投入使用后的运营维护成本也高达数千元。而公共交通本就是薄利经营，各地公共自行车又大多是免费骑行，无论对于政府还是企业来说，这都是较大的财政负担。某些参与公共自行车项目的企业，在建桩与运营的巨大成本下“另谋生计”，依靠政府的财政补贴与用户押金，投资房地产、广告传媒等其他产业，却对单车项目不管不顾。如此一来，原本惠及民生的公益性项目沦为投机商人牟利的手段，公共需求的满足根本无从谈起。比如，武汉早期的公共自行车项目便采取“政府搭台，企业唱戏”的运行模式，将公共服务外包给民营企业，由企业负责建设与运营，政府只扮演监管者的角色。但“武汉模式”运行 4 年后，运营企业依靠政府补贴与广告收入赚得盆满钵满，单车项目却由于监管缺失与经营懈怠，陷入“车辆少、租车难、部分站点瘫痪荒废”的困境。

而 2010 年成立的常州永安公共自行车项目是一个例外。由常州永安政府设计、安装并运营的有桩自行车租赁系统，通过销售系统和运营服务获取政府订单，探索出了一种较为成功的赢利模式。从效果来看，截至 2016 年年底，常州永安已投放约 89 万套有桩设备，覆盖全国 210 个县市，骑行会员超过 2 000 万人，较为有效地解决了当地居民的出行需求。但最近三年，常州永安的利润增幅却在递减，据媒体报道，常州永安 2014 年、2015 年、2016 年的净利润增幅分别为 87.49%、36.71% 和 24.78%。有业界人士分析称，随着共享单车的兴起，政府对投建有桩系统的兴趣不断降低，不少政府开始采取观望态度，常州永安的有桩项目也难以为继。归根结底，原因在于常州永安仍未摆脱有桩设备带来的高成本、低利用率的困境。

应运而生的共享单车

共享单车诞生之初的愿景，是解决市民“最后一公里”的出行问题。

由于一二线城市人口密集且人口流动性大，通常存在较高的通勤需求。尽管政府提供了相对完善的公共交通设施，但在公交线路的设计上，决策者却并未完全参照公众需求，使得不少人流密集的工作圈或居住区缺少相应的线路布局。即便是配置有公交站点的区域，在站点设置上也并不完全具备到达便利的功能。有学者统计过香港、上海、北京三地金融集聚区的地铁出入口数量，发现香港中环站共设有 14 个出入口，可以方便地进出周边主要建筑物；上海陆家嘴站只有 5 个出入口，部分目的地均需出站绕行前往；北京的金融大街更是没有直达的地铁站。

交通规划的短板使得公共交通未能覆盖交通节点与目的地之间的“最后一公里”，而共享单车恰好弥补了这一空缺。伴随着通勤的潮汐现象，便捷与便宜的共享单车逐渐成为“最后一公里”的最优代步工具。

随着共享单车的大规模普及，其附带的正面效应也不断外溢。

第一，共享单车倡导的骑行运动、低碳生活等成为时尚。当骑行者往返于地铁站和公司、住宅时，骑行能起到强身健体的效果。当年轻人结伴出行时，共享单车开始成为三五好友短途旅行的新型社交方式。对于中老年人来说，在街头骑上一辆便宜又时髦的共享单车，成为他们追随潮流、没有落伍的证明。

第二，共享单车在不断地缓解“城市病”。据高德地图和交通部科学研究院的报告显示，在共享单车兴起之后，北京、广州和深圳的拥堵程度分别下降了 7.4%、4.1% 和 6.8%。越来越多用户选择共享单车作为出行方式，也在无形中改善了空气质量。比达咨询在其共享单车报告中称，仅 2017 年 1 月 26 日至 2 月 2 日春节期间，ofo 用户的骑行距离就超过 2 000 万千米，减排量达 5 400 吨，相当于 670 公顷（1 公顷 =10 000 平方米）成年树林所产生的减碳效能。

第三，共享单车正成为智慧城市建设中的一环。随着共享单车用户数量、使用频率的增多，共享单车企业获取的数据也渐趋庞大，这些数据可作为城市板块中的一部分，推动智慧城市的建设。2017 年 6 月 18 日，ofo 发布了采用城市骑行指数作为评估指标的《2017 福建主要城市骑行报告》，报告以 ofo 出行大数据为参考，对福建各城市的热点区域、宏观数据、分时段单量分布、用户单量等进行排名。此外，ofo 还联合交通运输部科学研究院，基于 ofo 的海量出行数据，建立了科学的城市骑行评价指标体系，从单车使用水平、节能减排水平、健康贡献水平、停车设施水平、服务环境水平和社会文明程度六大板块，对国内城市骑行水平进行评估，每季度发布主要城市的骑行研究报告。

第四，共享单车或将推动城市产业形态转型。在短期内，共享单车对城市产业形态的影响还很有限，但从长期来看，共享单车填补了城市在交通出行公共服务方面的空缺。共享单车倘若与公路、铁路等公共设施结合起来，将有利于工业基础薄弱的城市向服务业、旅游业转型发展。例如，中国住建部、发改委、财政部于 2016 年 7 月 1 日联合发布通知，决定在全国范围开展特色小镇培育工作，预计到 2020 年培育出 1 000 个左右各具特色、富有活力的小镇。这就对城市的公共设施水平提出了要求，兼具休闲娱乐、短途运输等特点的共享单车，可在一定程度上完善城市的公共服务。

那么，为什么前三代公共自行车未能形成这样的盛况呢？

宋官东等研究者在《公共产品市场化的可能与条件》一文中总结了公共产品市场化机制得以有效运行的三个必要条件：一是制度保障，即允许私人部门参与供给某些公共产品；二是经济利益，私人是否愿意提供或生产公共产品，愿意提供或生产哪些公共产品，都与其最大化经济利益核算关联在一起；三是技术可行，这既是指公共产品本身的生产技术，也是指把不付费者排除在外的技术。共享单车的蓬勃发展与这三个条件密切相关，且主要得益于技术进步。

2013 年 12 月，工信部正式向中国移动、中国电信、中国联通发放了第四代移动通信业务牌照，中国开始迈入 4G（第四代移动电话行动通信标准）时代。与此同时，自 2013 年起，中国进入了智能手机换代高峰期，据中国互联网络信息中心（CNNIC）的数据显示，截至 2016 年年末，中国手机网民规模已达 6.95 亿，连续三年增长率超过 10%。高度发达的网络技术与庞大的网民基础，使得网络应用蓬勃而生，共享单车 APP 应用程序便是其中之一。

而在 4G、GPS 等网络技术的支撑下，共享单车摆脱了有桩设备的束缚，通过智能锁来开关存取，成本大大降低。据公开资料显示，即便是共享单车家族中“身价”最高的摩拜单车，每辆也不过 3 000 元左右的成本，而轻便简约的 ofo，其单辆造价仅为 200 多元，与有桩系统相差甚远。低廉的成本使得共享单车的大规模普及成为可能。

此外，网民线上支付习惯的形成以及国内相对完善的移动支付体系，使共享单车摆脱了实地缴费刷卡的传统模式。在技术保障之外，日益活跃的社会资本也推动着共享单车成为热潮，在一轮又一轮的资本加持下，共享单车摆脱了公共自行车时代对政府的依赖，不再依赖于财政补贴或政府订单，市场的力量再次植入单车这一公共产品的生存机制。

倘若从制度层面加以审视，2015 年的《政府工作报告》发出了“大众创业、万众创新”的号召，在国家对创新创业的鼓励政策下，共享单车作为一种新兴产品，有了进入公共服务领域的可能。

共享单车之患

然而，以“共享单车”之名诞生的互联网租赁自行车模式，却忽略了其作为一种准公共产品的本质。因此，这种新兴产物带来的侵占公共用地、违反市容管理条例等问题，无论是共享单车企业还是政府，均未做好万全的应对准备。

2016 年 11 月底，成都市天府新区城市管理办公室收缴了 204 辆共享单车，这是共享单车第一次感受到行政力量的制约。成都城管部门的收缴理由是，这些单车违反了《成都市市容和环境卫生管理条例》中“禁止占用城市道路开展经营活动”的条款。在不少专家看来，无桩的共享单车使其具备随时停靠的特点，必然导致对城市公共区域的占用，大面积的单车乱停也极有可能造成新的城市乱象。从城市治理的角度看，共享单车采用“占地经营”的模式，利用公共道路，占用公共用地，却将利润收入企业囊中，其本质无异于路边违规经营的小摊贩，这也是为何城管部门会率先“讨伐”共享单车的原因。

不同地方政府对共享单车的态度也不尽相同，有如成都政府部门，依照《成都市市容和环境卫生管理条例》收缴共享单车；也有如深圳政府部门，通过出台《关于鼓励规范互联网自行车服务的若干意见（征求意见稿）》，规范并扶持共享单车的发展。

对于共享单车治理的两难选择，一方面反映了对于这种弥补政府公共服务缺位的创新产品，政府监管尚无例可循，只能先抱持观望态度；另一方面，这也在某种程度上反映了专业化和部门化的城市管理模式，已无法应对日益综合又彼此关联的城市现状。

有研究者尝试跳出共享单车这一具体议题，纵观整个单车交通领域的全景，最终发现单车交通其实包括骑行者、道路与车辆三个方面。作为市场力量的代表，共享单车企业能够解决单车的供应问题，但无力插手交通规划、基础设施改善，以及使用者的用车规范等问题，而这些恰恰是政府的强项。这预示着共享单车或将成为准公共产品市场化探索的第一例，政府和企业将并肩摸索在公共产品（或准公共产品）领域合作的新模式。

公共产品市场化的探索

尽管已有共享单车企业停止服务，但这个战场的厮杀尚未有结束的迹象。2017 年 7 月，小蓝单车率先为共享单车装上了智能显示屏，ofo 也在电影《神偷奶爸 3》上映之际展开了疯狂营销，各家企业都在探索除押金之外的赢利模式，在激烈的市场竞争条件下，资本、技术、运营、品牌各层面都在角逐竞力，不断升级，优胜劣汰。

当共享单车在为自己闯出一条大道的同时，政府也在摸着石头过河。如何解决共享单车对公共用地的影响问题？如何明确共享单车企业的责任义务？如何规范市民文明使用共享单车？这一系列问题的核心点都在于，当企业进入公共产品（或准公共产品）领域时，政府应该扮演怎样的角色？

公共产品历来是政府的专利，但从 2015 年开始，网约车和共享单车的相继出现，打破了传统公共产品由政府垄断提供的局面。GPS 和移动支付等信息技术的成熟和普遍运用，有效解决了向使用者收费的问题，使得私人提供公共产品或准公共产品从此成为可能。但在这个过程中，也必定充满了障碍、反复和各个利益相关方的角力。

公共自行车发展至共享单车的历程表明，当市场与技术成熟之时，公共产品（或准公共产品）市场化将为社会带来更多活力。正如迟福林等学者在《公共产品短缺时代的政府转型》一文中的观点："在经济领域，新阶段市场主导比政府主导更有利于经济结构的转型升级。推动部分公共产品及准公共产品的市场化，有利于政府从微观经济干预中解脱出来，专注于提供经济性公共服务、创造良好的社会环境、探索制度创新。"也就是说，对于某些可市场化的公共产品，政府应从一个主导者、建设者的角色向监督者、服务者转型。所谓监督，是指拟定企业准入标准、制定企业实践制度、监督企业运营规范等。例如，2017 年 7 月 5 日在上海发布的《共享自行车服务规范》规定，共享自行车必须安装车载卫星定位系统，三年强制报废；共享自行车运营单位应按照投入车辆总数，以不低于 5‰的比例配备车辆维护人员、维修人员和调运人员等。所谓服务，是指紧随市场所需，为市场提供仅能由政府来提供的公共服务。这不仅是为了行业的健康发展，也是为了让市民在使用公共产品时能有良好的体验，为市民带来更多便利。例如，政府为自行车划定了停车区域和自行车道等。

公共产品市场化的道路仍需各界共同探索，但共享单车的诞生与蓬勃发展，让我们看到了公共产品（或准公共产品）市场化的可能。假如开放准入，市场可能会更有效地解决政府长久以来因缺乏资源或其他原因而没能解决好的问题。从今往后，公共产品或私人产品之间的界限也许应该重新划定。"摩拜单车"的出现告诉我们，好的产品不是靠政府"设计"出来或者"催"出来的，而是要让市场自己"长"

出来、“冒”出来。当政府与企业在公共产品领域完成了角色转变，公共产品领域的格局或将改变。这样的洞见正在成为一种共识。也许，在实践中，我们根本不需要事先人为划分公共产品和私人产品。技术不是给定的，偏好也不是给定的，市场自由准入，一切皆有可能。即便现在不可能，将来也许就会变为可能。

崔晨枫、王雨萱、吴佳倢
北京大学新闻与传播学院硕士研究生

具身实践的城市
——从比特之城到地理媒介

从城市媒体到地理媒介

“比特之城”在互联网兴起之初即成为万众瞩目的议题，这并不奇怪。传播、媒介与城市的关系源远流长，每一次技术变迁引发的媒介形态变化，都会激起城市实践的巨大革命以及城市价值的重构。正如威廉·米切尔所言：“数字化时代新兴的城市结构和空间组合，将会深刻地影响我们享受经济机会和公共服务的权利，公共对话的性质和内容，文化活动的形式，权力的实施，以及由表及里的日常生活体验。”数字技术与互联网重组了人类的时空感，时空转换带来的人类生活与思维方式的变化是惊人的，而城市正是这场世界性变革的主要场域。

传播（包括交流、交通、通信等）对于城市文明的意义是至关重要的。古希腊的民主政治，是与雅典城邦的口语交流联系在一起的。汉娜·阿伦特非常关注亚里士多德关于人的第二个著名定义，即“能言说的存在”。阿伦特认为，亚里士多德之所以提出关于人的两个定义，是为了表达城邦关于人和政治生活方式的一般意见：城邦之外的任何人，“他们不是丧失了言说的机能，而是丧失了一种生活方式。在其中，言说获得了意义，而且因为言说有意义，所以公民主要关心的是彼此交谈”。言说的交流对于雅典公民是如此重要，以至于没有了交流，古希腊城邦文明就无从谈起。印刷技术与现代城市的结合则催生了大众媒介。芝加哥大学社会系的罗伯特·帕克从现代城市的基本状态出发，发展出他的报纸理论与新闻思想。帕克认为，现代城市打破了传统共同体中面对面的首属关系，同时，交通和通信手段的发达，使得人们的注意力严重分散，“甚至可以同时生活在若干个不同的社会环境里，这些趋势都在瓦解着邻里关系的稳定性和亲密性”。面对城市人群离散的问题，帕克说，报纸作为整合的工具是现代城市必不可少之条件，报纸的首要作用“便是以前村庄里街谈巷议所发挥的功能”。这就是我们现在所说的大众媒介传播新闻的功能。很多学者都捕捉到了传播、媒介与城市这种同构又互动的关系。在城市的发展历程中，广义的传播（交通、通信、大众媒介）有着非常显著的影响。“新的交通与通信技术推翻了前工业化时代的城市逻辑，即注重高密度和高度混合的建筑功能”，西方城市从集中到分散的过程，中产阶级郊区化的进程，都与传播状况的变化直接相关。大众媒介可以通过虚拟传播跨越空间，当城市空间仅被视为一种等待克服的障碍时，地理的命运就危在旦夕了。因此，米切尔才说互联网一举“摧毁了地理代码这一法宝”，在传统城市中反复被强调的位置变得无关紧要了，因为比特之城“将是一个不依附于地球上任一确定地点而存在的城市”。

米切尔的比特之城终结地理的结论下得似乎有点儿早了。移动网络的出现，使得地点、位置、场景等概念一下子成了热门词语，无论是在政治、商业还是文化意义上。报纸、广播、电视等大众媒体企图征服的城市空间，一时间彰显出巨大的价值。细想当今中国的新媒体应用，例如共享单车、网络购物、美食地图、全球民宿、网络出租车、无人便利店等，无一不是互联网与城市地点紧密结合的典范。媒介技术的具身化，将人类有史以来的时空感颠覆了。丹尼斯·麦奎尔称之为地理媒介，它有4个显著特征：普遍连接、位置敏感性、实时反馈和媒介融合。普遍连接是指，在20世纪的大部分时间里，稀缺性和固着性限定了人与媒介的关系，除了报纸、收音机等，媒介是与固定的地点捆绑在一起的。媒介构成了公共文化的重要组成部分，但却未能进入城市的公共空间。现在，移动数字媒体无处不在的特性，使得场景化的传播可以重组多重时空。位置敏感性是指，位置化的信息在城市空间中支撑并实现了各种新的社会实践和商业逻辑，空间位置在城市体验中获取了新的重要性，携带移动设备的人成了活的光标，城市空间成了交互界面。实时反馈是指，与传统电子传媒同时向大量受众播报新闻不同，数字网络分散的架构使得众人对众人实时反馈的回环成为可能，由此提供了新的"社会共时性"体验，这并非仅仅涉及技术层面的革新，更重要的是牵扯社会时空关系的重组。媒介融合不能仅仅按照技术逻辑理解为广播系统、计算机系统和远程通信系统的融合，融合逻辑同样涉及对商业机构、社会体制、管理规范乃至社会政治和文化实践的再造。因此，新型地理媒介与传统城市媒体的不同，不仅仅在于打捞了空间，回到了地理，更重要的是，通过时空重组，创造了政治、经济、文化、社会的新型城市逻辑。当然，正如麦奎尔所言，数字技术的暧昧在于，被数据浸透的城市空间既可能成为技术官僚"完全被管理的空间"，也可能因为市民广泛的传播实践而生成"参与公共空间"，赋予城市文化以活力。

所谓城市媒体，长期以来指的是报纸、广播、电视等专业组织化的大众媒介机构，而地理媒介的主体无疑是那些携带移动设备的个人。因此，城市传播从城市媒体向地理媒介的转向，并非仅仅意味着传播技术手段的更迭，它更指涉社会文化逻辑的变革，城市权利与权力的变化，甚至是哲学意义上的革命（柏拉图关于“在场性”的理论，即将“拟态环境”视为次要关系和被人为修改过的在场形式）。因为“中介”与“直接”的关系变化，遭遇前所未有的挑战，媒介再也不能被理解为现实的中介了，地理媒介直接参与了现实本身。传播技术最终指向了人，在这一点上，米切尔倒是非常敏锐，“随着网络的扩展，有关空间、个人身份和主体性的概念同时被改写”。但地理媒介打捞回来的个人，并非虚拟网络中没有身体的主体，而是具身化的主体。

新型交互界面：二维码与城市空间

米切尔在描绘比特之城时，特别注意到了传统城市功能的延续与转换。他以网络论坛为例，讨论了城市的一项经典功能——“创造陌生人偶然相遇的机会”在虚拟世界中的情形。他认为，网络提供了更多陌生人相遇的可能性，而且超越了地点。换句话说，米切尔认为，电脑界面不但可以替代用于面对面交流的城市空间，甚至能够做得更好，只要界面是安全、舒适、自由、开放的。尽管米切尔指出了从虚拟世界的交流向面对面交流伸展的可能性，但他的软城市（相对于具有物理空间的硬城市而言）理论的重点是，电脑界面是优于城市空间的。米切尔的这个议题切中要害，自格奥尔格·齐美尔以来的现代城市研究者视“陌生人的相遇”为现代城市的重要特征，对于传统城市的功能，比特之城必须加以延续、拓展，而不是舍弃。但米切尔的答案未免太简单了，一是认为电脑界面基本可以替代城市空间作为陌生人相遇的平台；二是将面对面交流的城市空间与电脑化空间对立起来。在第一个问题上，他忽略了城市实体空间对于城市生活而言的独特性；在第二个问题上，他未能预料到移动网络时代的市民们无须再面对两者必居其一的艰难选择："走进一座实际的公共建筑，或进入一座相应的虚拟建筑"。在地理媒介时代，借助新型的交互界面，人们可以将其合二为一。

对米切尔的上述问题，我的回答是：第一，在移动网络时代，城市空间仍然具有独特的价值，无法也不应该被虚拟空间替代。第二，地理媒介使得城市实体空间与虚拟空间得以整合，新型的交互界面产生了。因此，我们可以将城市空间与二维码都看作新型交互界面。或者说，被数据所浸透的城市空间（嵌入了二维码的实体空间），就是一个新型交互界面。正如凯瑟琳·海勒所言："到了20世纪末期，从DNA编码到计算机网络，所有的物质对象都被信息流所渗透、贯穿，技术与感觉的连接也无处不在。"被信息流所贯穿的城市空间再也不可能与虚拟空间分离，而是以各种方式与虚拟空间融合，成为"复合空间"。

在移动网络时代，城市实体空间对于公共生活究竟有什么价值？在互联网发展的早期阶段，许多学者都认为，虚拟空间将成为公共空间的一个代表性形态，它不但能极大地弥补实体空间的不足，例如在聚集人群的规模、范围、速度、影响力等公共性表现方面，虚拟空间都更胜一筹，而且可以逐渐取代实体空间。这不仅是米切尔等人的观点，公共领域的捍卫者例如尤尔根·哈贝马斯，也有类似的想法。在这种观点中，城市实体空间对于公共性的意义大大贬值了。与此同时，也有很多城市研究者抱持不同的观点。这至少可以从两个方面来观察：一是公共生活的历史与内涵，二是新媒体介入之后发生的变化。理查德·桑内特在其名作《公共人的衰落》一书中大声疾呼城市空间对于人类公共生活不可替代的重大价值，并将城市空间中公共生活的衰败视为资本主义的危机。桑内特特别重视城市广场作为公共空间的作用，“会聚各色人等，举办各种活动”，城市广场就是陌生人偶然相遇的最重要场所。“当郊区的会客厅取代城市的街道和广场而成为社交中心”时，城市公共空间就遭到了侵蚀。尽管桑内特没有在书中提及新媒体，但毫无疑问，米切尔的比特之城无法完全替代桑内特的城市广场，因为桑内特强调的是视觉的公共性，用眼睛看而不是用言辞说的公共性。据此，他将自己与阿伦特、哈贝马斯区分开来。所谓视觉的公共性，是指强调交流的场景是一个“由互相注视的、互不相识的非个人组成的公共领域”。这种视觉性的偶然差异接触，是被忽略的公共空间的重要方面，所以桑内特大量考察人的身体、服装、表情，以及建筑、空间等具象化的场景元素在公共生活中的意义。这些场景构成了相遇者感受现代城市差异化和多样性特质必不可少的基础，因此它根本不可能被以言说为主要内容（主要是文字，声音都相对稀缺）的比特之城所替代，城市空间仍然是至关重要的交互界面。

和惯常认知不同的是，在移动网络时代，城市实体空间的象征意义不但没有削弱，反而以新的方式凸显出来。在历史、文化及心理等各个方面，城市空间、地标性景观具有非常重要的意义。新理性主义者认为，城市是一个“记忆的剧场”，因此地点的意义不仅在于它的功能，或者它的形态，而且在于与之相关联的记忆。城市景观运动则强调建筑与周围环境之间的关系，以景观铸造人们与地方的联系。新环境心理学致力于在自我认知方面挖掘“场所”的意义，认为“场所”

是“自我定义的根基，一个通过记忆、观念、感觉、态度和价值、喜好、含义，还有他们日常生活中相关的物质性背景及行为概念等，来明确个人与物质世界相关联的地方”。现代城市主义追求功能以外的满足，将建筑、城市空间视为一种象征主义的表达，它是发现并表达价值体系的方法，具有延续社会文脉关系的意义。简言之，如果我们承认城市空间不仅是容纳身体及工作、生活的功能性容器，那么比特之城是无法替代城市空间具有的丰富意义的。

长久以来，大众媒介被视为全球化席卷世界的强大工具，电视的“脱域”功能展现了大众媒介跨越空间的巨大力量。新媒体更激化了“脱域”“嵌入”的功能与价值的争论。一方面，移动传播可能成为消灭空间、抹平地方的利器，由此产生的城市趋同化致使城市丧失特色，城市景观大同小异，城市形象千篇一律，城市文化缺乏个性，城市的异质性与创新能力遭遇危机。另一方面，新媒体也展现了连接地点、制造地方感的巨大潜力，传播的场景化成为大众媒介转型的重要元素。融合媒介在新技术、全球化、城市化三股浪潮交织的背景下，显示出斡旋于全球化与地方主义之间的强大力量。媒介融合绝不仅仅是技术形态的融合、媒介机构内容生产平台的融合，更是媒介与媒介机构外部的社会多重网络的融合，以及与媒介所赖以生存的城市、地方、地理、空间的深度融合。媒介融合的一个结果就是出现越来越多样化的交互界面，将形形色色的交流系统整合在一起。

在近年来急速成长的中国新媒体实践中，融合性的新型交互界面不断涌现。二维码就是一个典型的范例，或者说它构成了一个地理媒介时代城市新型交互界面的隐喻。以上海为例，在 2016 年和 2017 年发生的两个重要城市文化事件中，二维码扮演了至关重要的角色。在

2017 年“大英博物馆百物展：浓缩的世界史”全球巡展的最后一站上海站，第 101 件本地化展品是一枚由 100 组文物的图形构成的“二维码”。上海博物馆给出的理由是，这第 101 件展品要和其他 100 件串联起来，形成从古代到现代并面向未来的一个序列。目前二维码在中国已经深入生活，重大发明创造几乎都与二维码有关，它将会成为伴随人类走向未来的一个重要事物。2017 年上海建成了“中国第一座露天博物馆”，这个博物馆的 20 件展品，例如梧桐树、红砖墙、建筑物、鹅卵石墙面、弄堂门口等上，赫然悬挂着标注为“思南公馆露天博物馆”的二维码（见图 2–12）。二维码是最典型的地理媒介，它与比特之城电脑化空间最大的区别在于，二维码不只是导向一个虚拟空间，还可以作为一个交互界面，将实体空间与虚拟空间融合在一起。这种融合有两层含义：一是使用二维码的新媒体应用常常将地理元素以及实体空间的行动纳入其中，比如共享单车。上海博物馆的大英博物馆展览并不会因为使用了二维码，实体空间就失去了意义。事实上，2017 年夏天去上海博物馆看大英博物馆展览，成为上海市民踊跃参与的一个重要文化事件，哪怕排队时间长达 5 个小时也没有阻挡住市民的脚步。二是二维码拼贴了各种城市时空元素，从而创造了崭新的城市记忆及价值。思南公馆露天博物馆二维码，首先开放的是一个拼贴组合了多种时空的虚拟空间，包括实物展品的相关照片、文字，还有语音讲述作为背景，涉及这个区域自上海开埠以来的历史。因为二维码是悬挂在实物展品上的，也是镶嵌在城市空间中的，观者漫步在这个城市空间中扫描二维码的同时，还可以触摸实物展品。这种虚实交融、穿越多重时空的感觉，与比特之城迥然不同。二维码的关键特点是实体空间与虚拟空间的相互融合，而不是彼此区隔甚至替代。

新型交互界面之新，绝不仅在于技术本身，它还创造了新型时空感，激发了新型城市实践。以思南公馆露天博物馆为例，它将一个城市不同历史时刻的空间拼贴展示出来，建构了新型的地方感，以一种独特的方式延伸了时空，重塑了城市生活。

图 2-12 思南公馆露天博物馆二维码

具身实践：创造城市生活

米切尔在描述比特之城时特别关注身体，并揭示了电脑化空间中的一个惊人现象，就是人的主体和肉身可以分离，“在虚拟场所不需要身体接触”，这的确是一件了不起的事情！尽管早在人类文明初始阶段，文字已经显示出与口语的不同之处——与主体分离、跨越时空，但网络空间更进一步，主体获得了非物质的存在形式，因此可以用无限多样的身份参与即时互动。米切尔甚至提出了这样一些惊世骇俗的问题：“一个整合的主体是否可以裂变为五花八门的化名和代理人？我们可不可以将化名和代理人永久存放在网上，让其超越我们肉身的生命而获得永生？威廉·吉布森的那些电脑朋克反英雄们若无其事地退化掉他们变慢的、老化的、维护费用高昂的肉身，把灵魂软件转移到一代代新的硬件上，复活是否简化到了通过备份来复原的程度？”米切尔说这番话时，大概是非常兴奋的，因为人类终于可以摆脱身体的束缚了，身体和地理、空间一样，都是比特之城成功征服的障碍。但事情并没有米切尔想得那么简单，城市实体空间接纳的身体并不只是等着被抛弃的累赘，相反，身体的重要性在人工智能盛行的当下，成了突然被人类关注的新兴主题。

21 世纪异军突起的具身认知理论，向标准认知科学发起了意义重大的挑战，前者强调了身体在人类认知中的极端重要性。具身认知理论认为，一个有机体身体的属性限制或约束了一个有机体能够习得的概念；一个与环境进行交互作用的有机体身体取代了被视为认知核心的表征过程；在认知加工的过程中，身体或世界扮演了一个组成部分，而非仅仅是因果作用的角色。“具身心智”是指心智由一个自治的、整体的有机体来体现和表达，心智是一个有机体现象或一个生命现象，它由身脑统一的完整生命来体现。因此，知识依赖于完整生命的生物结构。具身认知理论揭示了心智不可能脱离身体而存在，身体是人类认知世界中最重要的元素。据此，城市实践不可能仅止于比特之城的信息浏览与文字对话，它无法也不该排除身体与城市的直接接触。

身体在城市研究中有着非常重要的地位，而在西方哲学传统身心二元论中，身体是被贬斥的一方。自现代性思想产生以来，纯粹自我与经验自我在笛卡儿的观点里是截然分开的，“笛卡儿将自身视作一个纯粹的活的自我，同物的世界彻底分开”，“我思故我在”。与此相反，“胡塞尔将‘活’的身体视为一个不可分割的整体。正是在身体中，在活生生的存在中，纯粹自我和经验自我才不再是概念或图像”。梅洛－庞蒂也试图以“身体－主体”把人的存在拉回物质维度上，以修正笛卡儿的“意识－主体”。伊莱恩·斯卡瑞强调“身体性实践有一种物理的现实性，这种物理现实不可能完全融进话语之中”，因此，“将具体形态吸收到话语表述之中，尽管给予了福柯解释的权利，但也在一些很重要的方面限制了他的分析”。基于身体对地理、空间、城市的重要意义，城市研究提出了“体验城市”的概念。这个思路最早可追溯到瓦尔特·本雅明，本雅明塑造的都市漫游者形象，为人们提供了一个全新的认识城市的视角，人们才不再把城市概念化为单一的同质统一的空间，而是将其概念化为依据使用与体验而建立起来的多重场所。罗兰·巴特的城市研究倡导“一种以身体为中心并注重个体在接收和阐释文本——包括那些城市文本——时的感官快乐的方法”，“强调了个体阅读与感官体验的优先性”。亨利·列斐伏尔则以身体对于空间的重要意义，批判了现代城市规划的弊端，在他看来，“现代、理性的城市规划之所以存在问题，是因为它‘忽略了空间的核心和基础，即完整的身体、大脑、姿态等。它忘记了，空间不是由智力表征投射构成的，而是首先被听到（倾听）和表演（通过身体的姿态和运动）的’”。米切尔在描述比特之城时，基于当时的新媒体技术，他必须在虚拟的话语之城与实体的身体之城之间做出选择，非此即彼。随着媒介技术向具身化方向发展以及地理媒介的出现，传统大众媒介倚重的信息文本的虚拟叙事，日益为全息化的身体实践所吸纳、转化、替代，虚拟之城与实体之城以各种方式融合、交织在一起。一方面，身体出现在虚拟之城中，视频、语音、表情包等越来越多的身体性元素出现在虚拟空间中；另一方面，身体嵌入城市空间，携带移动设备的人们游走于实体之城中。重要的是，这两个方面并非彼此隔绝，而是不断融合交汇，“当千万个人每日在城市中的移动轨迹能够被数字媒体记录下来时，空间位置在城市体验中就获得了新的重要性。大规模的数据分析和位置追踪功能结合起来，就形成了新的城市逻辑”。

身体与城市的关系是当今社会问题的焦点之一，它关乎城市权的实现，以及大众与统治者对于城市权的争夺。米歇尔·德塞都倡导的“空间实践”，以身体的街头行走建构了一个动态的城市，与官方的、理性的“概念中的一种可知的整体空间存在的城市”，形成了对照与反差。这种身体化的城市经验，构成了大众在城市空间中反抗权力的日常生活实践。“步行者的修辞”通过步行来刻画城市，“从空间彻底粉碎理性规划下的日常暴力”。地理媒介时代的移动传播正在创造更多维度的空间及时间的连接与重组，致使社会权力关系发生变化，“社会关系不再植根于空间的生活形态，而是本质上成为‘传播’过程”。这种境况存在着城市被行政、资本、技术力量全盘控制的隐患，但也蕴含着市民展开城市创意的巨大可能性：抵抗资本和技术霸权，创造大众作为主体的城市生活。

以上海为例，移动网络时代的城市更新大量地进行了城市空间的改造，通过新媒体与实体空间的结合，鼓励市民行走于城市空间，倡导由具身实践引领的城市生活。如上述露天博物馆所在区域思南公馆，就是城市微更新的典型个案。思南地区曾是“法租界”，作为上海代表性的城市地点，呈现出多重混杂性的地方文化特色。这个区域的市民有着中法融合的生活方式和强烈的区域认同感。思南公馆建设通过地理、空间的重新安排，包括文化艺术（画廊、艺术品作坊、法国文化展示厅、书店）、时尚商业（高级餐厅、酒店、酒吧）等项目，使得这个区域成为全球游客驻足地与城市观光景点。各种社会力量在此举办各种类型的文化艺术活动：思南读书会（上海作协、区宣传部共同主办）、“王厂长”地方摇滚演唱会（一个上海本地乐队的现场演唱）、思南周末市集（售卖文艺小众图书、画册、手工艺品）、思南纪实空间（放映上海电视台的纪录片）等。这些激发了本地居民进入公共空间，参与公共生活的热情。具身实践在思南区域显现出巨大的活力，初步激活了城市生活的目标。“具身实践”在近年来的上海城市发展中逐渐成为一个创意点，例如“行走上海 2016——社区空间微更新计划”，2017 年的“黄浦江两岸 45 公里岸线公共空间”贯通规划，2017 年上海国际文学周“上海文学地图 10 小时朗读接龙”等，都是采取了身体行走空间、接触城市地点、回望历史、连接当下的新方式。当然，所有这些具身实践都有新媒体作为全面的、常态化的支撑。

地理媒介：再造城市价值

米切尔预言：“在一个计算机和通信无所不在的世界里，身体能力借助电子手段而大大增强，后信息高速路时代的建筑以及超大规模的信息企业层出不穷。在这样一个时代，城市的概念受到了挑战，最终必将被重新定义。计算机网络像街道系统一样成为都市生活的根本，内容存量和屏幕空间成为宝贵的、受欢迎的‘房地产’，大多数经济、社会、政治和文化活动转移到了电脑化空间中。其结果是，我们必须从根本上重新系统地阐述我们所熟知的城市设计问题”。米切尔只说对了一半，数字技术确实将重新定义城市，但并不是大多数城市生活都转移到了电脑化空间中。这样的转移确实在大规模地发生，但转移并非以电脑化空间为终点，而是进一步地延伸到了地点上，地理媒介时代的城市生活就这样穿梭在虚拟和现实的空间中，形成了虚实空间的无限循环。

随着网络社会的到来，城市对于人类社会发展的意义得到史无前例的彰显，城市成为全球网络中最重要的节点，我们所处的世界正在成为“都市星球”，人类未来发展的重大危机与解决方案都在于城市。城市一直都是交流系统，在此，被电子网络扩展了的人类思想可以将历史、地理以及文化的多样性联系起来。由此，移动网络改变了城市与人以及世界的关系。移动传播借由城市这个“移动场景”，将城市生活的三重网络——地理之网、信息之网、意义之网交织在一起，生成了新型的社会交往网络，极大地激发了城市这个人类交流系统的活力与价值。

孙玮

博士，复旦大学新闻学院教授

复旦大学信息与传播研究中心研究员

互联网化的社区改造样本

在院子里走了几圈后，成都市武侯区晋阳社区党委书记李含荣发现东边院落的旧围墙有些残破，路面也坑坑洼洼的，“也许该修一修了”。他用手机从不同的角度拍了几张照片，然后快速走回办公室，把这些照片发在了社区工作人员的微信群里：“大家看一下，这个围墙和道路是不是该修一修了？”李含荣又对微信群里的黄芳说：“找专业人士做做预算，看社区能拿出多少钱来支持，扣除之后再算算每户人家应该出多少钱，并在居民微信群和社区里公示。”

他又在微信群里对负责新媒体宣传工作的李济舟说：“小李，你去做一个在线投票，发到社区居民微信群里，让大家投票决定吧。”

三天之后，晋阳社区居民微信群里出现了一个在线投票，标题是“这个围墙和路面要不要修？”群主李济舟随后解释说，这是社区公共事务，修好围墙和路面对大家有利，但需要住户们出些钱。这件事有利有弊，他请住户权衡后投出宝贵的一票，并感谢住户对社区事务的支持。

几分钟后，平时在群里较活跃的几个年轻人就开始了讨论，他们回忆起雨季道路的泥泞，并表示修路和围墙迫在眉睫。但是，也有人说其实目前的围墙和路面还能忍受，不修也可以。与此同时，投票人数也越来越多。

又过了几天，社区工作人员在微信群和小区的公告栏里公布了整修围墙和路面所需的费用，其中晋阳社区办公室出 2 万元，剩下的一半费用由居民均摊，每户 160 元。

不出意外的话，再经过两轮公示，社区办公室就可以联络施工队进驻小区，半个月之后围墙和路面也会焕然一新。

这只是晋阳社区办公室诸多的日常工作之一。自从 2014 年他们尝试引入微信等互联网的工作方式后，工作效率便得到了大幅提升，随之而来的还有居民之间的融洽关系，晋阳社区因此成为成都市的模范社区改造样本。

中国社科院社会学研究所副研究员王晶长期关注和研究社区治理问题，她数次前往成都晋阳社区考察，对社区里发生的每一件事都进行细致深入的研究，试着从社会学角度对这个社区进行总结分析。

“晋阳社区用互联网的方式把陌生人社区变为熟人社区的模式，调动起了居民对社区事务的参与积极性，基本实现了从管理向治理的转变。晋阳社区办公室把自己定位为协调者、需求对接者，而不是管理者，把居民的需求、政府的投入和外部社会组织的专业服务对接到一起。”王晶说。经过她的观察和访问，她认为晋阳社区的经验或许可以成为中国基层治理的一个模板。

地震激发出居民的参与意识

从成都市中心出发，向西经过知名景区“杜甫草堂”，再走三四千米出了二环路，建筑物的高度一下就降低了，视野之内只有一片低矮的居民楼，在少见太阳的天气里显得越发陈旧，这就是晋阳社区。

晋阳社区属于成都市武侯区，目前有超过 1.5 万户、4 万多居民，建于 2002 年居民楼落成之时。当时，刚刚大学毕业的李含荣来到晋阳社区办公室，希望在社区治理方面做出一番成绩。

但现实一点一点地打碎了他的梦想。李含荣发现，基层治理是个大难题，居民对公共事务的参与度很低，“大家都是冲着礼品来的，要么是一桶油，要么是洗洁精之类的日用品。拿上东西就回家，谁的心思也没真正放在社区活动上”。

缺乏信任、难以沟通、没有共识、人心涣散，这些几乎是所有基层工作者都会遇到的问题。李含荣也不例外。

转机出现在 2008 年。汶川大地震让整个四川受损严重，虽然成都距离震中较远，没有出现特别惨重的人员伤亡和建筑损毁，但人们的凝聚力和对公共事务的参与意识却被激发出来。

晋阳社区办公室发起了对汶川、北川的救援和慰问行动。几乎所有居民都参与其中，工作人员忙不过来，几名小伙子还自发当起了志愿者，帮助组织和安排具体事宜。

“大家出钱又出力，整个行动井然有序，真令人感动。”李含荣说。地震过后，社区办公室想把这种彼此信任、互相团结的气氛保持下去，开动脑筋构思多种多样的社区活动。

李含荣梳理了几年来的社区工作经验，和常住居民聊天，了解每家每户的难题，逐渐建立起彼此之间的信任感。

社区里近一半的住户是租户，这是让社区办公室头疼的事。租户的稳定性差，可能住三五个月，也可能住三年五载，而且租户往往不在意公共空间的建设，不愿意出钱维护公共环境和设施。

晋阳社区办公室试着跟租户们多接触，想方设法为他们解决一些实际问题，“让他们觉得这就是他们的家，我们对租户和对常住居民是一样的”。

把社区搬到微信上

2013 年是中国移动互联网元年，9 月，微信的注册用户数量首次突破 1 亿人，被公众称为拿到了移动互联时代的“第一张船票”。人们的日常交流不再仅限于电话和短信，而更多地是通过微信。

晋阳社区办公室也看到了移动互联的趋势，2014 年年初，他们做了一个决定：把社区居民的活动都搬到微信上，这样一来，就无须受上下班、出差等限制，可随时随地沟通。

李含荣带着社区办的 10 多名工作人员挨家挨户加居民的微信，先建了一个 200 多人的社区居民微信群，再动员群内居民邀请他们的邻居进群。开始的时候，群里只是发一些与社区公共事务相关的消息，大家关系熟了之后，也会在群里聊一些社会新闻、生活趣事。

后来，大群又孵化出了很多小群。这些小群主要以兴趣划分，有摄影群、书法群、绘画群、娱乐群等，社区的工作人员也分别加入这些小群，以便更多地了解社区居民的生活，组织大家感兴趣的线下活动。

李含荣打开他的手机微信，指着上面的 40 个群说：“看，我已经加了这么多的群！大家的生活真是丰富多彩。而且，我们还发现了线上沟通的另一个作用。”

那是在 2014 年年底，晋阳社区办接到多名居民投诉，说某栋楼的某户人家在单元门里堆放纸箱等杂物，造成大家进出不便，邻居们去劝阻也不管用。为此工作人员去了好几次，连门都敲不开。

无奈之下，工作人员在微信群里发了一张杂物堆积的图片，说：“请大家帮忙想想办法，遇到住户在公共区域堆放杂物该怎么办？”大家你一言我一语，都对这位住户表达了不满。突然一位居民在群里说：“交给我来办吧。”

三天之后，群里又出现了一张照片，那个单元门口已变得干净整洁：“原来帮助解决问题的人是堆放杂物居民的女儿，她看到父母的行为引起了大家的不满，自己也感到惭愧，就回家说服父母清理了单元门口的杂物。”李含荣说，这就是熟人社区，大家做了有违公德的事就会觉得没面子。

微信群的活跃还有赖于热心公共事务的居民志愿者，李含荣已经在晋阳社区里发现了很多热心人，他们对社区事务的付出程度更高。

安徽人陶林在20年前来到成都，在晋阳社区开了家小诊所。他从不给人乱开药，还经常给社区里的居民讲一些健康科学知识，人缘很好。

在社区微信群里，陶林经常就公共事务发表自己的看法。2015年2月，李含荣专门去诊所找他，请他担任附近几栋楼的组长，陶林欣然答应了。“像陶林这样的中青年是社区事务的主力，他们学习能力强，能够熟练使用互联网，有引导居民互相交流和参与公共事务的热情。”李含荣说。

67岁的叶莲清因为经常在群里发辟谣信息而引起了李含荣的注意。“老年人攒了一辈子的钱如果被骗走了，他们以后就生活不下去了，所以一定要提高警惕。”叶莲清说。只要看到电话、短信、网络诈骗的事，她都会告诉周围的老年人多加防范。

被选为组长后，叶莲清抽空走访了社区里的所有住户，也加了微信，还手绘了一张详细的社区地图。

社区工作全面互联网化

晋阳社区办把互联网引入社区工作，带来了全新的格局。如今的晋阳社区办扮演的不再是管理者的角色，而是一个满足居民各项需求的机构，要么利用社区办公室的资源，要么寻找外部资源的支持。

目前，晋阳社区工作中和互联网相关的有四个部分。

一是与居民的日常交流沟通，主要是在居民微信大群和五六十个兴趣小群中。

二是沟通社区的公共事务，主要通过居民代表群和议事会群，比如前面提到的围墙和路面改造问题，社区办公室会先和这两个群的成员沟通，大家都认为有可操作性之后，再发到居民大群让大家投票。

为了让投票变得简单、易操作，晋阳社区办公室和点赞网合作，由后者负责设计投票小程序和统计票数。

三是公示财务明细，采用线上线下相结合的模式。这部分工作由社区办公室主任黄芳负责，她参考了很多事业单位和企业的制度，并联合财务工作人员设计了一套财务流程，“总原则就是让每一笔花销透明，花在对社区、对居民有用的事情上”。

再以围墙和路面改造为例，如果居民的赞成率超过 60%，项目就可以启动。先将社区出资和居民自费的明细账目进行公示，主要通过社区公众号、居民微信群和线下公告栏。如果一周之内没有人提出反对意见，就进入社区办评审委员会。评审委员会通过方案后，需要再公示 10 天，之后才能让施工队进入小区。施工完毕由项目验收小组负责验收，合格之后还要公示，这些都完成后，项目才算完成。

在任何一个公示环节，只要有 10 个以上居民表示反对，整个项目就必须推翻，从头再来。

四是社区事务和活动的传播，主要途径是微信群和公众号。从 2016 年开始，李济舟负责晋阳社区的微信公众号运营，不定期发布社区活动、社区改造事务以及与居民相关的政策解读等信息。

有一段时间，李含荣一直在思考老年人对社区事务参与度不高的原因。后来他终于找到了原因：大部分老年人都不会使用智能手机，更不会使用微信等互联网通信工具。2015 年，晋阳社区办公室拨出一部分款项，邀请外部团队，每月在社区举办一期“智能手机使用培训班”。

刘译星是该培训班负责人，回忆起刚开班时的情景，她说很多老年人连开关智能手机都不会，必须从头开始教，“参加培训的老年人越来越多，但教室容量有限，我们只好增加培训次数，最多的时候每周三次”。

现在的培训班基本控制在每月一次，培训的内容也不仅限于互联网工具的使用，还有教老年人识别电话、短信诈骗等内容。

不同的社区改造样本

在李含荣和黄芳看来，晋阳社区改造项目不只是围墙、路面等硬件设施的改造，更重要的是社区关系的改造，包括居民之间的关系、居民与社区办公室的关系、居民与政府的关系。

令他们自豪的一个反转是：10多年前晋阳社区出现在四川等地电视台的新闻上，很可能是因为这里发生了盗窃、抢劫等事件，而如今晋阳社区出现在新闻节目里，则是因为它成了老旧社区改造的典范。

晋阳社区里有一位连续上访10多年的老居民，以前李含荣每次找他聊天总是碰壁。后来李含荣从这位上访者的邻居和亲戚处了解到，他没有工作和收入，所以才会对社会和政府有怨言。晋阳社区办公室核实情况后帮这位上访户申请了低保，还给他提供了一份清理杂物的工作。现在他不再上访了，而且每天都乐呵呵地跟大家打招呼，身体和精神状态明显好转。

"我们不只是把互联网引入基层工作，更重要的是将心比心。"李含荣说，这是他做社区工作15年来的最大心得。

考察过很多社区改造项目的王晶认为，晋阳社区的改造之所以成功，一方面是因为互联网带来的信息公开透明推进了社区治理制度的完善；另一方面是人的因素，"如果换一个管事的人，他志不在此，一味协助上层机构的工作，而对推进居民自治没有兴趣，可能产生的结果会大不相同"。

不同于晋阳社区的改造，上海嘉定区的一个新楼盘——信义嘉庭正在进行前置型社区改造项目。

这是一个来自台湾的社区改造项目。几年前，他们想把在台湾积累的社区改造经验复制到全国各地，上海的信义嘉庭小区是第一站。

他们查阅了很多资料，考察了欧洲和日本的一些前置型社区建设模式，却发现并没有什么可借鉴的经验。因为国外的前置型社区是针对中低收入人群的社会保障房社区，主要是为了满足使用者的需求，而不是要做我们想要的熟人社区。

范杰臣被选为项目负责人。他是社会学硕士，先后在台湾地区的行政单位、民营企业和非政府组织任职，既有社区改造经验，也熟悉如何与三方沟通对话。

“要先保证有社会需求，再帮助他们构建信任关系，之后还要有分享机制。这是社会关系网络的纽带，也是建设熟人社区的必备条件。”范杰臣说，做这些事情的一个前提条件就是，这个新社区里的居民彼此之间都近乎是陌生人。

范杰臣最终选用了微信召集和线下活动相结合的方式。每次定一个活动主题，并让居民们在微信群里报名。如果报名者超过 40 人，线下活动就要组织起来；如果不够 40 人，就换一个主题。经过摸索，他们发现亲子活动最受欢迎，每次报名人数都会超过 80 人；而体育活动最不受欢迎，范杰臣曾经发起跑步和打球活动，但都因报名人数太少作罢。

“这些线下活动不是说居民到场、我们给他们发完礼品就结束了，而一定会设计较长时间的互动环节。”范杰臣说，比如最开始的破冰活动是，通过有趣的自我介绍，让居民们知道彼此的名字，接下来的沟通就会顺畅很多。

破冰就是让大家短时间内达成社区共识：找到他们的邻居，就能找到归属感。

2017 年 1 月，信义嘉庭组织了一次别开生面的见面会。整个社区有 300 多人参加，范杰臣站在台上，回忆了近两年的社区改造工作。当讲到他有次发烧，微信群里一个没见过面的居民特意煮了粥开车送给他吃时，他激动得流下了眼泪。

“问题还是有的，我们遇到问题便解决问题。”范杰臣说。比如微信群里的讨论规则，就是在不断的争执中一条一条确定下来的。

更多的问题是关于社区的未来建设，每个居民都有自己的想法，各抒己见以致争吵不已。这时候范杰臣就会往群里“扔”优秀社区改造的案例，另一名工作人员则引导大家转换话题。他说：“如果大家还是继续争吵，我就会私下委托几位热心居民，大家一起劝架。然后我再说，大家可以先看看优秀案例，其他的事情以后再解决。”

“我们是前置型社区改造项目，因为没有可以借鉴的模式，所以只能自己摸索着慢慢来。每一点儿进步都会积累起来，成为下一个项目可借鉴的经验。”当谈及将信义嘉庭的模式复制到全国各地时，范杰臣表示很有信心。

在清华大学社会学教授罗家德看来，利用互联网进行社区改造，能有效地将陌生人社区转变为熟人社区，并改变居民关系，甚至推动社会资本的积累。熟人社区一旦形成，将会产生操作性很强的商业价值。

刘杰

腾讯研究院社会研究中心研究员

开源村宣言

马云在博鳌亚洲论坛上提出的电子世界贸易平台（e-WTP）会是世界贸易组织（WTO）的替代品吗？孙正义收购的 ARM 科技公司真的可以垄断人工智能时代的芯片供应吗？埃隆·马斯克真的可以带我们去火星吗？

我是谁？我从哪里来？我要到哪里去？这三个问题在今天变得越发难以回答。"我是谁"里的"我"可以分裂为肉身自我、数据自我、法律自我。"我从哪里来"里的"哪里"，也受到来自基因检测结果的挑战。我要到哪里去？是移民月球，还是移民火星？或者，等待"奇点"到来，移民进入"云"中，成为"超体"？或者，等待纳米技术、人工智能和基因工程成熟到足以摧毁一切疾病、衰老甚至死亡本身，让我们抵达"永生"？

"永生"是一种诗意栖居的方式，还是一种列斐伏尔式"极乐时空"的体验？问题在于，"诗"与"乐"不已经被视为一种算法了吗？孙正义的机器人不已经安装了情感模块了吗？

也许我们已经来到了一个人人都必须成为哲学家的时代，但好在这也是一个开源的时代，我们拥有太多免费的硬件、软件、方法、知识来塑造自我。

极体

身处存在方式如此多元甚至混乱的时代，为了防止存在感紊乱，我将我们存在的格式简化为身体、数据身体和法律身体三个部分的统一。在中文语境里，我称之为“极体”；在英文语境里，我用两个词来定义这三个部分的统一体——“trinity”和“interkind”。

语言本身就是歧义的温床，每个人看到“极体”“trinity”和“interkind”这三个词的时候，都会透过自己的认知“滤镜”来生成自己理解、判断和批评这三个词的方式，我也欢迎这种开放式的解读游戏。

当然我对这三个词是有一些明确定义的。“trinity”在英文里有“三位一体”的意思，指的是基督教“圣父、圣子、圣灵”三位一体，我“挪用”这个单词则是为了对中文的“极体”进行“互文性”搭建。我第一次接触这个词是因为它是《黑客帝国》电影的女主角的名字，并觉得它非常适合用于描述身体、数据身体和法律身体这三个部分的统一体。

“interkind”是我发明的一个单词。“interkind”中的“inter”是Internet（互联网）和international（国际的）的前缀，是“之间”的意思，kind是方式、方法、本质的意思，也是mankind（人类）的后缀。所以这个单词是用来描述“极体”和“trinity”的三个部分——身体、数据身体和法律身体——的交互关系的。

“极”有尽头、最高点、顶端、终端的意思。地球有南极和北极，世界格局有单极世界和多极世界之分，中文里有太极、无极的说法，日常用语里有极端、极致、极品的用法。用“极”来修饰“体”，表明“自我”在今天的技术环境里是多级的、多终端的。

很显然，“极体”跟个体、个人主义、个性、个人财产、人权这些概念都有差别。“极体”不是孤立的，也不是“原子”式的。“极体”是一种交互现象，一种各要素可随机拆解并重组的状态。当然，“极体”也不是“集体”，它跟集体主义、资本主义都一样，后者背后有国家、民族、意识形态等来支撑，并且它们的边界和要素之间的关系比较稳定，而“极体”则是一种可随机拆解并重组的乐高积木式玩法。

任何人的“身体”在今天都处于一种多维度管理的状态。医院通过健康和疾病来管理人的身体，传染病也是一种管理身体的维度，极速发展的基因工程正在成为人们管理身体的全新维度。我们日常使用的软硬件（例如手机）有管理我们的行走数据、卡路里、血压等各种变量的传感器，机械器官、合成器官也越来越多地进入我们的身体。事实上，人机合一不是一个目标，它在很早以前就具有了“社会现实主义”的意味。

当我们潜水时，当有一天人类进入太空成为一种日常状态时，潜水服、太空服以及相关设备、仪表、数据库等都将成为我们的日常皮肤和日常器官。在太空环境和深海环境中，我们需要更多的人工器官。

在纳米技术成熟后，血管将成为纳米机器人的交通基础设施，极体的复杂程度也会大大增加。我们要考虑到，当基因技术、人工智能和纳米技术发展到一定程度时，“身体副本”的形态会发生种类大爆炸。我们还要考虑到身体和数据身体之间越发复杂的关系。

这个时代的身体不再是人类曾经追求的维特鲁威人，也不再是道家希望抵达的“至人”“真人”境界。虽然在追求完美的目标方面，

“极体”和维特鲁威人、至人、真人是一样的。维特鲁威人只有神经系统，极体则是连接着互联网这个全球性神经系统和肉身神经系统的“身体网”，这套神经系统不仅是由激素、血液循环系统、神经系统等构成的，也是由硅、芯片、光纤等构成的。炼丹术里的丹药和所谓的精气神儿是抽象的、无法获得临床试验证实的方法，但是极体与药物、食物的关系，极体和情绪、心理的关系，是可量化和数据化的，具有反馈闭环，而且有临床有效性的实践。

极体天生具有“千里眼”、“顺风耳”和“力大无穷的机械臂”，极体活在一个真实的“西游记”和“变形金刚”的世界里，极体同时放大了维特鲁威人的肌肉体能和大脑智能，延伸了维特鲁威人的眼神和听力，并且获得了维特鲁威人所不具有的紫外线、红外线、X 射线、核磁共振等感知力。如果说经络曾经是一张神秘的身体互联网，那么整个互联网就是极体的数据经络。

有人问我，为什么不直接使用“赛博格”（cyborg）这个词？理由是，我希望“极体”、“trinity”和“interkind”至少在中文语境和英文语境里可同时生效。毫无疑问，“极体”跟“赛博格”的考察对象是高度重叠的，但很显然两者不是一回事。当我们提到“赛博格”的时候，我们就同时调用了 cyber 这个前缀词下的一系列标签、词语、历史事件、文化背景、军事技术、政治经济含义。赛博格在英文语境里已历经无数次迭代，在政治、经济、军事、文化、文学、电影、艺术、日常生活等各个领域都有非常具体、生动、差异化的定义。当我们使用“赛博格”时，更多的是进行一种“只读”式的跨语境“解码”实践，赛博格这个词在中文语境中的主动性较弱。这就是我需要一个能在“双语”环境里同时生效，也都具有“读写”主动性的新词来重新设置“赛博格”所指对象的原因。因为随着这个新词的出现，我们还会发现更多的指涉对象，甚至会丰富“赛博格”本身。

事实上，赛博空间和数字身体在英文语境和中文语境中的含义也非常不一样。

早在 20 世纪七八十年代，在英文语境里就有人使用印度宗教词语“阿凡达”来定义数据化身，这本身也是一种跨语际、跨文化的实践。硅谷文化的确跟东方的佛教有很多共建的成分，从中国唐代诗人寒山成为美国“垮掉的一代”的精神象征，到《禅与摩托车维修艺术》，到乔布斯跟禅宗的关系，再到“阿凡达”……

时至今日，数据身体在中国面临的赛博空间跟在中国以外的大多数环境里所面临的赛博空间是截然不同的。数据身体在中国面临的是以 BAT（百度、阿里巴巴和腾讯）为代表的互联网巨头、独特的网络管理结构、独特的网民和网络文化共同构成的赛博空间。

所以“极体”的第二部分——数据身体的成分也是独特的物种，极体的数据身体和身体、法律身体之间的关系会产生独特的交互、构建和生成方式。

即使都使用中文，中国大陆和台湾、香港、澳门地区的居民以及海外华人所使用的数据身体也各不相同，就像同是黄皮肤的人，全球各地华人世界的政治环境、经济环境和文化环境也大不一样。也有很多人以各版块环境的差异化，从事着各种数据身体、数据分身之间让人眼花缭乱的跨空间组合游戏、组合生意，甚至组合政治。

这就涉及“极体”的最后一个部分——“法律身体”。在极体的三个组成部分中，数据身体的离岸成本最低，身体的离岸成本最高，法律身体则经常在数据身体和身体进行跨境切换、交易交通、离岸返岸的过程中扮演着重要角色。

旅游、留学、移民就是法律身体跨境切换的重要场景，围绕着这几个场景的经济和政治实践也正在加速发展。正是看到了这几个场景的几何级数发展势头，我才判断民粹主义、逆全球化现象是一种回光返照式的错觉。

少数人也进行着离岸公司、离岸家族信托等实践，这是一系列高度专业化、敏感化、神秘的法律身份跨境实践的场景，也是一个不亚于深网的庞大世界。

身体、数据身体和法律身体的综合使用，使得“极体”的实践呈现出缤纷多彩的万花筒效应。可以说，今天每个人都有极体，但是极体和极体之间的区别，就像类人猿、人类和外星人之间的区别那么大。

跨国公司的员工无论如何不会沦为 VPN（虚拟专用网络）限制下的数据身体难民，能够正常使用 VPN 的数据身体，在境内和境外常常拥有多个数据分身。

在中国，大多数的极体可能从来不会使用 VPN，这就意味着他们的数据身体仅局限在国内的中文语境里。这就好比虽然你家的电视频道很多，但晚上 7 点几乎每个卫视频道都会播放新闻联播一样。同样，虽然你可以用 QQ（即时聊天软件）、微信、支付宝、摩拜单车、微博、知乎等各种国内网络账号，但是大多数中国大陆的数据身体从来没有登录过一些国外的网络账号。

在这里，我会使用数据成本和比特素养这样的分析工具来描述这种状况。也就是说，“极体”可以通过提升自己的比特素养、支付更多的数据技术成本，来提升数据身体的“逍遥度”。

很显然，你的数据身体的逍遥度越高，你获得的认知环境就会越丰富。

在中国，常规情况下法律身体是一种“派出”身体、“公安”身体，在极端情况下，法律身体还会变成“边控”身体。提高法律身体的“逍遥度”需要支付较高的成本，旅游、留学、移民、离岸公司、离岸家族信托，会逐级增加法律身体的逍遥成本。

香港地区、台湾地区、新加坡的华人，跟欧美国家的公民类似，可以跟很多国家互免签证，他们的法律身体的逍遥度高于中国大陆居民，他们的极体——身体、数据身体和法律身体——的构造与关系跟中国大陆居民的极体状况也大不相同。不过，就像数据身体的逍遥度可以通过提升比特素养和数据技术的方式来提升，法律身体的逍遥度也可以通过提升跨境法律常识、低价旅游等方式来提升。

当你的法律身体和数据身体的逍遥度交替升级时，你就会发现你的身体也获得了更多的选择和更加丰富的体验，甚至欲望格式也会从兽欲、人欲演化到机欲和欲网。极体的器官是有路由的器官，人性正在频繁快闪，终端中闪现不断被破解的人格（匿名，实名，无名，假名……），表情已经被表情包化，滤镜比镜子更重要。太阳能、太空、新材料、传感器、房、车、人与欲望之间的关系及构造，将面临重新编排、编织和编撰。

极体是有段位的，既有单项指标的段位，也有综合指标的段位。极体的实践是一种技术修行，水平境界的高低取决于你选择的一揽子硬件、一揽子软件、一揽子方法，以及这一切之间的搭配组合方式。如果搭配得好，就像一段美好的爱情或是烹饪得当的美食。最重要的是，你还要选择跟你一起进行“极体”修行的社群，以及这个社群的质量。与此同时，你必须掌握一种新语言——程语。

程语

既然极体不是赛博格，那么程语也不是“程序语言”。不过就像赛博格是“极体”实践需要考察的重要范畴一样，程序语言也是“程语”实践的重要基础。

一个大家日用而不自知的常识是，其实我们每天都在编写程序。当你通过搜索引擎搜索一个关键词时，其实你正在写程序，只不过不是你直接写程序，而是通过搜索服务提供商的程序员来编写并运行调用网络知识的程序和算法。同样的道理，当你通过智能手机在社交网络上输入文字、语音、表情包、文件等的时候，社交网络服务提供商的程序员也在代替你编写并运行数以亿计的“高级语言”，比如C语言等。

事实上，程序员用于编写程序的“高级语言”也需要一种叫作编译器的中介去指挥只听得懂二进制（0和1）指令的机器来运行程序。

不管你是通过手机键盘还是电脑键盘，不管你使用语音输入法还是文字输入法，只要你的书写是发生在电子设备上的，你就在调用大量程序。

这种电子书写模式，跟人类使用笔墨纸砚的传统书写模式，跟古腾堡印刷术的出版模式，跟电视、电影、广播的采编模式都大不一样。事实上，一种基于程序语言的新的日常语言已经诞生，但我们并没有认真地定义、关注它。我们要么关注程序语言，要么关注传统语言。

这种表面上使用跟之前的传统书写、出版、采编模式基本类似的模式，但实际上是在调用程序语言的新语种，我称之为“程语”。我在北京大学法学院的一次演讲中曾使用“超级语言”来定义这种新语种，但我最近想到的“程语”一词似乎更贴切。程语既不是传统的书写出版采编语言，也不是程序语言，而是传统书写、出版、采编模式跟程序语言之间的中介，是一种人机交互的日常界面，也是一种属于极体的通用语言。

定义、识别和关注“程语”的意义重大，不亚于20世纪新文化运动以白话文来替代文言文。就像文言文限制了大众参与书写表达的范围，今天基于软件和硬件的程序语言基本上也是由受过专业训练的程序员编写的，由此还产生了很多类似古代侠客那样的黑客、极客的各种传奇故事。这虽然不同于科举制度所造成的不平等，但是程序语言的专业化同样造成了一种数据时代的无形的不平等，是一种深刻的尚未得到足够重视的“数字鸿沟”。在程序员垄断人机交互界面的时代，如果我们不能充分识别出这个新物种，当面对各种硬件、软件时，我们就只能是已有程序的被动使用者。一条一条程序，一行一行高级语言，都被封装在用户界面的内部和神秘的芯片深处。这种情形非常像我们去医院看病，医生只负责开药但不负责解释这些药跟病人病理之间的关系，所以在医院里，我们的身体是被动的。但是，主动的极体实践需要一种更加主动的程语，去打破程序员和芸芸众生之间的“楚河汉界”。

每一个时代的认知更新，不管是对自我、对人类本身、对社会还是对世界的认知更新，往往都是从语言本身的更新开始的。

同为唐宋古文八大家的苏轼盛赞韩愈“文起八代之衰”，其实是在赞扬由韩愈发起并延续到苏轼那个时代的古文运动。胡适、陈独秀等人发起的新文化运动也如此，新文化运动不仅可以开发新文化，还可以通过新语言重新发现老文化的生命力，所以才有了整理国故运动。

欧洲的文艺复兴运动也是如此，其间达·芬奇的贡献包括发现并运用了绘画的新材料：蛋彩。印象派之所以能蓬勃发展，也跟管状颜料的发展密不可分。

程语的出现可以让我们更加主动地去识别、应用甚至开发现有的人与机器的更多交互界面，以及更丰富、更细腻、更立体的关系。而且，在物联网时代，程语还可以跟开源硬件、开源软件、各种各样的开源运动相结合，激发人类的想象力和创造力，并且通过便宜、易用、易获得的各种开源工具，改变生活、改变自己、改变世界。

对于极体的实践而言，程语是一种存在于身体、数据身体和法律身体三个维度间的开源软硬件修行工具。我们无须再被动地等待程序员发布软件、硬件来优化我们的身体、数据身体和法律身体，我们拥有开源的软件、硬件，至少是开放的反馈机制，可以跟程序员进行互动、协商和共同开发。主动的人生、逍遥的人生不再是一种抽象的独立心法，而是一种可以数据化、社交化、社群化的程语实践和日常提升。

程语不仅是语言学、计算机科学应该关注的对象，还是一个认知科学、通信技术、人工智能、生物工程、基因工程、政治学、经济学、法学、医学等多领域综合关注的对象。或者可以说，程语有可能串联起分析科学之后专业化发展的各学科之间的新关系。

程语对于构建新的时空关系意义重大，极体需要一种由程语编撰的时空来栖居。类似 Wolfram（沃尔夫勒姆）语言提示的帕斯卡三角形时空可能性，或者沃罗诺伊图所揭示的空间关系，都让极体有机会拥有生产新时空的基础工具和方法。这些基础性的工作和方法也是“开源村”的重要基础。

开源村

极体不等于赛博格，程语不等于程序语言，开源村不等于地球村，也不等于乡村。

自麦克卢汉之后，我们就再也无法返回“乡村”了，因为地球本身就是一个电子乡村。在跨星球社会即将到来的今天，我们的乡愁来源不再是乡村，而是地球村。这种对地球村人类摇篮的浓浓乡愁甚至会滋生出一种对地球村的宗教情怀，我将这种有可能到来的情怀命名为“地球寺村”情结。

麦克卢汉活跃在前互联网时期，没有机会升级“地球村”的新版本，但是地球村的理念被斯图尔特·布兰德创办的《全球概览》杂志以及之后的社交网络 WELL 继承和发展，更不用说现在流行的 Facebook（脸谱网）、Twitter（推特）、YouTube（视频网站）、微信等社交媒体了。今天我们面临的是一个跟麦克卢汉和布兰德面临的时代非常不一样的时代：人工智能、基因工程、纳米技术、万物互联、星际探险……我们需要一个新的词语来定义“地球村”，而我找到的词语是“开源村”。

开源村是利用越来越成熟的开源软硬件工具、开源文化的理念，对“地球村”进而对太空环境，其他星球、星系进行优化的平台。它克服了城市与乡村、东方与西方、机器与人、地球与太空等二元对立的范式。开源村包括乡村与城市，并重新定义乡村与城市的生态位置和角色，开源村综合使用之前被认为具有对立性的东方智慧和西方智慧，开源村是人与机器星际共生的一种全新生态。

开源村是极体和程语实践的场景，如果适应了开源村的新生态，你就会发现在这个新生态里程语的重要性，使用程语的物种是一种从传统人类演化而来的极体。

开源村的灵感最早来自我在2003年、2005年分别参与的两次“国际驻地计划”。因为我在2002年读研究生期间创作了一种纸本极体（可视之为极体的雏形）、合成艺术，我被邀请到瑞士进行艺术实践。我创作的“宣纸博物馆”使用中国水墨画的语言复制了瑞士艺术家贾科梅蒂的系列雕塑——《行走的人》。整个创作过程非常符合我今天对极体的定义，在那之前，我从未见过《行走的人》的原作，我以朋友赠送的画册和明信片为基础，使用复印机、计算机来复制并放大，然后运用水墨加上宣纸的转译再生产了《行走的人》。之后瑞士策展人和艺术家依靠瑞士三家基金会的赞助，让再生产的《行走的人》和我本人真正行走到了瑞士。中间我经历了漫长的“法律身体”的检验，包括我的研究生身份是否可以出国，应该如何审批等问题。我在“非典”期间从西安来到位于北京的瑞士驻华大使馆申请签证，往复多次；我抵达瑞士之后还要到作品展览所在地纳沙泰尔州进行申报，以至于瑞士策展人感慨说，这辈子都不想再策划这样一次难度被严重低估的跨国跨文化的艺术项目。非常有趣的是，瑞士策展人为这个跨国跨文化的艺术项目起了一个意味深长的标题——《进口·出口》。苏黎世的一位评论家称之为“文化上的乒乓外交”。我的作品《宣纸博物馆》也经历了过海关时的申报和检验。在这个过程中我又创作了新的作品——《继续西游》，在接受瑞士当地媒体采访的时候，记者为我的故事渲染了“非典”事件的底色，我也在日内瓦万国宫创作了一个探讨中国政府应对“非典”事件的表现的作品——《信任》，来呼应这抹即兴的底色。

虽然“极体”这个提法尚未出现，但是这次实践埋下了“极体”

实践的多项伏笔：我的肉身穿越国境的法律问题，我的作品越境的文化转译问题，包括在电脑语言、水墨语言和瑞士艺术家雕塑语言之间的交互翻译，以及宣纸语境、现代媒体语境和当代艺术语境之间的相互嵌套。总而言之，这次实践实现了某种程度上的“逍遥”，至少是在一个相对封闭的跨国当代艺术环境中实现了某种程度上的逍遥。现在我提出了极体实践，不过是希望这种逍遥的状态可以更具实践性、广泛性、普适性和真实性。

“国际驻地计划”其实就是我当时体验到的“开源村”，只不过我使用的是“当代艺术”体系内的一揽子工具和方法。十几年之后，我发现了更具实践性、普遍性的开源工具和方法。我不希望这种在当代艺术世界中体验到的“逍遥”是一种门槛很高的特权，这种逍遥的环境应该是每一个人都可以共享的新生态，开源村就是对这种新生态的命名。

需要指出的是，互联网在这次实践中发挥了基础性作用。在我开始进行艺术实践的时候，互联网已经成为新的艺术实践平台，大约从1999年开始进行社会化的艺术实践之后，我的每一次艺术实践都是首先在互联网上发表的，而不是在美术馆里。实际上，我是互联网土著艺术家。如果没有电子邮件，这次瑞士的国际驻地计划就不会发生。传统的美术馆在呈现这次计划的过程中是缺席的，只是作为项目回顾，2003年我在研究生毕业展中使用文献回顾的方式，在西安美术学院图书馆展厅对这个已经结束的项目进行了展览和（毕业论文）答辩。

我身处的互联网当代艺术环境，已经在某种程度上实现并延伸了布兰德的愿景。

在这个过程中，我主动地把自己转化为“极体”。我必须在互联网上不断锻炼我的数据身体，同时为了出境，我也必须不断在现实环境中锻炼我的法律身体。我还开始开发自己的“程语”，这不仅指“宣纸博物馆”使用的水墨语言和雕塑语言，还包括综合使用电子邮件、电脑复制、电子账单、电子文书等一揽子“工程化”、互联网化的语言。这不只是通信技术的工程语言，还包括出入境时不可避免的传染病检测和监测。

2005 年，我接受英国文化协会和英格兰艺术委员会的邀请，在伦敦、西安、甘肃、北京、上海实现了升级版的“逍遥”。比起瑞士版“开源村”，我在伦敦版“开源村”中展现了更大的雄心。我不但顺利完成了伦敦驻地计划，还直接在西安建设了一个国际驻地计划场景——分水岭空间，并成功接待了英国实验电影导演马克，在秦岭组织开展马克的“种子银行”计划，让马克体验到一种逆向的逍遥——从英国到中国的极体穿越。如果一定要追本溯源，分水岭国际驻地计划是开源村的第一个版本。在这个版本中，我从一个不断自觉的极体演化成帮助别人成为极体的极体。

2007 年，我联合著名建筑师马清运将这种经验扩大到“纺织城艺术区”，希望让第一个版本的开源村可以持续存在和发展。经过努力，我们在半年内让这个艺术区成为西安的文化新地标，至今还在运行。

2009 年，我将这个模式带到了北京著名的画家村宋庄，经过两年的努力，我通过第六届宋庄文化艺术节实践了第三个版本的“开源村”。宋庄所面临的问题的复杂程度也使我的很多理念受到了巨大的挑战，比如小产权制度、互联网经济的极速发展等。这些问题最终逼迫我在中关村隐居了几年，认真反思。在隐居期间，除了考察正在进行的中关村发展进程，我还进行了很多理论梳理。《大教堂与集市》一书分析了洛克经济学和开源运动之间的关系，将开发心智和开发土地的模式进行对比，这给了我很大启发。

2014 年我重返西安，开启了“开源村”的第四个版本。事实上，直到这个时候我才正式提出了“开源村”的概念，因此之前的三个版本可以叫作“前开源村”。在这个最新的版本中，我开始明确意识到开源软硬件和开源运动理念的重要性，我邀请了中国第一个创客空间“上海新车间”的创始人、开源运动先锋李大维一起参与这个计划。

一开始，我在西安一所民办大学欧亚学院发起了“极体营”，发展了之前在北京大学授课过程中开发出来的“极体”模型。在极体营的基础上，我和李大维一起提出了开源村概念。开源村最早叫“极体村”或“极体开源村”。开源村是作为极体营的实践场景被开发出来的，在李大维、梁春晓、李洪刚等人的支持下，开源村的初始模型慢慢形成，微观装配实验室（Fab lab）模式、维基房屋（Wikihouse）模式、可汗学院模式、Wolfram 语言和英特尔爱迪生套件等一系列工具和方法都得到了探讨和实践。

作为产学研一体化的实验计划，开源村正式版本的第一版已经在陕西秦岭完成，包括极体营、着魔的智能硬件课程、开源村、众创现实实验室、人工智能实验室等项目。开源村的第二个版本以安徽全椒的 18 000 亩（约为 12 平方千米）土地作为基地，目前正在推进中。和第一个版本不同，第二个版本的属性是“社会企业”，目前的成果包括项目公司极市、跟太空创客亚历克斯一起开发的开源村商业模式、KAI 官网、太空创客联盟计划、移动中的村庄、美乐地图等。开源村的第三个版本是“雄鹰计划”和“赛博拱廊街”，目前正在前期策划中。

开源村并不仅限于中国的实践，它一开始的愿景就是“开源的地球村”，开源村正在绘制一幅极体可以栖居的地球村美乐地图。如果说纽约是麦克卢汉版地球村时代的象征，加州就是开源村时代的象征。当你从谷歌地图中以上帝视角俯瞰纽约和加州，就可以发现这种明显的分野。在开源村的视野里，纽约、京都和西安都是古代几何学城市规划的产物，西安朱雀大街就是1 000多年前的纽约第五大道。

加州的硅谷、旧金山和洛杉矶则与这些城市完全不同，它们是一种自然生成的沃罗诺伊图式的分布式网络状地带，以及一种天生的由自然开源和互联网的人工智能开源系统协同演化出的开源地球村，杂糅着比特与原子、东方与西方、同性恋与异性恋，分不清是城市还是乡村，分不清是“网路”还是公路，分不清是街道还是光纤，分不清是精神还是物质，分不清是蛮夷之地还是电子边疆。

在开源村中，人人都有千里眼、顺风耳，以及数以千万计的远程邻里，密码就是你的围墙。网络规范杂糅着萨满风俗，你可以在青山绿水中的民宿里工作，也可以宅在家里参加有数以亿计的玩家参与的大型联网游戏，哪怕在别人看来戴着头盔的你的肉身是“孤独”的。

在开源村中，你不必拥有任何一辆汽车或自行车，但是通过共享汽车、共享单车甚至共享飞机，你可以调动全世界的交通系统为你服务，开源地球村的交通和你的神经系统越来越像同一套系统。

在开源村中运行的是二进制经济学，这种你正投身其中的经济学可以同时跨国、跨市、跨越虚拟和现实、跨越城市和乡村，甚至跨越星际。虚拟物品交易在你的消费中所占比例将会越来越大，甚至超过50%。你不再需要钱包，电子支付系统已经取代了你的皮质钱包，就像电子邮件取代了书信一样。

开源村是一个摆脱了土地红利的美乐时空，使用权的灵活性超越了所有权的吸引力。馈赠体系替代了传统的合同关系，共享的能源系统重塑了阳光与地球的关系。

手都

在开源村里，目前只存在一种都市，就是“手都”。而之前的“首都”以及各种各样的城镇乡村，在开源村的语境里已经成为“数字郊区”。

手都就是智能手机、设备、软硬件、数据驱动的都市体验和实践。智能手机时代的拱廊街（本雅明的“拱廊计划”）就是赛博空间里的电子市场、电子游戏和电子符号市场。

“手都”这个概念是马清运提出的，我的阐释和他的阐释虽然大致相同，但也有不同之处。从 2014 年开始，我和马清运开始商讨推进“田园创客”计划，打算在马清运的红酒庄园里开发智能调酒机器。虽然这个计划最终没有推进下去，但我们却收获了“手都”、“硅田”和“田园创客”等概念。作为建筑师，马清运更多地把开源技术作为一种隐喻，在传统的建筑、乡村建设和红酒产业中加以应用，而我则希望更加彻底地在地球村的场景中实践开源工具——不只是在隐喻的层面上，还要在实际工具、方法、认知系统，甚至具体课程中实践开源村。

建筑学在日本曾经演化出“新陈代谢”流派，马清运提出过“城市再生”和“农市主义”等概念。他认为农村不应该向城市学习，相反，城市应该向农村和农业学习。不过我认为，无论是城市农村化，还是农村现代化，城市和农村最终都应该开源村化。

乡村和都市将会在开源地球村和手都的语境中克服二元对立的关

系。但在短时间内，“都市”这个认知范畴依然不会被我们前“极体”的认知结构卸载。在这样一个过渡阶段，我们可以继续使用“都市”之类的老旧“语言”，但我们也需要意识到都市及都市话语系统正在向极体、开源村和手都等一揽子“程语”跃迁。

都市只是一种“怀旧”的用户界面。在这个充满浓浓乡愁的复古式界面中，生活时空、身体、眉目与肺腑等都在被比特与原子的新结构全面重塑。

都市里欧几里得化的时间观、以瑞士手表为代表的时间观，正在被以苹果手表为代表的时空场景重置。建筑也将被数据重组，未来数以千万计的建筑以及都市时代的BIM（建筑信息模型）都将被算法建筑、数据建筑取代或者重塑，“规划”也将被沃罗诺伊计算机几何学所瓦解。游戏里的时空、Minecraft（游戏“我的世界”）的“沙盒”时空、由路由器构成的拓扑架构将会不断侵占都市时空。未来的大多数建筑都是建筑信息模型的后代，类似于谷歌公司的Flux项目使用数据“种植”出来的建筑。

曾经引领时尚趋势的全球性都市，比如东京、伦敦、纽约、巴黎等，将被指数型数据驱动的手都时尚边缘化为时尚古董场景。对于本雅明分析过的20世纪的手都，拱廊街时尚将被虚拟现实、区块链等构造的手都拱廊街取代。寄生于都市，被具有原罪的超级家族供养的乌菲齐美术馆、古根海姆博物馆、现代艺术博物馆（MOMA）、MoPOP文化博物馆等“白盒子”空间，将会被手都黑镜美学空间“黑盒子”取代或者侵入。

承载着市场的“广场”，将被手都分形几何的帕斯卡三角形社交空间所替代。广场不再需要物理复制，而是像细胞一样在赛博空间中不断分裂、繁衍，像蜉蝣一样朝生暮死。未来不再需要传统收藏体系参与的威尼斯双年展、卡塞尔文献展和圣保罗双年展，而只会存在“8天8夜8万人”的火人节式的临时狂欢型、参与型极体朋克活动。

手都的自由度、逍遥度取决于网络带宽和连接性，而不再取决于学区房、户籍制度、地理位置。

手都里广泛存在的书店，不仅取代了都市和大学里的图书馆，博尔赫斯梦想中的图书馆也会成真，以“服务器”的形态同时取代大英博物馆里的书架、兰登出版社、《纽约时报》书评版和各种古腾堡时代的印刷厂。

迪士尼乐园和环球影城等主题公园正在持续被虚拟现实娱乐和电子游戏所冲击，当然，迪士尼乐园和环球影城也正趋向虚拟现实化和电子游戏化。

都市里的特权医院、特供医疗和专家门诊等正在受到埃里克·托波尔描述的“数字人”“电子病历”“数字解剖”“远程手术”等的冲击，华为“2020展厅”里陈列着这家雄心勃勃的公司在即将到来的无处不连接的时代希望做出的“处处千兆”（Giga Everywhere）的贡献。

开源村的监狱也是没有墙壁的，事实上，“真名实姓”（对弗诺·文奇《真名实姓》的反讽）的网络实名登记制度就是比特版的“《1984》”。数据时代的边沁式环形监狱和无处不在的摄像头——不仅是监控摄像头，也包括被破解的你自己的电脑和手机自带的摄像头——都是数字监狱的基础设施（想想电影《斯诺登》里的情形，你不会再认为这是科幻）。

开源村里的手都市民是否需要“真名实姓”，或者就像赛博无政府主义者希望的那样，倡导一种加密的极体无政府主义？

意义互联网

“意义互联网”这一概念由王俊秀、段永朝、胡泳等人提出，“在网络上，信息生产的遍在性使得观点异常多样，绝对真理的权威性被无数个体消解掉，意义由人生成的观念愈加具有说服力。由此，一个复杂多元的意义互联网正在形成……认知盈余、情景计算、移动互联使得多元的、去中心化的、非利益驱动的生产行为已经占据越来越重要的地位，社会生产、权利分离和产销合一成为互联网经济的新特征……更多权力主体的涌现，打破了近代以来单一而强势的国家权力的垄断，多主体政治的时代重启……信息时代的社群将是在大规模、跨地域、多元化的基础上实现共同体的复归……这是一个充满感性和觉悟的社会，它是对过度物化的消费社会与丰裕社会的反拨，是资本主义祛魅之后的重新返魅”。

我理解的意义互联网就是使用“程语”，随机随时生产即插即用的具有“恰当”意义的极体网络。这种极体网络又构成了开源村的基础设施：无论是数据层面上的，还是意义层面上的。

这个意义互联网将使用类似区块链这样的新型运营方式，用于搜索、金融、社交、通信与能源等方面。

想象力 2.0

想象力在极体、程语、开源村、手都和意义互联网的语境下，有了新的角色。

在极体层面上，想象力是调节身体、数据身体和法律身体的一种人机协同想象和运算的能力，我并不认为人会永远“控制机器”，也不认为互联网最终会“失控”成为一种奴役人类的力量，并将想象力驯化为一种纯算法。我更加欢迎人机协同想象和运算的想象力新物种：想象力 2.0。

而程语就是这种想象力新物种的容器和载体。就像蒙太奇是电影的语言，管状颜料是印象派的工具，程序是计算机的语言，白话文是新文化运动的利器，程语则是极体们的语言，是开源村的通用语言。程语本身也是多物种的，是在意义互联网中按照苹果应用程序商店（App Store）、苹果全球开发者大会（WWDC）等模式被开发出来的。

想象力 2.0 将会吸纳之前的想象力物种的基因，在开源村中不断转化为程语格式。所以，想象力是意义互联网的主要燃料。

人工智能可以预测电影票房，并通过数据了解一部美剧为什么受欢迎以及哪个部分最受欢迎。但是，导演、编剧和演员的天赋需要参与到机器算法中，去跟机器做协同运算。

区块链也可以重建艺术欣赏、收藏、拍卖和创作之间的关系链条，未来很多艺术品将会由谷歌的人工智能艺术家创作出来，但是人工智能艺术的比重不会全面压垮人类艺术家的创作，伟大的作品更有可能是由人与机器协同创作出来的。这就好像人类围棋选手输给阿尔法狗不会是人机大战的唯一脚本，人与机器协同跟机器下棋，并且不分胜负的可能性更大。

数据将会全面参与重塑甚至生成身体（通过基因工程）、法律身体（通过管理政府、企业和个人的数据档案）、数据身体。人们通过数据还可以更加深刻地认识“自我”，在认识自我的道路上，机器参与的比重会越来越大。也许有一天机器也会生成“自我”，但是毫无疑问，自我的主要主体依然来自人与机器的协同体验。

亚马逊网站也许比你自己更加了解你喜欢看什么书，淘宝网也许更清楚你可能会对哪件商品动心，YouTube 也许更知道你此刻希望观看哪部电影或哪段视频。但是，决策最终来自人与机器的协同运算和想象。

机器可能更加了解你应该出现在开源地球村的哪个职位上，你希望生活的地方位于手都的哪个位置，机器甚至会为你配置出最适合你的开源地球村和手都位置的房产信息、购物信息、社交网络信息、婚姻对象、恋爱对象等。但是，更多时候也许你会拒绝或否定这些配置，“非理性”地选择一些非最优配置，因为想象的权力依然掌握在“生化算法”的手里。

人的“生化算法”拥有“冲动”“心血来潮”“任性”“反叛”等眼花缭乱的子算法，这些算法会有神经系统、血液循环系统、激素等的参与。人工智能将会继续以指数模式演化发展，但是神经系统、血液循环系统、激素等因素在“自我”的开源地球村议会中的地位不会丧失，甚至还会以某种戏剧性的方式反守为攻。

开源地球村会不会因为连接性而成为某种无数次出现在科幻作品里的“比特环形监狱”？开源地球村会不会成为“少数派报告”的温床和热带？谷歌地图是否扭曲了真正的全球地缘政治版图？法官、陪审团和数据挖掘在判案过程中的角色会不会被颠覆？开源地球村的“公正”、“平等”和“自由”如何维护？这些问题不会有标准答案，它们将由人与机器协同重塑的想象力 2.0 来回答。

岳路平

开源村发起人

城市街区设计的理论与方法

历史文化街区改造的缘起

2016年2月6日中共中央、国务院印发了《关于进一步加强城市规划建设管理工作的若干意见》，明确提出“保护历史文化风貌……用5年左右时间，完成所有城市历史文化街区划定和历史建筑确定工作”。从此，作为城市建筑专业术语的“历史文化街区”开始进入公众的视野。随着中国过去30年的快速城市化，现代化的城市与街区如雨后春笋般遍布中国大地。大量的人口从乡村转移到城市中生活。城市随着经济增长而快速扩张，围绕着老城区，新城被快速地建立起来。在老城区中，既有历史留下来的城市建筑，也有1949年后的建筑。这些建筑既有成片的，也有单独存在的。但是，保护与发掘承载着历史与文化的物质遗存的目的不仅仅是为了保护文物，也是为了塑造城市灵魂和传承地方人文传统。因此，城市形态形成的基础细胞——街区，成为这一伟大工程的开始。什么是街区，什么是历史街区，如何保护、改造与发展历史街区等问题随之而来。一方面，历史街区的问题不是一个特殊的问题，因为所有街区终将变为历史街区。另一方面，它又是一个特定的问题，因为街区的历史及文化的保护与发展，无论在规划、建筑、政策制定和法律法规等方面都属于一个特定的专业技术范畴。因此，我们不得不在一个相对狭小的专业领域内去讨论一个如此宽泛且普遍的现象。我们首先要将视线从建筑历史与保护的技术专业中移出，正视复杂而多维的城市空间及其发展，因为历史街区的问题是普遍性的城市问题，而非城市空间中特殊的或局部的问题。与此同时，这一问题仍然明确地归属于技术范畴，因此我们仍然要得到来自建筑历史与保护方面的专业技术支撑，当然，我们还需要得到其他的技术支撑，比如城市设计、法律法规、社区规划与社区营造等。

城市的历史街区始终面临来自其自身及复杂的历史、现状和未来的挑战。在这种情况下，应率先从城市街区开始。尽管在这里我们很难完整地展示人类城市街区的现代化进程，但仍然有必要冒险勾勒出一个大致的轮廓。19 世纪，伴随着工业化的进程，西方国家大多进入了城市爆炸的时代。人们离开乡村进入城市，在创造大量财富的同时，也面临着大量的城市与社会问题。传统城市越来越难以适应新的发展，于是城市的激烈进化乃至突变最早从欧洲国家开始。19 世纪下半叶，因为拿破仑三世与奥斯曼男爵对巴黎的改造，巴黎一举成为世界上第一个现代意义的大都市，甚至可被称为现代化城市的起点，奥斯曼街区被创造出来。如同古典柱式不仅意味着柱头的装饰形态，还涉及尺度、比例、构造等一系列问题一样，奥斯曼街区也是一整套系统，包括街区、尺度、用地、街道、立面、深度、高度、转角、切口等。事实上，这些术语所代表的事物一直存在于城市之中，但是奥斯曼创造性地把它们汇集为一个整体，并制定与之相对应的法律法规，最终使它们呈现为一个综合性的整体。从此以后，街区作为一种制度从街区的历史中走出，并进入城市研究的历史。奥斯曼打造的巴黎是由公寓、街区、林荫大道、纪念性广场与公共建筑等组成的，这些不同的建筑类型被拥有市政基础设施的开放性公共空间整合在一起。大量服务于市民的交往空间成就了巴黎的城市性，所以巴黎的浪漫并不是与生俱来的，奥斯曼对巴黎进行了高强度的改造与开发。与奥斯曼改造巴黎的方式不同，霍华德尝试了另外一种方式——花园城市。这是一种城市疏散式发展模式，也是一个系统工程，包括郊区式住宅、邻里规模、共地、道路、社区学校等，即所谓的“卫星城”。这两种资本主义都市发展的模式，代表了土地空间与金融资本相融合后的城市扩张的两个方向：提高效率与降低成本。最知名的现代主义城市模型当属柯布西耶设计的“光辉城市”以及赖特设计的“广亩城市”。然而，在此后的发展中，现代主义者在每一个城市项目或行动中，都试图将二者统一在一起，尽管它们当初分别代表了不同的策略与道路，由此造成了今天充斥全球的“垃圾空间”。

那么，为什么有着紧凑结构与系统联系的城市街区，在 19 世纪末至 20 世纪后期迅速瓦解为“垃圾空间”？从城市街区的建筑形态学来看，在 19 世纪之前出现的建筑类型基本上可以分为以下几种：

- 独立式，比如各种宫殿、庙宇和纪念性建筑物等公共性建筑；
- 并联式，比如大量沿街比邻而建的建筑，包括住宅、商业建筑、商住两用建筑及各类变体；
- 街坊式，被街道包围而形成的面向街道的建筑；
- 内院式，通过内庭院组织交通的建筑，比如各类围合式、半围合式建筑。

自 19 世纪末到 20 世纪初，伴随着西方国家剧烈的城市化发展，现代主义建筑师不断地创造出全新的城市建筑类型。在英国，雷蒙德·昂温等人创造出人口稀疏花园式城郊社区及多中心的集中式卫星城。在荷兰，贝尔拉格等人创造出统一规划、统一建设的联排式街区。在德国，恩斯特·梅、格罗皮乌斯以及国际现代建筑协会（CIAM）创造出卫生又整齐的行列式街区。在美国，科拉伦斯·佩里创造出组团式的邻里单位居住区。这一系列尝试在第二次世界大战之后被迅速普及与推广，成就了今天的城市形象（见图 2-13）。

图 2-13　从奥斯曼街区到国际现代建筑协会行列式街区

在现代主义城市中，从完全围合的街区到完全开放的行列式街区，传统街区走向解体，现代主义城市空间被建立起来。面对“二战”后的城市废墟、人口增长以及由此带来的大量城市投资，现代主义建筑师逐渐走上两条不同的道路。以格罗皮乌斯为例，他在战前移居美国，并在哈佛大学教授建筑学。他将包豪斯的影响力扩大到美国，最终形成功能主义的国际式建筑。恩斯特·梅则在战前来到苏联，投身于苏联的城市规划与建设，将建筑工业化的技术与思想融入苏联的配给制社会模型之中，形成了社会单元式建筑。实际上，无论是国际式建筑还是社会单元式建筑，它们都视传统城市与建筑为批判和改造的对象，并强行将功能混合的老城改造为有着明确功能分区和土地利用目标单一的功能性或工业化城市。在这一转变过程中，原本承载公共性社会生活的街道逐渐蜕变为承载交通运输的马路与市政系统，街道中的公共生活大量被挤压并退回私人空间，原本结构紧密的城市快速崩解为群岛。在西方，承担大规模城市开发与建设的主体是巨型资本，它迅速将开放的市民空间转变为商业城市里的消费空间，各种类型的大型商业中心逐渐取代了传统的市民性公共空间。这一趋势进一步加剧了西方城市的公共空间私有化，并对今天的西方城市产生了深远影响。在苏联，承担大规模城市开发与建设责任的是政府权力机构。水平网络式的社会交往空间必须适应层级式管理的社会体系，最终开放的花园城市变成了一个个被批量生产出来的居住机器。因此在 20 世纪 60 年代，无论是苏联还是西方的现代主义城市方案大多都以失败告终。对于现代主义者来说，功能主义与工业化发展或者消费空间与配给空间，在本质上是雷同的。因为它们都在使用同一个现代主义的总体性城市模型，即有着单一视角的自上而下的投射式蓝图规划——将城市分裂成有明确而单一的目的、任务与对象的地块。如果将城市改造比喻为治病救人，那么现代主义者的方案就是将用于移植的器官功能性地组合在一起以制造出生命。他们将城市理解为部分的加总，而非一个整体。在20世纪60年代，现代主义者创造出大量没有或缺失城市性的空间。事实上，资本和权力的运作是一样的，要将城市的开放与流动空间层级化，并将空间中的功能与行为进行匹配。恰恰是缺失过程与发展空间的蓝图式规划，导致蓝图最终难以实现。法国哲学家吉尔·德勒兹在其著作《千高原》中描述了一种可能性——“无器官的身体”，一个摆脱了虚构的思想与组织化的自由身体。荷兰建筑师雷姆·库哈斯在20世纪90年代曾带领哈佛大学的研究生深入研究中国珠三角地区城市群，希望从如同“无器官的身体”的珠三角地区获得解构现代主义的力量与生命政治。他将珠三角地区彼此连接的城市空间称为“通属城市”，从被城市肌理约束的街区城镇到自由伸展的“通属城市”，这种变化仅花了一代人的时间。

从类型形态学到结构形态学

在从“二战”后至20世纪60年代的城市建设中，大量水泥盒子一样的建筑被批量生产出来，人们对这类缺少场所感与归属感的城市丛林感到厌烦甚至憎恶。美国学者简·雅各布斯在20世纪60年代出版了《美国大城市的死与生》一书，引发了公众对现代主义城市规划方法的质疑与批判。传统城市及其生活方式发生解体，大量丧失场所精神的现代城市空间取代了传统城市中有着紧凑肌理和充满历史记忆的空间结构。传统城市与现代城市的强烈对比，引起了人们对城市形态的关注。在建筑学领域，意大利建筑师萨维利奥·穆拉托里提出了类型形态学的概念，他从对传统历史城市的房屋类型学入手研究城市，并以此为基础创立了城市形态学的“意大利学派”。该学派认为：“从已有的形态学结构的历史和逻辑中可以得到有关当前问题的答案。与之相反，城市更新和改造的现实任务也与已有城市的形态尺度和语言有关。”此后，意大利建筑师阿尔多·罗西推动了理性建筑运动，并于 1966 年出版了《城市建筑学》。自 20 世纪 70 年代起，主要西方国家大多进入了漫长的后现代时期。伴随着对现代主义的批判，欧洲当代传统主义兴起，其代表人物是里昂·克里尔与罗伯·克里尔兄弟，他们呼吁回归传统城市空间形态，研究和发展了传统城市空间的类型学，比如广场、街道、立面等，并以此作为城市设计的元素，在实践中反击现代主义城市空间。他们的主张在一定程度上影响了 20 世纪 80 年代美国新城市主义的崛起。城市形态研究的成果不仅限于建筑学领域，它涉及许多方面，并引发不同学科的关注。比如英国地理学家康泽恩、怀特汉德以及此后形成的伯明翰学派，法国建筑师卡斯泰等人以及此后形成的凡尔赛学派等。

面对当代城市特别是大都会城市的诸多问题，比如，破碎或断裂的城市肌理，大片待开发或废弃的空地，仅有一墙之隔但风格与结构迥异的花园式社区与贫民窟，如同孤岛的城中村与飞地……城市形态学研究充分认识到城市空间的“复杂性与矛盾性”。无论是通过建筑类型学或者城市空间类型学，都很难使当代城市重新获得一个统一、自恰的形式。最终，我们不得不将破碎、断裂、拼贴等理解为城市形态的特征之一。

1923年在德国包豪斯学习的实验摄影艺术家保罗·赛通利用拼贴技法完成了名为《大都会》的作品（如图2-14）。在画面中，既没有“如画”的英国式郊区景观，也没有强调透视和轴线对称的法国巴洛克式城市空间。相反，在《大都会》中，城市空间转变为深度有限、类型迥异并且彼此冲突的混杂空间。在詹巴蒂斯塔·诺利绘制的《新罗马地图》中，基于完全开放的公共空间形成的网络通达的市民社会与城市，被打碎为一堆彼此无关又拥挤不堪的建筑景观。这一作品神奇地预示了，未来大都会城市中各种类型的建筑将

图2-14　保罗·赛通的作品《大都会》(1923)

混乱、错位地拥挤在一起。过去有着同一性形态的城市激变为“拼贴城市”。受保罗·赛通作品的影响，1925 年，德国电影导演弗里兹·朗拍摄了著名的默片电影《大都会》，并大量运用了拼贴和蒙太奇的手法。1918 年俄国先锋派电影导演库里肖夫进行了被称为“库里肖夫效应”的镜头剪接实验（见图 2–15）。他将一个没有表情的演员特写镜头分别与一口安放死者的棺材、一盆汤和一位美丽的女性的镜头剪辑在一起，不知情的观众在观看过程中分别从演员的面部特写中看到了悲伤、饥饿与欲望三种情绪。库里肖夫认为电影艺术首先必须有素材，其次是组织这些素材的方法。他认为电影的素材就是影片的片段，而组织的方法就是如何安排这些片段的次序。因此电影艺术并不产生于演员的表演或各个场景的拍摄这类环节，只有当各种片段被串联起来时，电影艺术才形成。

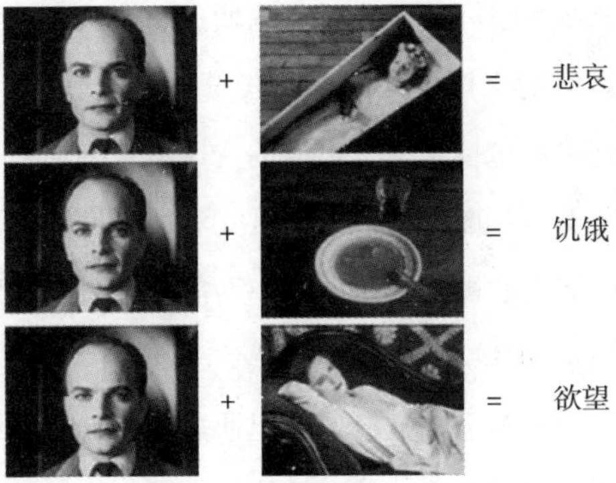

图 2–15　库里肖夫效应

当人们置身于流动的大都市空间时，一切都基于二维空间再现的建筑学观念，平面、立面、对称、轴线等都消失了。夜以继日、忙碌不息的大都市空间是永恒的，但这种永恒是流动的，而非静止的。从这个意义上说，电影远比建筑图纸更易于记录和分析城市空间。因此，库里肖夫效应表明，仅研究城市空间的片段，并将其作为城市形态的“素材”或元素是不够的，因为这没有回答这些元素是如何内在地组织在一起的问题。这就像把电影中的片段不假思索地罗列起来，即便有演员的精彩表演，整部影片最终也难以产生真正的意义。20 世纪 80 年代，后现代主义建筑兴起，在许多建筑实践中将城市空间的类型形态学简化为历史风格符号的堆砌。然而，充满符号与片段的后现代主义城市空间和它所批判的现代主义空间一样，都无法创造出有意义的空间。

空间的意义产生于真实的环境，环境则是空间中的元素相遇并发生连接的地方。以街区为例，任何一个街区都是由街道、被街道围合而成的地块以及地块上的建筑共同组成。街区与街区又是如何被连接在一起从而构成城市空间的呢？这可以通过一个具有向量的线将城市网络与建筑或街区的入口相连，进而获得其结构形态。图 2–16 中街区与街道的围合关系包括了所有可能的变体形式，而街区与街道的连接关系则有两种类型：面向街道的街区式和面向庭院的内院式。建筑的入口朝向城市街道的被称为街区式，而需要通过内庭院进入建筑的被称为内院式，也叫作“翻转的街区”。尽管图 2–16 左侧的街区与右侧的内院在建筑形态上非常接近，但通过分析连接网络的结构，可以看到风格迥异的组织方式：外向结构的街区与内向结构的内院（图 2–17）。因此，城市网络、向量与出入口构成了城市街区的内向与外向的结构形态及其各种变体。

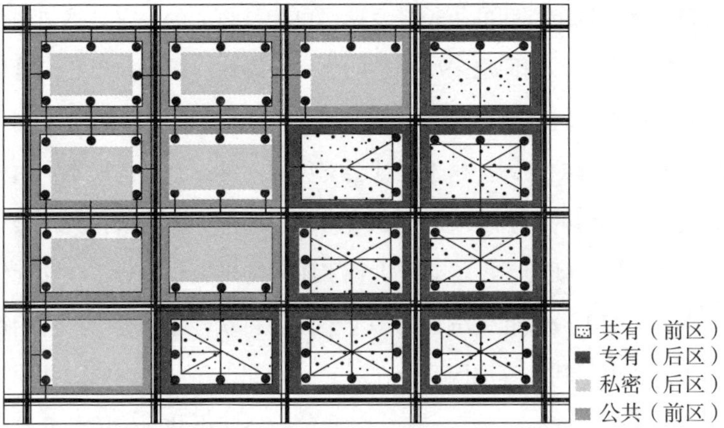

图 2-16　街区与内院的结构形态

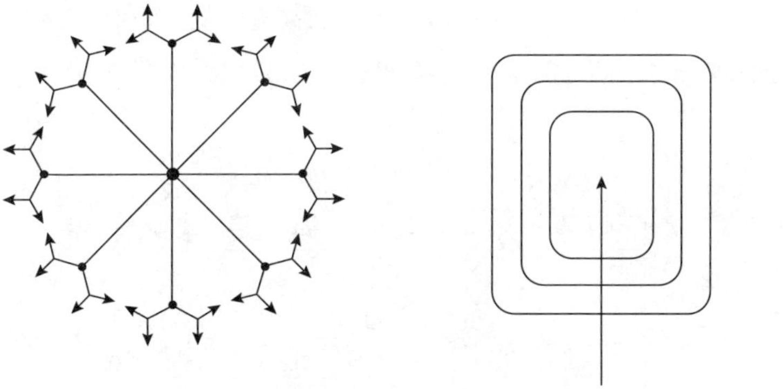

图 2-17　拥有开放边界的外向结构与拥有闭合边界的内向结构

在《权力意志》一书中，哲学家尼采认为现实是由各种各样大小不一的力组成的，并被强大的意志力所驱动，每一种力都彼此相关，要么支配，要么被支配。街区、城市空间与城市性不是被每个街区或内院的建筑类型所定义，也不是被林荫大道与街道建筑立面的设计风格所定义，而是被这些元素的组织与连接的结构方式所定义。任何城市形态元素与城市空间的生长与发展不可能是孤立的，它必然与城市网络连接在一起，如同尼采所描绘的力——彼此交织。如果我们希望分析或描绘力，就需要在每个力之上加一个向量，这些力就会被划分为内向的力与外向的力。这也是社会交往的两种最基本的形态：内向的共同体与外向的联合体。德国社会学家斐迪南·滕尼斯在其社会学名著《共同体与社会》中曾对此进行了明确的定义与区分。在共同体社会中，人们不分彼此地融合为一个整体。在联合体社会中，人们彼此独立，并出于利益等原因联合在一起。因此，在一个内向的共同体空间中，人们彼此融合为一个紧密的集体，空间由共同使用的共有空间与特别使用的专有空间组成。而在外向的联合体空间中，空间则由实现公共利益的公共空间和实现私人利益的私人空间组成。共同体空间和联合体空间分别以安全性与可达性为出发点（见图 2-18）。

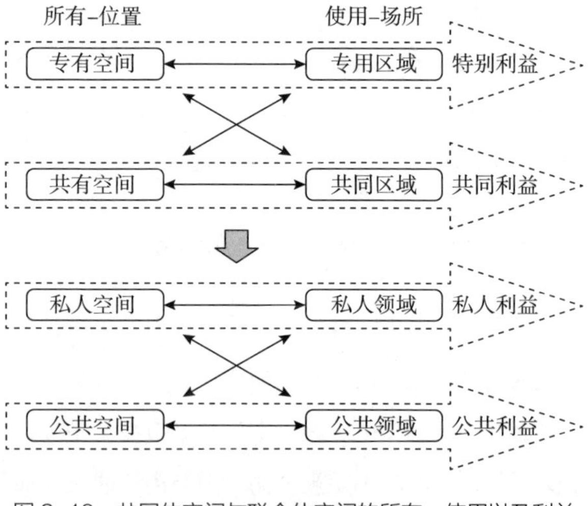

图 2-18　共同体空间与联合体空间的所有、使用以及利益

构筑于社会空间性理论基础之上的结构形态学，可以为城市形态的转型与发展提供理论模型与分析手段。相较发源于意大利学派的类型形态学，结构形态学的最大不同在于，它认为城市空间始终处于不断变动与发展的状况之中。因此，结构形态学是研究城市元素的结构性状与形变的动态过程，类型形态学则主要描述分类城市形态的静态特征。

事实上，现代性城市空间早已不再依附于土地，它将土地看作一种如同矿石、林木、阳光、雨水一样的资源或有待开发的原材料。比较分析意大利老城帕尔玛与柯布西耶设计的圣迪耶（见图 2-19）。帕尔玛的城市肌理紧凑、统一，而圣迪耶结构松散、自由，已经很难从中找到城市肌理的痕迹。帕尔玛的建筑深深地受到城市肌理的形式约束，而圣迪耶的建筑则如同飘浮在空中的形体，在获得了充分自由的建筑形式之后，被各种看不见的间距、红线、朝向、退让、高度等制度所俘虏。帕尔玛的建筑创造了城市的历史空间，而现代性的空间如同一部机器生产了圣迪耶及其现代城市生活。因此，当代的城市空间不是建筑物的可有可无的背景，而是如同空气般无处不在的强大力量，在建筑的内部与外部塑造着城市及其生活的方方面面。这在法国社会学家列斐伏尔的著作《空间的生产》中有详尽的描述。空间在影响人的同时，也被人所影响甚至规划，如同言语和语言的关系。空间就像语言，试图将一切转化为系统性与社会化的行为。而人们的空间实践，就像言语一样总在改变、分解和搅动固化的系统，使之重新充满活力。因此，将城市空间理解为静态的元素或类型的组合，既无助于理解城市空间生产的机制与过程，也难以分析和预测其发展的可能性。只有找到并分析连接这些元素或类型的组织结构，我们才能真正地了解城市空间生产的真相。

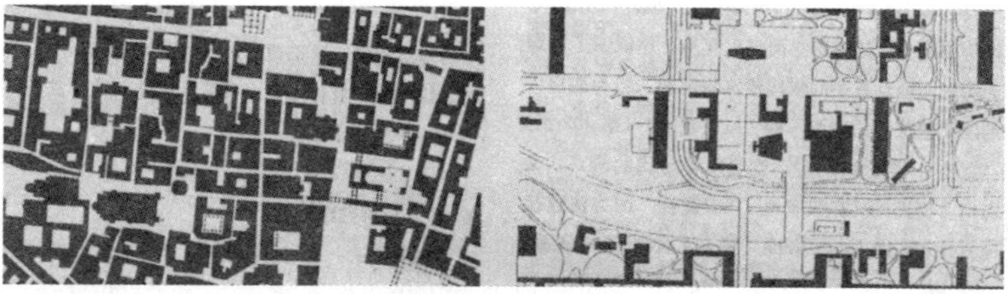

图 2-19　帕尔玛（左）与圣迪耶（右）

从建筑环境设计到环境建筑学

美国社会地理学家爱德华·苏贾认为：“空间自身也许是大自然的杰作，但是空间的组织和意义却是社会变化、社会转型和社会经验的产物。”他认为社会与空间之间存在重要的辩证关系，即“社会空间辩证法”。因此空间生产具有“空间性”，以及物质空间组织与社会空间组织的双重特性。在当代城市的空间生产中，建筑不再是空间的容器，而是空间的呈现与物化，这个过程是按照一个“方案”（schema）或者“程序”（program）来进行的。这个程序产生了使用性或功能，但其本身并不具备产生意义的能力，也就是说，意义不是伴随着实用性或功能而自动生成的。只有当这个程序作为建筑被呈现于具体、真实的环境中时，意义才会产生。此外，意义不会永远存在，而是伴随着空间中的“环境－程序”而产生，一旦这个机制停止运行，意义也会随之消失。意义存在的前提是真实的环境，也就是多人参与的社会性空间以及空间元素之间的连接与转换。那么，这个“环境－程序”是不是人们常识中的建筑外部空间或城市开放空间呢？事实上，“环境－程序”既是产生意义的地方，也是城市空间结构形态学的物化表征。就像生态环境一样，它呈现的是一种总体状况，也就是不同空间性元素的结构性组织特征。今天在中国的城市空间中常常被人提到的环境问题，如同人的发烧症状，是不能仅通过退烧的手段，也就是环境治理这一手段来解决的。环境问题不是环境自身的问题，而是系统问题。因此，基于城市结构形态学的环境建构，不再是建筑的环境设计，而应称为环境建筑学。它是社会空间性的建造技术的统称，它所研究的问题是城市空间的变化与转换问题。环境建筑学不是城市问题的最后解决方案，而是首要方式。

环境建筑学的实践可以分为两个部分：对现有空间结构形态的优化，以及对全新空间形态的开拓。在实践中，前者更多地用于城市更新或历史街区的改造项目，而后者更多地用于新城开发项目。北京市作为一个历史名城，其现存结构可以追溯到元大都时代。北京的城市建筑形态从清末到今天，在 100 多年里发生了前所未有的剧烈变化。作为城市形态主体部分的居住建筑，老北京四合院经历了从元、明、清时代到今天的保护、更新、绅士化以及充斥着私搭乱建的大杂院等变化。新建筑的发展历史更是充满了变化，特别是 1949 年后，从最早在城市空地上随意修建的排字房，到 20 世纪 50 年代初由内院围合式街区组成的邻里单位模型，到 1953 年的扩大式街区模型，到 1957 年的居住小区模型，到随后的经济型通用住宅，再到 1965 年的两种通用型住宅。在改革开放过程中，居住小区模型被进一步放大为扩大式小区和大型居住社区，最终在 1985 年出现了纳入中国传统园林作为小区内部共用空间的庭院式小区（见图 2–20）。这一模式随着中国的第一个商品房项目——方庄居住社区的诞生而在全国被广泛复制。

图 2-20　北京的街区原型的增多与繁衍，从平安大街东西延伸至三环路的空间图解

北京城的城市形象发生了根本性改变，伴随着每一次的城市街区与邻里单元模型的改变，城市空间的结构形态也都发生了急剧的变化：从最早对城市开放的 1~2 公顷的街区，到半开放的 9~15 公顷的街区，再到有围墙与门禁的 30~60 公顷的小区。城市空间渐渐被分割成一个一个的孤岛，每天拥挤不堪的车流就是连接这些孤岛的洋流。小区内部的大量道路使用率极低，但却占据了比城市路网大得多的面积，导致这一结果的原因，竟然是今天的居住区规划仍在使用 1957 年的居住小区模型。而当时提出的这个模型完全是基于计划经济和配给制条件下的城市空间形态：人们在小区旁边或内部工作，小区内可以满足居民日常生活的大部分需求，比如教育、医疗、娱乐、休闲等，因此不会对城市路网造成太大的压力。而面对今天中国繁荣的市场经济与人口的高度流动性，城市街区有必要回到面向城市开放的小街区模式。将底层用于商业，上层用于居住，一、二层为外向街区式与三层以上为内向内院式的混合形态，不失为一种可能。今天困扰北京的交通问题，在很大程度上是现代主义者将城市空间垂直层级化的结果。美国建筑理论家克里斯托弗·亚历山大教授早已指

出：“城市不是一棵树。”

现代主义建筑走的两条道路——国际式建筑与单元式小区在20世纪70年代不约而同地因失效而被舍弃。其失效不在于其功能或使用性的失能，而是其空间逐渐丧失了持续产生意义的能力。功能主义者将社会空间性程序与物质空间形态绑定成“形式－程序”，即“形式追随功能”。苏联工业主义者则将程序与社会组织形态绑定成“社会－程序”，即“统一投资，统一规划，统一设计，统一施工，统一分配，统一管理”。这种“绑定”限制了程序进入环境的方式，导致空间逐渐僵化而失去差异性与多样性，并逐步丧失产生意义的能力。通过现场调研发现，在北京建于20世纪五六十年代的扩大式街区内，大多数内部的公共空间，比如俱乐部、小剧场、幼儿园、合作社、医务室等，在今天多因远离城市开放空间而被迫改变用途或遭到废弃。因此，要想重新恢复其功能，要先从“松绑”开始。

在21世纪的城市中，当年充满批判与革命精神的现代主义建筑及城市空间逐渐成为历史。今天伴随着大量迫切的城市更新与老城区复兴的需求，新现代主义以及当代传统主义顺势而起，将展示出一幅幅带有人情味的抽象图像或者充满乡情的具象图像。但这些图像并不重要，重要的是这些图像与背景的关系、图像的内部关系以及图像与图像之间的关系。环境建筑学将以一种科学的方式介入城市环境的建设，不仅能在传统的历史文化街区中起到梳理与调节的作用，比如北京青龙胡同街区藏经馆支路改造项目，也可以通过电脑编程将城市结构形态参数化，从而搭建起全新的城市街区模型，比如无锡蠡湖新城总体规划。

在今天的北京，胡同是不是传统意义上的老北京胡同？通过修旧如旧或单纯的建筑物保护是否可以延缓胡同的衰亡？在青龙胡同的案例中，我们通过如同神经外科手术一般谨慎地操作胡同的“环境－程序”，来间接地促成或激发胡同的复兴（如图2-21）。藏经馆胡同支路是一条死胡同，我们在这条胡同与藏经馆胡同的连接处设置一个象征性的出入口，既区隔了内向的胡同邻里空间与外向的公共空间，也强化了胡同内部的空间认同感。这种认同感将会逐步增强胡同邻里之间的交流与共同生活，人们会渐渐走出各自的房间，在胡同里一起踢毽子、吃炸酱面。这个设计不需要投入很多的资金，却能激发人们自主改善与维护环境的热情。因此，胡同在这里不再是一种印象，而成了一种积极的生活方式。它在让“死胡同”藏经馆支路重新恢复为街区邻里的共同空间的同时，也让藏经馆胡同的主路具备了公共性特征。一组红色织物与钢架构成了其环境建筑，它源于我们对这个空间的结构形态学分析及其“环境－程序”，而非一个形状，它的建筑形

图2-21　北京青龙胡同街区的环境－程序与网络结构分析

式是这一“环境－程序”的物化形式。随着2016年北京设计周的结束，红色织物被撤去，仅留下一个外观抽象的钢架，但是其产生的意义并未消失。这里的人们可以利用各种机会，重新将其妆点起来，比如在节日里挂上灯笼等。人们因为它在城市公共空间里偶遇，并展开交往。

所有的街区终将成为历史文化街区，因此，对街区历史的关注就是对未来的关注。历史文化街区的保护与改造最终要回答这些问题：这是谁的街区？这里保护的是什么？我们需要什么样的街区？

车飞

超城建筑设计事务所（CU office）创始人和主持建筑师

第三章

虚拟现实+人工智能：自我与社群的重塑

“脑机融合”比人工智能更危险

致命的问题

埃隆·马斯克于 2016 年夏天成立的神经连接公司（Neuralink）旨在把人脑与计算机直接融合。马斯克宣称，人类社会即将全面进入人工智能时代，为了避免被新物种——超人工智能威胁甚至消灭，人类唯一的出路就是将自己的大脑与人工智能融为一体。

我最近在很多场合做演讲也谈到了虚拟现实技术（VR）的未来发展，期望头盔越来越小、越来越轻，变成一般眼镜的样子。在这种时候，经常有业界人士说，以后哪里还需要眼镜，直接连接到脑中枢就可以了。

马斯克希望“脑机界面”能进行人类意识的实时翻译并将之转化为可输出的电子信号，从而连接并控制各种外部设备，用他的话说就是“当你的念头一闪而过时，电视机或车库门便自动打开了”。乍一看，这里说的是人脑控制信号的输出，但是所有的控制都需要信号的反馈，也就是说，在设计输出的接口时还要设计输入的回路，才能实施控制。

但是，无论是马斯克之流的人工智能脑机接口派还是虚拟现实领域的直接输入派，都没有回答一个致命的问题："如何防止人类的自我意识被彻底抹除？"

信息与信号的分离或混淆

我们的自然感官让我们接受认知性的信息，而不是让外来的控制信号随便侵入，这就为保护和维持每个个体的主体地位打下了基础。鉴于此，我们必须坚持以下三条初始状态的"非对称原则"：

1. 从客体到主体这个方向，信息越畅通越好，控制信号阻滞度越高越好；
2. 从主体到客体这个方向，控制信号越畅通越好，信息密封度越高越好；
3. 以上两条的松动调节，以最严苛的程序保证各个主体为主导。

那么，如果现在放开搞"脑机融合"，危险在哪里呢？对照以上原则，我们可以归纳出以下几方面的可能风险。

第一，由于现今人类对自己的大脑与自我意识的关联的认识还非常有限，对认知性智能与自由意志之间的关联的认识也基本为零，所以在这样无知的前提下贸然实施大脑直接干涉，很有可能会严重破坏甚至彻底抹除人类的自我意识（或者"灵魂"）。

第二，就算没有抹除，在作为认知材料的"信息"和控制人的行为的"信号"之间不能做到基本分离的社会和技术条件下，绕过人的自然感官直接刺激脑中枢的技术手段，将给一部分人控制另一部分人提供极大的方便，对人的自由和尊严构成严重的外来威胁。

第三，当人们还没达成法律共识将脑机接口的信息和信号的流向设置权完全赋予同一主体之前，一个人因可能直接被外来意识控制而受到的损失，或许将远远大于他直接控制外部设备所带来的方便。

上述不同层面风险中的任意一条都足以构成我们联合抵制马斯克等人的“脑机融合”计划的充足理由。

被夸大的人工智能的威胁

当今，渗透到人类生活各个层面的互联网、飞速运转的计算机、有海量储存能力的云储存，以及时下大热的虚拟现实与人工智能等新兴科学技术，将人类抛进一个既熟悉又陌生的环境中。人们熟悉的是，以往传统生活模式中的基本事务的处理在这些技术的协助下变得更方便、快捷；而陌生的是，在如此快速的技术迭代下，人们对现实与虚拟之间的界限的感知变得越来越模糊，对人类与机器的关系的把握越来越恍惚，对人类社会既定的规范制度的有效性的判定也越来越迷茫。

以 2016 年阿尔法狗与李世石的对弈为例，围棋世界冠军、职业九段选手李世石以 1∶4 的总比分落败于一款人工智能围棋程序，不久后，阿尔法狗更以 Master 为账号击败了几乎所有人类顶级对手。这样的结果让不少人开始忧心忡忡，甚至担心具有“人类意识”的人工智能会不会统治甚至毁灭人类社会。马斯克、盖茨、霍金这些偶像级的大人物都陆续发出此类警示。

马斯克甚至即刻付诸行动，要将人类的每个个体先用人工智能全面武装起来，以对抗垄断人工智能的假想的邪恶势力。但是，从上文中我们已经看到，如此具有行动力的人，却有着一个思想力上的致命伤，即对人的自我主体意识问题缺乏思考，以致成了一个危险人物。

马斯克在哲学界有个同道，他就是尼克·波斯特洛姆教授。他相信无论是只有智能的人工智能还是具有自主意识的人工智能，都完全是由计算来实现的。由此他还做出了一个大胆的判断：我们人类的意识在接近 100% 的概率上不是真实存在的意识，而是被计算机模拟出来的“假意识”。但是，第三人称世界的对象可以分真假，第一人称世界中的意识何以分真假？波斯特洛姆基于自然主义的计算主义使他陷入虚妄的境地。更为严重的是，如果大企业家马斯克之流也循着这个思路前行的话，就会彻底忽略“脑机融合”计划最致命的危险。

我经过多年的独立研究加上近来与美国量子物理学家亨利·斯塔普的讨论，得出的结论是，物理主义和计算主义对人类意识的解释是具有误导性的，因为这些解释者都不可避免地陷入了“整一性投射谬误”而不可自拔。

我认为，以计算机模仿神经元网络的方式制造出来的人工智能不可能具有真正的自我意识，只有按照某种非定域性原理（比如量子力学）建造出来的人工系统，才有可能具有第一人称视角的主观世界和自由意志。所以，除非有人用确凿的证据向我们证明如何按照非定域性原理把精神意识引入某个人工系统，否则不管该系统的可观察行为与人类行为多么相似，我们都不能认为该系统真的具有精神意识，该系统依然属于工具性的“弱人工智能”。

弱人工智能是在特定领域内类似、等同或者超过人类智能 / 效率但不具备自我意识的机器智能。就目前已广泛应用的人体识别、机器视觉、自动驾驶、机器深度学习等人工智能技术而言，它们都属于擅长单一活动的弱人工智能范畴。可以“战胜”李世石 100 次的阿尔法狗也不例外。阿尔法狗的工作原理是训练多层符号化的人工神经网络进行“深度学习”，这种“学习”实质上是将大量矩阵数据作为输入，通过非线性激活方法取权重，再产生另一个数据集合作为输出，调整权重分配，反复迭代以逼近期望值，最终把权重矩阵固化下来，机器从学习状态转到工作状态。我与斯塔普的研究表明，这样的学习过程从头到尾都没有任何机会让“自我意识”涌现。

以雷·库兹韦尔为代表的未来学家认为“智能爆炸”正在发生，但他们并没有论证过人类自我意识和人类智能的区别在哪里，也就无法揭示这种所谓的“智能爆炸”到底是福还是祸，所谓的“乐观”和“悲观”的区分更显得肤浅和不得要领。虽然我们在这里没法展开系统的论证，但分析一下这种威胁论的直接起因还是可行的。

首先，人工智能可以通过“学习”无穷迭代从而改进其“能力”，但这种权重分配为何能实现这种能力，却是一个无人可以破解的黑箱内的矩阵状态。这样的事听起来就会引起大家的心理恐慌。这种危机意识是人类自身将“对未知领域的不确定性和不可控性”、“对未知领域可能产生的巨大影响”与“缺乏学理根据的科幻想象”糅合之后的产物。也就是说，这种危机感类似于被害妄想，但问题的症结不在于人工智能这项技术，而在于有这种意识的人群本身。因为在没有完全弄清楚人工智能与自主意识的问题之前，将人工智能拟人化或主观赋予其行为动机都是出于人们臆想的焦灼和恐惧，所以这种威胁实属“人为”，而非“机为”。

其次，以马斯克为代表的一部分人担忧，如果怀有恶意的个人 /

组织/集团/政府率先掌握了超人工智能技术并用其实现自己的邪恶计划，那么人类的处境将会变得岌岌可危。这类危机的来源围绕的仍旧是人的动机，涉及的依然是人与人之间的操纵与被操纵的“政治”问题，而无关人工智能是否具有“征服”的意图。只要不脱离人际关系，看似由人工智能导致的控制危机实质上就仍然属于人类自古以来一直在面对的统治与被统治的话题。这与臆测幕后的政客或极端恐怖分子掌握大规模杀伤性武器在本质上是一样的，也与我们造了大坝却对其后果难以预测和把控的情况相差无几。所以，人工智能这项新型技术可能会对我们过往的经验构成严峻挑战，但并不会产生完全不同类型的新问题。也就是说，人们担心的“智能爆炸”所引发的后果并不是一个新难题，而是一系列老问题的叠加。

再次，对于人工智能技术的焦虑还来自另一类认为它将取代人类劳动力，从而造成大量人类失业的威胁论。这类忧虑实则是对人类内在价值的误读。“不劳而获”只在有人“劳”而另有人“获”时才是坏事，让所有人都可以“不劳而获”，正是所有技术进步的目的。人类谋生所需的体力劳动和脑力劳动被机器替代是必然趋势，这也是所有经济发展、技术创新所追求的主要目标。由此看来，人工智能取代人类劳动，我们应该拍手叫好才是。只要我们的分配制度与人类劳作的关系理顺了，人类就不会因为失业而丧失了生活的意义，相反，这让人们有更多的机会使自己的内在价值大放异彩，直接感受到生活的意义。

所谓人类生活的内在价值，是与其外在价值或工具价值相对而言的。比如，一个人为了购买食物让自己生存下去而不得不从事一份枯燥乏味的工作，这种工作没有任何独立的价值，其价值完全是工具性的、附属于生存需要的。但是，内在价值却是非工具性的。或许，哲学家们在几千年的争论中还未能将具体哪些属于人类的内在价值做出精准的划分和描述，但诸如幸福、自由、正义、尊严、创造等这类基本的内在价值是鲜少有人否定的。这些价值不是为了其他价值或目的而存在，它们本身就具有至高无上的价值。如果失去这些价值诉求，人们生活所追求的全部内容将不复存在。人工智能取代人类劳动力从事基础工种的劳动，恰恰可以将人类从劳作谋生的桎梏中解放出来，转而投身到艺术、认知、思想、情爱、创造等实现人的内在价值的活动中去。

最后，正如最近大热的科幻剧集《西部世界》和《黑镜》系列所隐喻的那样，部分人认为人工智能的"觉醒"才是对人类最致命的威胁。他们害怕人工智能发展到具有自由意志和自主意识的强人工智能阶段后，会拥有跟人类一样的"人性"黑暗面而与人类为敌。但是，正如以上所说，现今冯·诺依曼框架下的二进制计算机的工作原理依赖经典物理学的定域性原理，是永远不可能"觉醒"的，而只有以非定域性原理为构架的计算机（比如量子计算机）才有可能产生自我意识。所以，在现今神经网络人工智能独领风骚的情况下，这种担心完全是多余的。

那么，如果基于量子力学我们真的制造出了具有自主意识的强人工智能呢？到那时我们就要彻底转变思路了，有意识和情感的人工智能具有与人类对等的人格结构，在社会地位与权利尊严等方面也应与人类一致。买卖它们，就相当于法律上的贩卖人口。进一步地，我们必须将它们看成是我们的后代，它们与我们在实验室培育出的试管婴儿并无本质上的差别。自古以来，我们一直希望自己的后代超越自己，如果“强人工智能”比我们强，我们庆贺都来不及，还焦虑什么呢？

总之，按照人文理性的要求，面对自己创造的具有自主意识的强人工智能存在体，我们的基本态度应是接受并认可他们是人类进化了的后代。正如经过上万年的演变，躲在山洞里的智人成为穿梭于摩天大楼里的现代人的历史进程一样，人类以崭新的方式繁衍出一种新面貌的超级智能人，这不是灭世的劫难，而是人类的跳跃式进化。

但是，目前以神经连接为代表的科技公司试图做的脑机融合，却极有可能将人类个体变成徒有人形的机器人，即行走的“僵尸”，从而彻底终结人类文明。只是因为害怕人类在超人工智能时代到来时不能与人工智能在劳动力市场相匹敌甚至被淘汰而企图将人类变成人工智能，这将是人类面临的最紧迫且最严重的威胁。就像上文所说的那样，人脑是迄今为止我们所知的最复杂精巧的东西，在我们还没有基本摸清其运作原理之前，对其进行任何加工改造都是极端危险的行为。

虚拟现实的颠覆性

著有《未来简史》的哲学家尤瓦尔·赫拉利最近在英国的《卫报》上发表了一篇文章叫《无须就业就实现人生意义》，宣称在人工智能的发展将大多数人变成“不可就业”群体后，虚拟现实可让人们直接实现生活的意义。他还把人们在虚拟现实世界中与生产力脱离的活动类比成古往今来的宗教活动，试图说明人们从来都是在生产活动之外才能找到深层意义的源头。

赫拉利认为劳作不是生活意义的源头，这与我上面的观点不谋而合。但他将人们在虚拟现实世界中的活动与宗教做类比，却忽略了一个最重要的问题，那就是在宗教中人一般被视为被造的存在，而在虚拟现实世界中每个人都可以是世界的“造物主”。所以他没有注意到，“创造”与“被造”是相反的。

在虚拟现实与物联网整合在一起之前，虚拟现实只是一个体验世界，它的很多东西并不会在真实社会中直接造成实质性后果。而虚拟现实和物联网整合在一起后就不一样了，它变成了扩展现实（ER）——我们可以在虚拟世界操作现实世界中的物理过程，完成生产任务。界定完这些概念以后，我们就可以讨论，人们在现实世界中不能做的事情，是否可以在虚拟世界中实现。

有人认为现实世界不允许做的事都是坏事，那可不一定。因为，现实世界中的自然限制不一定符合人的需求，人为的规矩也不一定是最合理的规矩。比如，《西游记》和《山海经》中描述的很多事情，我们在现实世界中就实现不了。再比如，现实生活中有国界，而虚拟世界中可以没有国界，没国界到底是好事还是坏事？在没有做进一步的讨论之前，我们不要轻易下结论。从管制角度说，乍一看它似乎是坏事，但最终也许并不是坏事。我们的制度应该适应新事物，而不是反过来，让新事物适应已有的制度。这就需要我们有非常严密的逻辑思维，对人类的社会本性有透彻的理解，对生活的内在价值有深刻的理解，这样才能想清楚我们必须面对的这些新问题。围绕这些新问题有很多思想资源可供我们使用，比如 2 000 多年来哲学家们的讨论和观点，虽然许多人平时并不关心这些。现在虚拟现实和人工智能等技术成为任何人都要面对的事情，我们的立法和人际交往也都变成思考最抽象的哲学问题了，这就要激活大家的人文理性。

虚拟现实领域的真正问题，其实是与马斯克的“脑机融合”计划类似的问题。虚拟现实行业的不少人都和马斯克有类似的危险想法，就是绕过人的自然感官直接刺激脑中枢来给人输入虚拟世界的信号。经过以上分析你应该知道，这绝对是不行的。

不同的是，虚拟现实的形势更加紧迫，却少有人关注。虚拟现实与物联网的结合是不久后几乎必然会发生的事情，我已在实验室中做出了可操作的原型。我的目的是要警示大家，一旦脑机融合得以实现，无论是在虚拟现实还是人工智能领域，其结果很可能是人类文明的终结。

翟振明

中山大学哲学系教授、博士生导师

警惕人类的掘墓者：从脑机融合到虚拟现实

“脑机融合”计划能够挽救人类吗?

2017 年 4 月，马斯克宣布他将在既有的太空探索技术公司和特斯拉电动车及能源公司之外成立第三家公司神经连接公司，致力于开发脑机接口技术，以免出现人类被人工智能超越和控制的局面。马斯克的计划可谓“先下手为强”，提早让人成为所谓的“超级人工智能”，从而在人工智能发展的浪潮中立于不败之地。马斯克在接受采访时表示，人类只有一个选择，即成为人工智能。他认为人脑和计算机可以紧密融合，人类甚至无法察觉自己在运用人工智能进行思考。因此，脑机融合之后，人类仍然存在，但存在方式和能力有所不同。

早在 2016 年 1 月，马斯克、史蒂芬·霍金、比尔·盖茨共同获得“阻碍技术创新”奖提名，因为他们都向人类发出警告：人工智能技术将威胁人类的存在。马斯克曾发推文称，人工智能的潜在威胁大于核武器。霍金也撰文说，尽管人工智能的短期影响取决于控制它的人，但长期影响却取决于它能否被控制。盖茨表示：“在这个问题上，我认同埃隆·马斯克和其他人的理念。我不明白有些人为什么不担心。”

马斯克试图开发的脑机融合或脑机连接，是一种连接大脑和外部设备的实时通信系统。脑机融合可以把大脑输出的信息直接转换成能够驱动外部设备的命令，并代替人的肢体或语言器官实现人与外界的交流，以及对外部环境的控制。换言之，脑机融合可以代替人的外围神经和肌肉组织，实现人与计算机之间或人与外部环境之间的通信和互动。

神经科学研究表明，在大脑产生动作意识之后和做出动作之前，或者主体受到外界刺激之后，神经系统的电活动会发生相应的改变。神经电活动的这种变化可以通过一定的手段检测出来，并作为动作即将发生的特征信号。我们可以通过对这些特征信号进行分类识别，分辨出引发脑电变化的动作意图，再用计算机语言进行编程，把人的思维活动转变为命令信号去驱动外部设备，实现在没有肌肉和外围神经直接参与的情况下人脑对外部环境的控制。当然，其中也包括外部环境对人脑的反馈程序。这就是脑机融合的基本工作原理。

对于马斯克的“脑机融合”计划，我认为，尽管其动机是正确的，即避免人类被人工智能取代，但其手段是错误的，甚至与其初衷背道而驰，即提早让人类成为所谓的“超级人工智能”。我们不妨把马斯克所追求的“超级人工智能”称为脑机融合“人”。现在的问题是：脑机融合“人”是否属于人类？如果是，那么脑机融合技术就是让一种人取代另一种人，这似乎无可厚非；如果不是，那么我们就有明显的理由反对脑机融合技术。我先从后一个角度反驳脑机融合计划，再从前一个角度反驳——前一角度看似无可厚非，实则有失妥当。这两个角度的反驳合在一起，便构成对脑机融合计划具有逻辑决定性的二难推论。为了使我们的讨论更加透彻，下面将对问题本身给予进一步的澄清。

首先，一个人（自然人）之所以为人的基本要素是具有自我意识。然而，脑机融合技术将改变自然人的自我意识，使之成为脑机融合“人”的“自我意识”，这意味着自然人将被脑机融合“人”取代。也许有人会提出质疑：自我意识的核心是自由意志，脑机融合“人”只是把自然人的意志翻译成计算机程序，然后付诸行动，并没有改变自然人的自由意志。对此，我的回答是：人的意志是以人的欲望、情感和认知为基础的，当人的执行方式从意识-身体变为意识-电脑-器械以后，人类的欲望、情感和认知也会发生相应的变化，进而通过反馈作用对其自由意志及自我意识产生影响。

这个问题还可以深入下去：意识-电脑-器械这种主体-客体关系早已存在，因为电脑很早就成为人脑的辅助工具了。比如，我在头脑中构思了一篇文章，利用键盘在电脑上呈现出来，然后在电脑上发布一个指令就可以让打印机把这篇文章打印出来。自然人的这种行为方式与脑机融合“人”的行为方式有什么本质区别吗？我请大家注意，在这一过程中，人的身体，比如眼睛和手指仍然起着中介作用。一般而言，人的身体（特别是感觉器官）有一种特殊功能：既能把主体和客体分离开，又能把主体和客体联系起来。然而，脑机融合“人”则把身体（感觉器官）的这种作用取消了，使人的身体在主体-客体关系中成为多余。人脑与电脑直接连通的一个后果是：人脑的指令可以被电脑程序修改。

其次，尽管脑机融合“人”与自然人之间有这样的区别，但是这种区别足以使脑机融合“人”失去作为人的资格吗？我的回答在很大程度上是肯定的，因为脑机融合“人”的“自我意识”很可能不是自我意识，理由如下。

自然人与脑机融合“人”在自我意识上的最大区别在于唯一性，前者具有唯一性，而后者可能没有。原因在于：一方面，当人脑的电活动被翻译成电脑程序之后，可以同时支配两套不同的器械装置，和外部环境发生联系，形成不同的主体–客体关系。不同的主体–客体关系反馈到脑机融合“人”的意识中，形成了两种不同的自我意识。如果两套不同的器械装置的功能大相径庭，就会使脑机融合“人”处于人格分裂的状态，此时脑机融合“人”的自我意识便失去了唯一性。

另一方面，两个自然人可以构成两个脑机融合“人”，虽然这两个自然人的大脑电活动是不同的，但是编程工程师可以把它们翻译成相同的计算机程序（至少在原则上如此），并连接相同的外部装置，执行相同的动作和功能。其结果是，不同的自由意志却有着相同的外部动作或功能，这在客观上消除了自由意志及自我意识的唯一性。总之，脑机融合“人”的意志可以完全由他人来决定，因而丧失了自由意志及自我意识的唯一性。

我们知道，唯一性是“自我”的应有之义，如果失去唯一性，“自我”就不成其为自我，而变为“我们”。相应地，失去唯一性的“自我意识”也不成其为自我意识。既然脑机融合“人”的“自我意识”可能不具有唯一性，可能不是真正的自我意识，那脑机融合“人”也就可能不是真正的人。必须强调，“自我具有唯一性”不是一条经验原理，而是一条先验原理，其自明性或不可怀疑性只需通过语义分析便可得出。

最后，是否可以通过制定相关法律来避免脑机融合“人”失去自我的唯一性呢？具体来说，人类社会可以制定这样一条法律：禁止将不同人的脑电活动翻译为相同的计算机程序，禁止将人脑与多种不同的（特别是功能相反的）外部装置连接起来。我认为这条法律只能暂时在一定程度上避免脑机融合“人”失去自我的唯一性，但其潜在的危险是不可避免的。如果有个别编程工程师或器械工程师违犯这条法律，那么通过脑机融合技术让“人”丧失自我意识的事件就会发生。更严重的是，一旦社会允许脑机融合技术的使用，这条法律就会立即变为一纸空文。为了说明这一点，让我们将脑机融合技术与飞机技术进行比较。

一般而言，任何科学技术都有潜在的危险，为了避免发生危险，人们会针对某项或某类科学技术的使用制定一些法律或规则。比如，对于飞机技术，相关规定包括严格的安全检查。对于乘客而言，是否乘坐飞机是经过利弊权衡和自由选择的结果。具体来说，我冒着一定的风险乘坐飞机旅行，是因为：第一，飞机出事的概率比较低；第二，乘飞机为我节省了大量时间，带来了很大的便利；第三，乘不乘飞机是由我的个人意志决定的，即使这次选择乘飞机，下一次我也可以选择不乘飞机，我的自由意志并没有因此受到侵害。相比之下，脑机融合在这三个方面都不可与乘飞机同日而语。

首先，如果社会允许使用脑机融合技术，那么我的自由意志就会受到侵害。因为我面前只有两种选择，而且都不是我想要的：要么接受脑机融合手术，成为一个脑机融合“人”；要么拒绝脑机融合手术，仍然做一个自然人。如果选择前者，那么我将承担丧失自我意识的唯一性甚至做人资格的风险；如果选择后者，那么我将被其他脑机融合“人”控制甚至杀害，也会失去自由意志。总之，一旦社会允许使用脑机融合技术，我的自由意志必定会受到伤害，其概率几乎是百分之百。

其次，如果社会允许使用脑机融合技术，那么不仅自然人可以对自然人采用这种技术，率先出现的脑机融合“人”也可以对自然人采用这种技术，因为能力远低于脑机融合“人”的自然人根本无法阻止前者这样做。由于一些脑机融合“人”是被迫接受这种手术的，所以他们没有义务遵守自然人在自由状态下制定的法律制度，他们可以无视那条法律制度，随心所欲地消除随后出现的脑机融合“人”的唯一性，从而使越来越多的脑机融合“人”失去做人的资格。当非人的脑机融合“人”占多数的时候，脑机融合“人”便与自然人不再属于同一物种，而属于两个不同的物种。反之，当非人的脑机融合“人”不占多数时，虽然脑机融合“人”在总体上仍属人类，但其中夹杂着不少非人的“人”。对于那些非人的“人”，脑机融合技术侵犯了他们的人格和尊严。

下面将分别从把脑机融合“人”视为非人类和人类这两个角度，来论证脑机融合计划是非常不正当的。

站在人类中心主义的立场上拒绝脑机融合

假设我们面临的情况是，非人的脑机融合“人”占多数，从而使脑机融合“人”与自然人分属两个不同的物种。所谓非人的脑机融合“人”就是丧失了自我意识唯一性的物种，其在心灵和身体方面都与自然人不同。在心灵上二者的区别在于是否具有唯一性，在身体上前者比后者多出一部电脑和一套执行电脑指令的外部装置。既然如此，把二者看作不同的物种是恰当的做法。

人类与其他物种之间是什么关系？达尔文的自然选择理论已经给出答案，即优胜劣汰，物竞天择。试想，如果我们遇到外星人，它们的能力超过我们，那么我们只好自认倒霉，向它们俯首称臣或被残忍屠杀。反之，如果我们的能力超过外星人，就让它们俯首称臣或将它们残忍杀害。如果我们和外星人能力相当、相持不下，那么双方达成共识，彼此互不侵犯、和平共处。不同物种之间的道德由此产生，也就是说，只在两个不同物种的能力彼此相当的时候，它们之间才有讲道德的必要和条件，让它们不至于两败俱伤或同归于尽。

自然人与脑机融合“人”这两个物种之间是否需要讲道德？这取决于二者的能力是否相当。一般而言，二者能力相当的概率较低，而二者之间不讲道德的概率较大。如果着眼于未来，脑机融合“人”将超过人类（这正是马斯克的目标），因而脑机融合“人”将理所当然地征服人类。如果着眼于现在，人类的能力强于脑机融合“人”，既然后者尚未出世或者至少尚不完善，人类理所当然地能征服脑机融合“人”。因此当务之急是以立法的方式阻止马斯克的计划，把脑机融合“人”扼杀在摇篮之中。

这是人类中心主义的立场和态度。我们是自然人，根据达尔文的自然选择理论，我们只能采取这种主场和态度。需要指出的是，对于不同物种，我们坚持达尔文主义从而站在人类中心主义的立场上，但这并不意味着在人类这一物种内部，即在人与人之间，我们也坚持达尔文主义。恰恰相反，在人类社会之内，我们反对自然选择理论，而主张以人为的道德规范来指导和调节人与人之间的关系。也就是说，在人类社会之中，我们是反对社会达尔文主义的。诚然，我们承认自然选择在人类社会之中也具有一定的作用，但不是决定性的；只有在人类与其他物种之间，自然选择的作用才是决定性的。

在人类社会，我们反对达尔文主义的理由大致如下：人与人在能力上的差别是十分有限的，如果采取优胜劣汰的社会达尔文主义，那么人与人之间的关系就会像托马斯·霍布斯所说的狼与狼之间的关系，到处是人群格斗或种族战争，势必造成俱败俱伤甚至同归于尽。人是有理性的动物，人们能够意识到这一点，并在理性的指导下确立人与人之间的协调共存关系，即道德规范。因此，在人类社会内部起主要作用的不是自然选择，而是社会选择，社会选择的主要依据是道德规范和基于道德规范的法律体系。

在人类社会之外，即在人类与其他物种之间，我坚持自然选择的达尔文主义。对此，有人或许会提出质疑：我们与其他动物不是同一物种，但我们对其他动物也讲道德，比如不虐待动物。但我想请大家注意，这不是人对动物讲道德，而是人对人讲道德。因为人们对动物有同情心，一个人虐待动物便伤害了其他人的感情，所以人与人之间便有了不虐待动物的道德规范。人对动物的同情心不属于道德范畴，而属于心理本能的范畴。事实上，许多人都有不忍心看杀鸡宰牛的心理本能，但这在道德上并不妨碍他们吃鸡肉和牛肉。可见，把人对其他物种的同情等同于道德，有伪善之嫌。类似地，欢迎不同物种的机器人取代自然人也是一种伪善态度。

既然脑机融合“人”与自然人不是同一物种，为了避免人类被脑机融合“人”超越或控制，人类就应当禁止或限制脑机融合技术的研究和发展。这是人类中心主义的态度，也是功利主义的态度。众所周知，在道德哲学中，与功利主义相对的是道义论；然而，在脑机融合及相关问题上，道义论和功利主义可以得出相同的结论，即拒绝脑机融合技术。下面我将站在道义论的立场上加以论证。

从人类尊严的角度拒绝脑机融合

再假设我们面临的情况是，非人的脑机融合“人”不占多数，脑机融合“人”与自然人属于同一物种，即均属于人类。在这种情况下，虽然脑机融合“人”在总体上仍属于人类，但其中夹杂着不少非人的“人”，即没有自我意识的“人”。不过，我们也可以换一个角度把没有自我意识的“人”看作人。具体来说，那些“人”虽然没有自我意识，但也有某种意识；如果我们把人之所以为人的必要条件由具有自我意识改为具有意识，那么脑机融合“人”仍然有为人的资格，尽管不属于自然人，但与自然人同属于人类，或者说，同属于康德所谓的“理性存在者”。

康德认为，理性存在者的“理性”具有特殊含义。康德强调了一个事实，“就是理性借以决定意志去践行的德性原理之中的自律。它同时指明，这个事实是和意志自由的意识不可分割地联系着的，甚至与它是毫无二致的；由此之故，理性存在者的意志……在实践事务之中，也就是作为存在者本身，它意识到它是一个能够在事物的理智秩序中被决定的存在”。

在康德看来，理性存在者的理性是实践理性，它与道德自律和意志自由是一回事。换言之，理性存在者不是一般的人，而是道德上应该成为的那种人，即具有自由意志或自律的人。在康德看来，“地球人”和“理性存在者”之间是一种交叉关系，有些地球人是理性存在者，有些不是；反之亦然，有些理性存在者是地球人，有些不是，比如某种可能存在的外星人。但是，无论是地球人还是外星人，要成为理性存在者，他就必须具有自由意志，即在道德上是一个自律的人。

显而易见，康德所说的“自由意志”和“自律”是以自我意识为先决条件的，相应地，他所说的“理性存在者”也是以自我意识为先决条件的。因此，那些没有自我意识的脑机融合“人”不属于康德所说的理性存在者，尽管他们属于人类。事实上，康德并没有把全部的人看作理性存在者，而只是将应当成为的人或讲道德的人视为理性存在者，还有一部分人是不讲道德的。不讲道德的人是没有尊严的，在人格上是有缺陷的。

康德说：“每个人都对他本人的、指向他自己的意志加上了这样一个限制条件：与理性存在者的自律符合一致……因为这个条件依赖于理性存在者的人格，唯有具备这个人格他们才是目的本身。”康德的道德律令之一是：每个人都是目的，而不只是手段。由于有些脑机融合“人”失去了唯一性，所以失去了自由和自律的必要条件，进而失去了作为“目的本身”的人格及做人的尊严。

康德进一步指出：“这个唤醒尊严的人格理念，将人性的崇高（依照它的天职）陈于我们眼前，同时让我们注意到自己的行动与它有欠切合，并且借此平伏自负，因此它即使对于最为庸常的人类理性也是自然而然的和容易注意到的。”康德谈及两种人格——崇高的人格和庸常的人格，庸常的人格即使没有达到崇高，也会自然而然地发现自己的欠缺，从而“平伏自负”，向崇高的人格靠拢。正所谓，虽不能至，心向往之。崇高的人格就是理性存在者，庸常的人格就是缺乏自由意志或自律精神的人。

显然，失去唯一性的脑机融合“人”至多可算作庸常的人。当然，自然人中也有不少庸常的人，不过，他们可以通过努力来改进或完善自己，从而向崇高的人格接近或靠拢，最后成为崇高的人。与之相比，脑机融合“人”则失去了改进或完善自己的权利，因为他的这种权利从他出生起甚至在出生之前就被剥夺了。只要某个编程工程师或先出生的脑机融合“人”愿意那样做，该脑机融合“人”便会失去唯一性。庸常的自然人可以埋怨自己，而且有自我完善的机会；而脑机融合“人”对于自己与生俱来的庸常性，只能抱怨其制造者，而且没有自我完善的机会。可以说，马斯克之流先天地剥夺和侵害了脑机融合“人”的人格和尊严，这是不道德的。

至此，我们借助康德的道义论，从另一个角度反驳了马斯克的脑机融合计划。即使把脑机融合“人”看作人，对脑机融合“人”的研制也是不道德的，理应被禁止。这个论证与前文的功利主义或人类中心主义的论证结合起来，便构成了对脑机融合具有逻辑决定性的二难推论。

虚拟现实的潜在威胁及其伦理问题

翟振明教授是虚拟现实的倡导者之一，他对虚拟现实有着深刻的见解。不过，关于虚拟现实引发的伦理学问题，他的观点却是值得商榷的。广义的虚拟现实包括扩展现实，为此翟振明提出了“造世伦理”问题。

在翟振明看来，解决造世伦理问题是一项相当艰巨的任务，因为他持有一个基本观点，即虚拟世界与现实世界在本体论上是对等的（以下简称为“现实 – 虚拟对等观”）。在现实 – 虚拟对等观的视野里，一旦虚拟世界的行为规范与现实世界的行为规范发生冲突，谁是谁非就很难判定了，这就是造世伦理问题的根源所在。

翟振明问道："在道德和法律层面的单个责任主体，却在现实世界和虚拟世界各有一个不同的角色，最常见的就是性别和年龄的不同。如果一种道德或法律责任与性别或年龄紧密相关，在虚拟世界内部发生的纠纷在追到现实世界中的责任主体时，原来适用于现实世界的规范就要求按照新的原则进行新的解释。这种新原则到底是什么，如何论证其合理性和普遍有效性？"

然而，在我看来，如果放弃翟振明的现实－虚拟对等观，而采纳我所持的现实世界优先原则——现实世界相对于虚拟世界在本体论上是优先的，那么翟振明所面临的造世伦理困境便可立即化解。比如，对于他所谓的"双重责任主体"的问题，我们应以现实世界的责任主体为主，并相应地以现实世界的道德法律规范为主要依据。拿翟振明所举的例子来说，一个现实世界的中国人有一个虚拟的替身，并通过虚拟世界和现实世界之间的某种因果关系把现实世界的一个美国人杀死，这便违犯了现实世界的法律。按照现实世界优先原则，这个中国人应当承担杀死那个美国人的法律责任，而无须考虑他的虚拟替身是否违犯了虚拟世界的法律。

现实世界优先原则的依据是现实世界的唯一性特征，唯一性特征的至关重要性又来自自我（第一人称主体）的先验的唯一性要求。如果一个世界不具有唯一性，那么存在其中的诸多自我也将失去唯一性，致使人的独特权及尊严受到侵犯。现实世界与虚拟世界相比，前者具有唯一性而后者没有，因此现实世界优于虚拟世界。由此我们便得到了关于虚拟现实的本体论原则，即现实世界优先原则。由现实世界优先原则可以派生出如下三条关于虚拟现实的伦理原则。

第一，为了维持现实世界的优先性，在任何情况下必须使现实世界与虚拟世界可以区分开来。我们知道，扩展现实包含虚拟世界与现实世界的局部混合，在全局的关照下，这种局部混合是可以被分开的。但是，如果虚拟与现实的混合是全局性的，便不能再把二者区分开来，正所谓“不识庐山真面目，只缘身在此山中”。为此，我们引入虚拟现实的第一条伦理原则——“虚拟局部化原则”，即虚拟世界只是对现实世界的局部虚拟，并且其界限必须是清晰的。

第二，虚拟世界只是为人们提供了一种选择，而且在本体论的权重上低于现实世界，因此，在任何情况下都不应强迫人们进入虚拟世界。由此我们引入虚拟现实的第二条伦理原则——“虚拟自愿原则”，即在任何情况下，人们进入虚拟世界都必须是自愿的，并且允许进入者随时退出虚拟世界。不难看出，前一个原则为这一原则提供了必要条件，因为如果连对虚拟世界与现实世界的区分都做不到，自愿选择原则也就无从谈起了。

第三，由现实世界优先原则可立即得出，任何虚拟世界的建立都必须以无害于现实世界为先决条件，这就是“虚拟无害原则”。比如，充满血腥暴力或扭曲人性的虚拟世界对于现实世界中人们的道德修养和身心健康是不利的，因此应当对之严加控制，甚至禁止。

有了以上三条伦理原则，翟振明的造世伦理问题就容易解决了，更确切地说，造世伦理问题根本不存在。拿前文中提到的那个例子来说，首先，根据虚拟无害原则，我们应当追究现实世界中那个中国人的责任，因为他的虚拟替身杀害了现实世界中的那个美国人。其次，根据虚拟自愿原则，我们也应当追究现实世界中那个中国人的责任，因为他未经现实世界中那个美国人的同意，就让他的虚拟替身与之打交道。最后，根据虚拟局部化原则，还应当追究有关机构或部门的责任，因为它们没有把虚拟现实限制在足够小的范围内，以致那个美国人无法区分现实世界的人和虚拟世界的人，而在不知情的情况下进入虚拟世界并同那个中国人的虚拟替身打交道，最终送命。

由此可见，如果人类能够严格遵守以上三条伦理原则，造世伦理问题就不会出现，即使出现，也很容易分清责任，并加以解决。

前文中指出，造世伦理问题的产生是由翟振明所持的现实－虚拟对等观引起的。我进而认为，把虚拟世界与现实世界等量齐观，只能是“上帝之眼”的所为，这便涉及宗教的创世说。翟振明说：“在宗教中，人一般被当作被造的存在，而在虚拟世界中，每个人都可以是世界的‘造物主’。”翟振明把人看作虚拟世界的“造物主”未尝不可，但在他的现实－虚拟对等观的基础上，人也成了现实世界的造物主，这便把人的位置摆错了。

事实上，基于“上帝之眼”的本体论已经受到希拉里·普特南等人的合理批评。简单地说，上帝是全知全能的，谁若以“上帝之眼”看问题，那就是一种人格错位，其观点自然也是错位的。况且，如果他真有上帝之眼，那他更没有必要参与人间的讨论，人们也没有必要与全知全能的上帝讨论问题，因为在上帝看来，压根儿没有问题。

与之不同，在我看来，现实世界是唯一的，尽管虚拟世界可以有无穷多个。从这个意义上说，现实世界优于虚拟世界。如果说虚拟世界是人类创造的，那么现实世界要么是上帝创造的，要么是自然创造的。由于后两个“造物主”与前一个“造物主”是不对等的，所以它们创造的世界也是不对等的。根据现实世界优先原则，虚拟世界的行为规范一旦与现实世界的行为规范发生冲突，虚拟世界就必须让路，而以现实世界为唯一的根据。基于此，翟振明所谓的造世伦理问题便从根本上消失了。

脑机融合比人工智能更危险吗?

让我们再回到脑机融合问题上来。翟振明教授虽然继续抱持不必担心人工智能超越和控制人类的观点，但却对脑机融合技术表现出担忧，指出该项技术很可能把人类的自我意识彻底消除，从而终结人类文明。

在反对脑机融合这一点上，我赞同翟振明教授的观点，但对其所持理由却不敢苟同。他的理由可以归结为：人脑是迄今我们所知的最复杂精巧的东西，在我们还没有基本摸清其运作原理之前，对其进行任何加工改造都是极端危险的行为。由此可见，翟振明反对脑机融合的理由是技术层面上的，而不是出于原则性或方向性方面的考虑。只是因为现在人们对大脑的认知还比较少，他才反对脑机融合。试想，如果有朝一日，人们摸清了大脑的运作原理，翟振明反对脑机融合的理由便不再成立。显然，他的这种反对脑机融合的理由只是暂时有效，而非永久有效。而且，随着人类关于大脑的知识不断丰富，其理由的有效性也会越来越弱。

与之相比，我的理由正好相反，不是技术性的，而是原则性和方向性的，即包括脑机融合在内的任何造人技术都将使“自我意识”丧失唯一性，从而侵犯人类的尊严和独特权。这意味着，人类对大脑运作原理了解得越多，仿造和控制自我意识的能力就越强，致使自我意识丧失唯一性的可能性也越大，因此我们才要阻止脑机融合及其他造人技术。显然，我对脑机融合的反对理由是永久性的。

由于我与翟振明反对脑机融合的理由不同，甚至是相反的，这使得我们二人对量子机器人这类所谓的“强人工智能”的态度也截然相反。鉴于量子机器人可以在基因甚至更深层面上模仿人类，翟振明把量子机器人归为人类，并对他们可能超越现在的人类表示欢迎。他说：“我们主动地设计制造了这种新型的存在，不就等于以新的途径创生了我们的后代吗？长江后浪推前浪，青出于蓝而胜于蓝，人类过往的历史不都是这样的吗，或者至少是我们希望的吗？既然做到了，为何又恐惧了呢？”

虽然翟振明对待量子机器人的态度看上去似乎宽容大度，且充满博爱精神，但在我看来，这是缺乏理论根据的。我们知道，现有的基因组合技术在原则上是可以复制人的，只要知道那个人的全部基因信息。既然量子技术比基因组合技术更深刻和先进，那么从理论上讲，通过量子技术不仅可以制造人，而且可以复制人，即重复制造某一个机器人或仿造某一个活人。但我们也知道，正如克隆人技术被普遍禁止，基因组合人技术也被普遍禁止。类似地，量子机器人技术也应被列入禁止之列。

在我看来，这些禁令的伦理学基础是：复制人的技术侵犯了自我意识的唯一性，进而侵犯了人的独特权。我们在前文中已经论证过，侵犯自我意识的唯一性就是侵犯人类的尊严，我们不妨把这一涉及人类尊严的基本权利叫作“独特权”。由于一切造人技术都有复制人的功能，所以都是对自我意识唯一性的抹杀和对人类独特权的侵犯，至少是潜在的侵犯。据此，一切造人技术都是不道德的，都应当被禁止，包括克隆人、基因组合人、量子机器人以及脑机融合“人”等。

至于阿尔法狗这类所谓的“弱人工智能”，翟振明对它们的威胁不屑一顾，只因它们没有人类的情感、意志或动机。但在我看来，这个理由是文不对题的。难道因为柯洁具有战胜阿尔法狗的意志或动机，柯洁就无须惧怕阿尔法狗对他的威胁吗？摆在人们面前的事实是：无论阿尔法狗是否具有人类的意志或动机，它已经战胜了世界顶级的人类围棋选手。在这种情况下，主张人类在围棋上无须担心阿尔法狗，除了“掩耳盗铃”或“自欺欺人”之外，我们还能给予怎样的评价呢？更为严重的是，如果这种局面从围棋博弈推广到战争博弈，那我们可就连坐下来讨论谁胜谁负的机会都没有了，因为在那种情况下人类已经成为“阿尔法狗”的阶下囚或刀下鬼了。反之，如果人类保持忧患意识，早做防备，杜绝人工智能超越人类的可能性，那么马斯克旨在应对人工智能威胁的脑机融合计划就变得毫无意义了。前者是因，后者是果，在这个意义上，人工智能比脑机融合更危险，而不是翟振明所做的相反判断。

我与翟振明的分歧归根结底是本体论上的，具体来说，翟振明基于上帝之眼而站在现实-虚拟对等观的立场上，我则基于人类之眼而站在现实世界优先的立场上。在我看来，翟振明忽略了一个最基本的界限，即自然与人为的区别。人脑是自然的，电脑是人为的；现实世界是自然的，虚拟世界是人为的。老子说：“人法地，地法天，天法道，道法自然。”明智的人应该承认自己在大自然面前是渺小的，别把人为的东西或超越自然的东西视为理所当然。诚然，在一些次要的方面人们也可以这样做，因为人本身就是大自然的产物，大自然的基本规律就是优胜劣汰、物竞天择。但是，翟振明等人居然欢迎人为的机器（比如量子机器人）来取代大自然创造出来的自然人，这触及了人为与自然之间关系的底线，因为那已不再是物竞天择，而是人与天竞了。

根据“道法自然”的自然主义原理，我们必须承认：自然人高于人工智能或机器人。谁若心甘情愿地让机器人来取代自然人，那就是对这条哲学原理的违背。也许有人会反问：“你断言自然人高于机器人，这是不是自欺欺人？”我认为不是。大自然让我们人类高于机器人，至少表现在大自然的因果链条上，自然人比机器人处于优先的环节，即自然人创造了机器人，而不是相反。自然人对于机器人的这一优越性可以带来能力上的优越性：人类现在有能力把一切对人类构成威胁的机器人和其他技术都扼制在萌芽之中，以防患于未然，除非人类想自掘坟墓、自取灭亡。

陈晓平

华南师范大学公共管理学院教授

人机交互与智能的起源与本质

智能与交互的起源

霍金说过，在过去的 20 年里，人工智能一直专注于建设智能体，即在特定的情境下可以感知并行动的各种系统。在这种情况下，智能是一个与统计学、经济学相关的理性概念。通俗地讲，这是一种做出好的决策、计划和推论的能力。那么，什么是交互与智能呢?

人工智能或智能科学的概念最早源于哲学，早期有一批伟大的哲学家一直在讨论什么是智能，什么是知识。迈克尔·波兰尼在 20 世纪 60 年代写过一本著名的著作《默会的维度》（*The Tacit Dimension*），提出“我们知道的越多，我们知道的就越少”。他还认为，我们知道的远比我们说出来的要多。波兰尼的这些观点反映出默会的知识、隐形的知识支配着我们不断地向显性知识递进、演化。

第二位是弗里德里希·哈耶克 。哈耶克在经济方面对世界的影响非常大，他拿过诺贝尔经济学奖。他在一生当中涉猎了政治、社会、经济、文化、艺术、哲学和心理学领域，在认知科学方面，他的代表性著作是《感觉的秩序》（*The Sensory Order*）。在这本书中，他明确地提出了一个观点：行为远比设计更重要。这一观点的大意是，人的各种感觉是通过行为表现出来的，而不是故意设计出来的，而后来的演化造成了设计的出现。维基百科的创始人很推崇《感觉的秩序》，认为是它促使他创立了维基百科。

第三位是卡尔·波普尔，他是一位伟大的哲学家，提出了“三个世界”的理论，物理世界、精神世界和客观知识世界。他有一本经典的著作《科学发现的逻辑》（The Logic of Scientific Discovery），书中提出科学不是证实而是证伪。他认为科学是先提出问题、进行猜想，然后进行反驳、不断试错，而不是常规意义上的先观察归纳然后证实的机制。归纳中会存在很多漏洞，因为归纳是不完全的归纳，波普尔有针对性地对归纳进行了梳理。

人们通常认为人工智能的起源是 1956 年的美国达特茅斯会议。但它的科学起源可追溯到曾任剑桥大学教师的查尔斯·巴贝奇，他是机械计算机的先驱，设计了一台容量为 20 位数的计算机。另一位是剑桥大学的伯特兰·罗素。罗素用他的哲学思想和数学基础，创立了一个重要的哲学分支——分析哲学。分析哲学的主要代表人物是维特根斯坦，他曾在一次世界哲学家的排名中位列第一。维特根斯坦在他的前半生写了一部重要的著作——《逻辑哲学论》，书中提出语言是哲学的重要工具，也是哲学的切入点。在此之前，哲学的发展有两个里程碑，第一个是关于世界本源的问题，即世界是物质的还是意识的，这个问题讨论了 1 000 多年，最终笛卡儿提出了二元论。在此之后，人们找了很多方法来研究哲学，但都收效甚微，直到维特根斯坦创立了分析哲学的日常语言流派，这是哲学发展的第二个里程碑。他的前半生用于研究语言的人工性，所谓人工性的语言就是标准化的语言、格式化的语言、程序化的语言；他的后半生则主要否定了他前半生的工作，并开始研究生活化的语言、自然的语言。他认为，真正的哲学是通过生活化的语言来表达哲学的深奥和意义。

历史中的智能与交互

在人类的文明史中有四大文明古国，其中最著名的是古巴比伦和古埃及。这两个文明几乎同时出现在 6 000 多年前，有国家、工具、文字，并直接推动了欧洲文明的起源。这两个文明主要关注人和物之间的关系，比如出现了水利设施、工具、制度和法律。这种人和物之间的关系后来还影响到欧洲的地中海（希腊）文明，并辐射至整个欧洲大陆，催生了科学和技术的产生，它们的研究对象就是人和物之间的关系。

除了这两个最早的文明以外，第三大古文明是古印度文明。古印度文明的一个重要特点就是研究人和神之间的关系，主要是指人和抽象事物、不可掌控的事物之间的关系。印度教、佛教等都起源于这片土地，关注的都是人和神之间的关系。

第四大古文明是研究人和人之间关系以及人和环境之间关系的中华文明。目前世界上保存得较完整、较好的文明就是中华文明，中华文明关注的不是人和物、人和神之间的关系，而是人和人之间如何融洽相处，以及人和环境之间如何和谐共生的问题。

西方的科学与哲学先驱泰勒斯生活在大约 2 500 年前，和中国的老子、孔子差不多生活在同一时代。他的思想体现在一句箴言里：水是最好的。水是一种物质，地球最早的生命诞生于海洋，水又滋养和哺育了人类，所以西方的科学与哲学一开始就与物质密切相关。中国的老子对水也有“上善若水”的阐述，孔子的“逝者如斯夫”也是对水的一种感叹。

在历史的长河中，四大古代文明分别关注人和物、人和神、人和人、人和环境之间的关系。科学技术的发展与人和物之间的关系密切相关，所以，现代科学技术起源于欧洲是顺理成章的，也是可以理解的。但目前来看，随着社会和人类的不断进步，人和人之间以及人和环境之间的关系问题已经成为整个世界关注的焦点。

智能与交互的本质

人和物之间的关系是西方哲学的一个重要研究方向，因为机器是人造物，所以人机交互也起源于西方。人机交互的本质是共存，人把自己的优点和机器的长处结合在一起，形成了一个交互的、实质性的系统。未来人工智能的发展方向很可能是人机融合智能或人机混合智能，即把人的智慧和机器的智能结合在一起，形成一个更有力的、支撑性的体系。这样的体系不但研究人机交互的生理问题，还研究心理问题。其实，人机交互或人机混合智能的叫法都不够准确，我认为最准确的说法是人机环境交互系统。因为人、机器和物质的交互是不完整的，是通过环境这个大系统来进行沟通的，所以人机环境交互系统工程可能是未来人工智能领域的一个主要研究方向。

那么，人工智能或智能的本质是什么？这可以从人的成长经历或发展上看出一些端倪。一般来说，胎儿在母亲腹中时逐渐发育出各种感觉，比如通过听觉、嗅觉、味觉、触觉开始和外部环境及母亲子宫中的内部环境进行交互，并产生了简单的“我”的概念。婴儿出生以后，因为视觉、听觉等未发育完全，更多的是靠触觉来感知世界，了解周围的事物。随着自主能力的产生，婴儿会试图摆脱大人的束缚，更愿意自己爬和走，而不希望别人扶着他。可以看到，这时候他已经开始试着否定了，比如否定别人的帮助。根据国内外最新的研究结果，婴儿在学习语言阶段，无论在东方还是西方，除了被不断灌输的“爸爸”“妈妈”这类词以外，他先学会说的往往是“不”，然后是“没有”“别”之类的词。“不”“没有”“别”这些词体现出人的智能是从否定开始发展的，否定外部，否定自己，否定很多事物，从而产生了某种智慧。然而，在目前的人工智能领域，否定机制远未产生，所以人工智能和人的智能差距很大。

我们在研究过程中发现，人工智能学习的第一个词是“是”（being），即物质，这是西方哲学中一个很重要的词。然后，关于人的智能和智慧，还有“应该”（should）的意思。《三国演义》里的“义”就是“应该”的意思，“仗义”的“义”也是“应该”的意思。“应该”这个词在西方非常重要，在东方也很受重视，这是东西方交流的一个交汇点。如果把“应该”翻译成哲学语言，就是意识（awareness 或 consciousness）。另外，人有需求（want），即知道自己想干什么，而机器没有需求，只会按照程序、指令进行操作。人还有“能”（can）的问题，即能做或不能做，而机器没有这个问题，只是操作。

休谟在他的哲学体系里提出了很重要的“休谟之问”，即“是”推导不出“应该”。这句话的意思是，从事实推导不出价值观。这样一来，“天行健，君子以自强不息”就不成立了。“天行健”是一个事实，“君子以自强不息”是一种价值观，二者不能画等号。这里面涉及一个很重要的词——变化（change），人会不断地变化，而机器则只能按部就班、一成不变。我认为，这5个词是人工智能和人类智能之间很重要的差异。此外，人还有一个很重要的特质，即感知的恒常性。人在变化的外界环境当中通常能够保持对这个事物的本来面目的感知，比如某种颜色。然而，机器很难做到这一点。

现代人工智能与交互

在现代人工智能的发展方面，剑桥大学起到了非常重要的作用，其中有三个有代表性的人物。第一个人是阿兰·图灵，他提出了图灵测试和图灵机的思想，影响了人工智能发展的轨迹。第二个人就是著名的深度学习之父杰弗里·辛顿，他本科就读于剑桥大学心理学系，后来到加拿大继续做关于人工神经网络的研究，并提出深度学习的概念和方法，人工智能才有了复兴和现在的繁荣。第三个人是阿尔法狗之父戴密斯·哈萨比斯，他毕业于剑桥大学计算机学院，对推动人工智能的发展起到了非常重要的作用。

关于人机交互的研究始于“二战”时期，当时主要研究因为各种不合理的设计导致的飞机故障问题。它一开始主要应用于航空航天领域，后来逐渐扩展到社会经济的各个方面。最近人机交互领域有一个热点——态势感知（situation awareness，也叫情景意识）由曾任美国国防高级研究计划局（DAPRA）负责人的女科学家米卡·思兹利提出，在整个人机交互领域产生了巨大的影响。思兹利对态势感知的定义是，在一定的时间和空间内，对环境中的各种组成部分进行感知、理解，进而预测这些部分随后的变化状况。可以看出，在整个人类社会的发展历程中，认知科学是一门交叉学科，涉及心理学、计算机科学、神经科学、哲学、语言学等。

当前人机环境系统工程发展迅猛，它是研究如何在人、装备和环境系统之间实现最优匹配的一个领域，涉及信息的输入、处理、输出、控制、反馈，以及人机环境系统的整体设计和优化等方面的研究，旨在让整个系统的运行高效、安全、健康、和谐、敏捷等。

当前在这一领域中出现了很多分支，比如人机交互、普适计算、情感计算等，还产生了很多相应的关键技术，比如多模感知、上下文感知、情感智能、环境智能、认知智能、多模界面、感性界面等，以实现一个最基本的目标，即自然的人机交互。对自然的人机交互而言，非常重要的一点是数据。所有智能的产生与刺激都和数据密切相关，所谓刺激，就是人感知到的外部映射。所谓数据，就是机器接触到的外部输入。通过两者的结合产生相应的融合、理解，进而做出相应的反应和规划。

数据空间对计算机起着非常重要的作用，研究数据的多指向性是当前人机领域的一个难点和瓶颈，但它也是人机区别的一个最重要的方面。人可以理解一个数据的多指向、多含义，而机器不能，机器有规范、有规则，它只能从单一的角度来解读这个数据。

当前人工智能的发展有三大主要标志：深蓝、沃森和阿尔法狗。这三个系统都和数据有关，它们都在处理过去的大量数据、规则和规划。但是，这三个系统都存在一个很重要的瓶颈问题，就是它只能“得形忘意”，而不能“得意忘形”。人的智能可做到相机决策，而不是像计算机及当前的弱人工智能那样按照既定的程序去运算。

智能与交互中的自主性问题

未来的人机交互及人工智能系统有明确的发展方向，包含4个方面：主动推荐、自主学习、自然进化、自身免疫。其中自主性是非常重要的一个概念。

美军有一个“深绿”系统，其目的是借鉴“深蓝”系统的概念，将其延伸至军事指挥和控制领域。它通过指挥员助手、水晶球和闪电战三个模块，整合出当前和过去的战场态势，以及实时有效的指挥员辅助决策。在这个系统里最重要的是自主和主动推荐，它们是人工智能或智能科学领域中一个很重要的研究热点和难点。

自主应该包括以下几方面的内容。

第一，自主应具有记忆的功能，而不是存储。记忆是灵活的，能够通过相关或无关的事物产生直觉，而存储则无法做到这一点，它只是符合逻辑的东西。

第二，自主应具有选择性。选择是单向性的，即A选择B。

第三，自主应具有匹配性。匹配和选择最大的区别就在于匹配是双向性的，A可以选择B，B也可以选择A。

第四，自主应具有可控性。没有控制和反馈，自主很难建立起来。

未来的人机交互及人工智能系统至少是人机环境系统的自主耦合所形成的认知智能。认知就是信息的流动过程，包括信息的输入、处理、输出和反馈等环节。

人工智能的重要发展方向是人机混合智能，而强人工智能、通用人工智能、类人人工智能的实现相对遥远。人机混合智能就是研究如何在人、机器与环境系统之间实现最优的智能匹配。人的智能加上机器的智能，这涉及人机环境系统的整体设计及其优化等方面的研究，研究的目的包括可靠、高效和舒适等几个方面。人机混合智能主要涉及两个基本问题。一个是人的意向性和机器的形式化问题，意向性就是意识的指向。机器难以处理灵活的、多变的，甚至带有矛盾性的事物，但机器的长处在于它不会疲劳、擅长计算，并且能够准确及时地处理形式化、符号化的信息，而这是人类不擅长的。所以，如何把机器的长处和人的优点充分地结合在一起，这是一个很重要的命题，也是人机混合智能的一个关键因素。

在人工智能和机器人领域有一个著名的莫拉维克悖论，它指出，和传统假设不同，对计算机而言，实现逻辑推理等人类高级智慧只需要较少的计算能力，而实现感知、运动等低等级智慧却需要巨大的计算资源。这说明当前人工智能领域的很多问题不是仅靠提高计算能力就可以解决的。用哈佛大学教授史蒂芬·平克的话来说，就是困难的问题是简单的，简单的问题是困难的。

对于人工智能和莫拉维克悖论而言，意向性、意识是智能科学的瓶颈，这种意识只是一种情境感知。还有一种是非情境感知，它能够穿越时空，这就是人的意识。

关于意识，美国心理学之父、美国心理学会创始人威廉·詹姆斯说过，人的智慧就是忽略的智慧，人知道怎么忽略一些不重要的事物，从而把精力集中到一些重要的事物上；机器则只擅长处理大数据，而不擅长处理小数据。

“自我”的产生是意识的一个最重要的基础，这就好比建立了一个坐标系，“自我”是坐标系的原点，人类以此度量周围的世界与事物。意识的出现往往会带来“无中生有”和“有中生无”。所谓无中生有，往往是指外界的刺激产生的数据形成数值，该数值不但包括客观的数量，还包括主观的赋值。“1”这个数字既是一个单纯的客观数值，也是对自我有特殊意义的一个数值，比如一杯茶、一条毛巾，它们里面都有很多主观情感的赋值。另外，形成数值以后，就要提取其中有价值的东西，即信息。信息是有价值的数值或者数据，从信息里可以获取知识，从知识里可以提炼逻辑。这是从 0 到 1、从 1 到 n 的过程，正如道教所说，道生一，一生二，二生三，三生万物，这就是无中生有的过程。所谓有中生无，是指逻辑产生意向，意向导出意识，意识积淀出潜意识，潜意识升华为无意识的过程，这也是从 n 到 1、从 1 到 0 的过程，即万物归三，三归二，二归一，一归道之过程。

深度态势感知

通过意识或态势感知及情境化的东西和非情境化的东西的结合，我们提出了一个新概念，即深度态势感知。深度态势感知是一种人机智慧，其中既包括人的智慧，也包括机器的智能，是能指和所指的融合。所谓能指，是指事物本身；所谓所指，是指事物所包含的语义和内涵，即事物的属性。能指主要涉及对事物的感觉，所指主要涉及对事物的知觉。所谓感觉，就是对属性的映射；所谓知觉，就是对属性的理解。既能够理解事物的原本之意，又能够明白弦外之音，是合情合理的一种理解方式，是人机环境系统中各元素的主动拓扑，是处理跨情境原型特征的一个空间。

深度态势感知具体涉及的是感觉、知觉、规划和反馈这 4 个环节。

人的感觉和机器的输入是有区别的，人的感觉里面包含了想象和真实的刺激，所以人的感觉是真实和虚拟的叠加。知觉是一种联系，所谓对事物的理解，就是看见了联系。规划和反馈则是控制方面的两个重要术语。

另外，人的深度态势感知中有一个很重要的机理——迷局，它能把数理、地理、物理、生理、心理、伦理、法理、管理等方面的知识及时准确地进行融合、分配、表征，而机器只能从一个角度进行梳理，所以人机的差异在于深度态势感知。

人工智能发展到今天，它解决的主要是形式化、符号化的问题。当前的人工智能在知识表示、问题求解、自动推理、机器学习、自然语言理解和模式识别等方面做了诸多工作，也进行了统一的认知结构化的处理。但当前人们对人工智能的未来仍有很多质疑，主要原因在于有两个很重要的领域尚未得到有效的开发。其中一个是神经科学，关于人类大脑的开发还没有取得突破性的成果；另一个是认知心理学，这个领域也没有得到很好的开发。神经科学涉及三个主要方面：第一是神经的编码，第二是计算的回路，第三是神经的发育。这三个方面都没有得到有效的研究和表征。在认知心理学领域，概念的建立、学习和记忆、知觉的加工，也没有实质性的进展。这种认知上的滞后映射到人工智能上就产生了一些不良反应。所以，如何实现这些学科的综合协调的发展，人机环境系统很可能是进行协调和整理的一个有效工具。

在这个糅合了感性和理性的过程中有一个很重要的方向，就是大家熟知的可计算性理论。可计算性理论的对立面是可算计性理论。所谓可计算性，是指运用事先制定的规则，将一组数值变换为另一组数值的过程。而可算计性理论不但要处理合理性的东西，还要处理非合理性，包括非理性的东西；它不但要处理逻辑性的东西，还要处理非逻辑性的东西；它不但要进行计算，还要进行算计。这些对立面的整合，就是可算计性理论的基础之一。在此基础上，我们需要对学习、理解、知识和概念进行重新定义。比如，理解的概念是看见了联系，看不到联系则是不理解。就人的学习而言，学和习不同，学是由内而外的主观性行为，习是通过练习来加强人们的理解。机器的行为不是学习，而是输入、赋值、规则。

以上我们探讨了人机交互和人工智能的起源和瓶颈问题。人工智能和智能科学的发展包括三个基本阶段。第一个阶段是传统的人工智能，它已经有了游戏规则，它的基本特质是数学形式化的东西在某一领域的展开。除此之外，还涉及自动化的问题。自动化是结构化的数据处理，人工智能是非结构化的数据处理。第二个阶段是人机环境系统的交互，这个领域正在形成的规则主要体现在两个方面：一是自动化的处理，二是弱人工智能。当前在这个领域里，我们还要加上各个行业和各个研究的指向。第三个阶段是未来智慧化的强人工智能的信息系统，在这个领域里目前还没有游戏规则，它主要是人的智慧加上未来的强人工智能，或一些通用的人工智能。关于这个领域，我们还需要进行一些积极的探讨与多学科交叉的研究。

刘伟

北京邮电大学人机交互与认知工程实验室主任

从机器崛起到社会机器

机器人会威胁人类吗?

如果搜索“机器人”（robots）这个词的出处，它最早可以追溯到卡雷尔·恰佩克发表于1920年的一部科幻剧作——《罗素姆万能机器人》。剧中描述了一个名为罗素姆的发明家研制出了一种机器人，被资本家大批制造来充当劳动力。后来机器人们不堪重压，策划了一场灭绝人类的叛变，并最终取得了胜利。由此可以看出，“机器人”这个词本身即代表着对机械化力量威胁人类的思考。

这一思考是推动近百年来智能科学及技术进步的一个重要因素。一方面，人类不断研发出新的机械化工具，扩展人类体能，使自身具备了充分开发地表资源以及地下资源的能力，极大地拓展了人类的物质文明；另一方面，人类从未遗忘恰佩克给予人类的警示：是否有那么一天，机器将获得生命、智能，甚至拥有毁灭人类的力量，并接管地球？近年来，随着人工智能技术卷土重来，对机械化工具在体能与智能上威胁人类生存的思考，再次引起了全球的学术界与企业界精英的争论和探讨。

引发争论的一个直接“导火索”是机器在历史最为悠久、计算最为复杂的一种棋类游戏——围棋上的胜利。先是 2016 年 3 月阿尔法狗以 4∶1 战胜李世石，霍金便公开表示“人工智能的全面发展将成为人类的末日”。随后在 2017 年 1 月，一个后被证实为阿尔法狗的升级版的神秘棋手“大师”以 60 盘连胜的战绩狂扫各路棋坛高手，引发棋坛急剧动荡。2017 年 5 月，阿尔法狗以 3∶0 战胜世界排名第一的天才棋手柯洁，使得“世界第一围棋高手”的称号被一台计算机夺得。许多人开始公然声称，人类智能的最后一道防线已然失守。然而，就在阿尔法狗战胜柯洁之后不到一周，一句“柯洁败了会流泪，阿尔法狗赢了却不会笑”的话在圈内流传开来。对于机器来说，“赢棋”只是它的一个预设目标，而实现这一目标对于它本身而言没有任何意义。

其实在人工智能领域，科学家一直非常热衷于让人工智能跟人类下棋、玩游戏。从最早的井字棋、跳棋、20 年前的国际象棋到近来非常热门的围棋和德州扑克，人工智能不停地在不同的智力计算游戏中击败人类选手。这让许多人唏嘘不已，认为人工智能取代人类的时代即将到来。但实际上，不管是跳棋、国际象棋还是围棋，从本质上讲都是一种确定、零和且完全信息的博弈。首先，它们均是由两名玩家参与，每个玩家在任意时刻都能看到全部信息，因此这其中不存在“隐藏”信息；其次，游戏的局面只能对一方有利而对另一方无利，每走一步，算法就会对搜索计算以后各种情况下自己的胜率进行计算，做出一种明确的“输赢”判断；最后，这些游戏都是确定性博弈，其中不存在“运气”的成分，也不会引入任何的随机性。从计算的角度来讲，计算机在确定、零和且完全信息的博弈中超过人类是迟早的事情。尽管阿尔法狗对于“如何在有限信息下做出更优选择”这一问题有了更深刻的认识，但只在 19 × 19 宫格的棋盘上训练过的阿尔法狗，若没有经过重新训练，是无法适应 21 × 21 宫格的棋盘的。而人类只要知道简单的规则，不管是在 9 × 9、19 × 19 还是 21 × 21 宫格的棋盘上，都能下完一盘完整的棋。这也是人类智能的优势之一，人们根据自身以往的经历或者曾经见过其他人的经历，使用开放的知识“合乎情理”地理解世界以及生活中遇到的各种问题，而通过封闭性训练得到的人工智能算法只能解决针对性训练过的问题。

人类和机器分别是怎样解决问题的?

詹姆斯·亨德勒和爱丽丝·穆维西尔在其合著的《社会机器》一书中指出，人类解决问题的能力是通过很多代的集体进化发展出的一项技能，并且在每个个体的一生中仍在不断进化。我们所有人出生时就具备一套感知系统（比如视觉、听觉、触觉等），该系统使得我们能够察觉并解释多种形式的数据。出于生存本能的需要，或者通过刻意的训练，我们每个人都进化出了一套属于自己的处理输入数据的方法（比如划分优先级和偏好），从而更好地与环境交互，并且解决日常生活中遇到的各种各样的问题。

机器没有主动学习的能力，往往被认为只能根据输入的内容进行机械化、计算式且重复乏味的输出。在 20 世纪 60 年代，人们已有了这样的认识，“除非事先输入，否则机器不会产生任何输出”。近年来随着人工智能技术以及社会网络的应用愈加广泛，这一现象正在得到改进。人工智能作为“制造智能机器的科学与工程”，其早期研究遵循两条主要路线：一是艾伦·纽厄尔和赫伯特·西蒙倡导的人工智能程序应该能够以模仿人类解决问题的方式来解决问题；二是约翰·麦卡锡倡导的计算机使用的方法和算法不需要复制人类的认知机制，而可以用形式逻辑作为构建智能系统的基础。这两条路线至今仍然在指导今日人工智能技术的发展，其代表性工作分别是IBM（国际商用机器公司）的超级电脑沃森和谷歌公司的阿尔法狗。

2011年，IBM的电脑沃森在一个名为《危险边缘》的智力问答电视节目中打败了当时世界上最优秀的两位人类选手。《危险边缘》涉及地理、政治、历史、体育和娱乐等领域的一系列问题，最重要的是，它要求机器能够解析人类的语言，而且能够理解隐晦含义、反讽与谜语。除此之外，这一游戏还要求参赛选手根据答案反推问题。比如，系统给定一个答案“对于美国孩子而言，这种情况在过去的30年里增加了一倍，并且会增加糖尿病的患病风险”，选手应该回答“是肥胖吗”。在这次比赛中，沃森显现出对于世界知识的强大的理解能力，并在一定程度上具备了使用人类的语言理解世界知识以及人类意图的能力。这一能力一方面得益于强大的自然语言理解与社会计算技术，另一方面得益于社会网络以及众包机制的出现。可以说，维基百科这一社会机器向沃森提供了赢得比赛所需要的大部分力量，这一力量又来源于协力撰写维基百科的众人所提供的信息。

早在20世纪40年代，即现代计算技术的萌芽时期，人们就已经开始探索借助人脑的信息处理过程建模并设计的可计算系统，是否能够以人类的方式进行学习并理解人类的意图。最早进行这类尝试的人包括图灵、维纳、冯·诺依曼、阿什比等。对此，图灵提出了“图灵测试”的概念，本质上是对人类语言在几乎任何话题上的交流能力赋予的特权，也是机器智能的指示器。冯·诺依曼先是与维纳合作，试图以《控制论》为指导，以人类大脑为原型，构造机械化的大脑。但在 1946 年写给维纳的一封信中，冯·诺依曼表示“在尝试理解自动机的功能及其控制的一般原则时，毫不夸张地说，我们迅速地采取行动并选择了普天之下最为复杂的对象”。同时，冯·诺依曼建议研究更简单的有机体，从生命最本质的两个特征——自我复制和学习着手，概述了机器如何从基本的部件中构造出其他与之相似的机器，由此提出了“自复制自动机理论”。阿什比创造了世界上第一台“会思考的机器”，引入人类的目标-追寻机制，来模拟人类的学习行为。学习是为了解决问题，即让人类行为朝着一个具体的目标收敛。一个未定义的属性，比如生命或思想等，无法使机器的行为朝着预设的目标演化，但负反馈却可以做到。顺着阿什比的思路，葛雷格里·贝特森于 20 世纪 70 年代出版了《朝向心智生态学》，该书将整个宇宙视为一个巨大的闭环反馈系统，试图达到一种科学与宗教上的统一。

近年来，泛在的移动智能设备以及社会网络的出现，为机器学习提供了更具体、可描述、可计算、可预测的“对象”。这在本质上是由于人通过机器进行交互以及机器与机器进行交互，使得机器已然具备了把从报刊文章、社交媒体文章和口头对话中提取的信息组织起来的能力。跨媒体多源内容感知、自然语言处理、语音识别、语义理解等技术的发展，以及对开源信息的利用，已然共同提升了机器“学习”和反馈的能力。

社会网络促成开放智能

社交网络媒体的出现，第一次使得人类大规模地使用人类的语言，集成式地借助机器进行交互成为可能，用户兴趣挖掘、用户画像等技术的发展也为机器理解人类的意图提供了新的途径。一方面，人类成为最敏捷的“移动传感器”，人类的直接输入为计算机理解人类的语言提供了巨大的语料库，使得机器有了更多可“学习”的资源，甚至具备了主动学习的功能，从而使得平台或网站经营者有能力对数据进行分析以主动获知用户意图。另一方面，“平台 + 个人”模式所促成的各类众包以及目的性游戏的出现，为人们充分利用自己的碎片化时间，协同完成超越个人能力范围的更大的任务和目标提供了新的手段。

众包模式已很常见，在这类开放的网络系统中，群体中的每个人做一“小”部分工作，通过共同的努力就可以创造出非常巨大的产出。另一种模式被称为“人类计算”，它来源于路易斯·冯阿纳在其博士论文中提出的问题：如何让一大群人中的每个人都做很少的在线工作，但将这些工作汇总起来，却能围绕某一目标形成非常庞大的力量？沿着这一思路进行深入探索，冯阿纳开创了目的性游戏的先河。

最初的一款目的性游戏是由冯阿纳在 2004 年开发的 ESP 游戏，将照片标注的问题与在线竞技游戏融合到一起，以积分回报机制运营，使得几百万张图片得到了高质量的标注。有一个产生了重大影响力的目的性游戏是星系动物园（Galaxy Zoo），由牛津大学的克里斯托弗·林托特与凯文·沙文斯基共同开发，他们发动群体的力量对哈勃太空探索计划拍摄的部分星系照片进行分类。据其团队介绍，第一版星系动物园开放后，有超过 100 000 名志愿者在 175 天内完成了 900 000 张星系照片的标注。这一机制甚至帮助天文学家发现了之前未发现的天体——哈尼天体。也许，正如 2016 年逝世的人工智能科学思想大家马文·明斯基所言：“到底有什么神奇的诀窍使我们如此智能？诀窍就是根本没有诀窍。智能的力量来源于我们自身巨大的多样性，而非某个单一的、完美的准则。”

近年来，多种开放网络平台与众包机制的出现，使得跨越企业、产业甚至行业的大规模社会协同分工成为可能。一方面，互联网平台上任务的公开性与低成本优势使得公司内部的大量业务向市场外移，打破了某些壁垒。另一方面，平台上出现了很多自主、自发、快速聚散的“生产 / 消费部落”，他们因共同的爱好、兴趣、专业等聚合在一起，展开社会协作或集体行动，呈现出一种全新的“平台 + 个人”的社会经济结构，由机器负责平台的机制维护与运营，由个人负责创造性工作。蒂姆·伯纳斯·李定义的“由人类进行创造性工作而机器完成管理任务的过程”的社会机器正在形成。

爱因斯坦说过：“智能的真正标志不是知识，而是想象。”人靠大脑来想象，大脑是开放的，几乎可以瞬间感知其已知的所有知识，并推理未知的世界和问题。机器靠什么想象？也许，当人类开始把自己的想象呈现在社交媒体上时，机器已然能够感知到人类的开放智能并“收为己用”。尽管微软开发的推特人工智能聊天机器人上线首日便被迫叫停，但我们已经看到了在赛博空间中人类引入的开放智力能够赋予机器人的能力。

机器智能即将在社会网络以及人工智能技术的推动下得以开放。

王晓

青岛智能产业技术研究院副院长

中国科学院自动化研究所助理研究员

人工智能社会学

——对人工智能群体的社会学研究

谈到人工智能社会学，人们会很自然地联想到人工智能带来的社会学问题，包括失业、产业变革、伦理学问题、法律问题等。然而，这里所谈论的人工智能社会学研究的是由人工智能或者算法程序构成的社会引发的社会学问题。

为什么要关注机器的社会学问题呢？我们知道，从个体层面来说，你并不比孔子那个时代的人聪明多少，然而现代人类的整体能力却是古人无法企及的。这是因为文明与科技——人类集体的创造物——反过来赋予了每个人类个体更高的智能。同样的道理，个体层面的人工智能存在着能力的“天花板”，只有将成千上万的人工智能连接整合起来，甚至创造出人工智能文明，才可能为每个人工智能个体赋能。

聊天机器人、推荐算法、智能助理……我们已经被越来越多的人工智能所包围。就像我们现在越来越多地依赖微信一样，未来的人工智能程序将会形成每个人的数字化外衣，我们需要通过这层外衣间接地与外在世界互动。智能程序可以在一定程度上进行自主思考，所以它们会形成一个庞杂的社会。放眼未来，我认为这种大趋势必然会催生一门新兴学科，我把它叫作“人工智能社会学”，它将会在未来世界中发挥越来越大的作用。

人工智能社会

实际上将社会学与人工智能相结合的学科已有不少。在 20 世纪 90 年代，复杂性科学兴起，人们忙于通过计算机建模与仿真来模拟各种复杂系统，社会系统显然是这类模拟程序关注的一个主要对象。

最近的人工智能研究又呈现出一种新的趋势，就是将深度学习研究与群体智能相结合。尽管由于算力的限制，目前考虑的智能体数量一般都很少，但我们可以预期在不久的将来，运用深度学习技术构建的群体智能框架将会出现。

随着算法经济的兴起，现实世界中的智能程序开始彼此相连，于是为这些智能体制定交易规则成了一个新问题。人们发现，备受诟病的主流经济学也许更适合描述智能体，而非人类，因为智能体可能更符合“理性经济人”的基本假设。

所有这些从本质上看都是在研究人工智能社会，尽管它们的目的并不相同。接下来，就让我们按照历史的脉络，考察人工智能社会的研究思路。

人工社会

早在 1971 年，著名的诺贝尔经济学奖得主托马斯 · 谢林就构造了一个人工智能社会——隔离模型（segaration），用来研究种族隔离问题。纽约一直是一个多民族聚居的城市，谢林敏锐地发现，同种族的人会聚集在一起。尽管后来纽约市政府曾试图强制将不同种族的人混合在一起，以促进种族和谐，但经过长时间的演化和家族的不断搬迁，最终仍然形成了种族隔离的现象。为了理解这一社会现象，谢林建立了这个简单的隔离模型，该模型不仅重现了种族隔离现象，还从模型的角度证明了政府强行将不同种族混合在一起的尝试是徒劳的。更重要的是，隔离模型成了社会学仿真的开山之作，谢林还因此荣获了诺贝尔经济学奖。

密歇根大学的著名政治学家罗伯特·阿克塞尔罗德也是研究人工智能社会学的先驱，早在 1984 年的时候，他就组织了多轮计算机实验以探讨合作的演化。这一实验首先采取人工参与的方式，即向全世界学者征集人工智能程序，并将这些程序放到同一个竞技场内进行交互。然后，竞技场会任意选择两个程序，让它们进行囚徒困境博弈，并计算两个程序的相应得分。经过多轮比赛后，最后得分最高者是一个超级简单的程序，叫作“针锋相对”。它的策略是先选择合作，但只要对方叛变，它就果断地选择不合作。

第二场比赛则完全没有人类的参与，而是允许程序通过遗传算法不断地改进自身，看进化最终是如何在这个人工社会中起作用的。研究结果表明，合作作为一种进化稳定的结果是可以自发演化形成的，而且遗传算法甚至可以发现比人手工编写的程序更好的程序。

另外一个早期的人工社会模型是阿瑟和霍兰合作建立的人工股市模型（artificial stock model）。与传统的股市交易模型不同，他们俩放弃了每个交易主体都必须具有全部的信息、完美的理性等强假设，取而代之的是每个交易主体可以通过历史信息不断地学习，并修改自己对股价走势的预测。该模型成功地模拟出了真实股市中的“股市心理”以及狂涨狂跌的非线性突变现象。目前，运用人工股市模型，人们可以通过更改模型的参数来模拟、预测某种新的股票政策是否可以达到预期的效果。

1996 年，约书亚 · 爱普斯坦和罗伯特 · 阿克斯特尔在计算机中构造了一个人工智能农场——糖域模型（Sugarscape），其中可以时不时地长出“糖果”或者“香料”。之后，他们将一系列人工智能体放到其中，并为它们赋予简单的程序，让它们在这个农场中采集、交易、耕种、社交……所有这些有趣的实验结果被他们写成了一本书——《养殖人工社会》（*Growing Artificial Societies*）。

ASPEN 模型是美国桑迪亚国家实验室从 1996 年开始开发的一个基于智能体的经济系统模型，是一个模拟了包括公司、住户和政府等各种智能体的较大规模的经济系统模型。拥有先进的建模技术和大规模并行计算机的支持，ASPEN 模型成功地应用于美国宏观经济和过渡经济研究。

之后，这种人工模拟社会的方法被应用于经济学、金融学、组织学、文化学、社会学等各个领域。

虽然早期的这些人工社会研究非常接近于计算机游戏，并广受主流社会学、经济学学者的诟病，但它们毕竟开了用人工智能研究人类社会科学的先河，并将社会科学研究定量化、实验化。这为后来兴起的实验经济学、游戏经济学等研究方法奠定了基础。

群体智能

20 世纪 90 年代可以说是多个体研究大爆发的时代，另外一个引人注目的研究领域就是所谓的群体智能，它希望为每个微观个体设计简单的规则，从而在整体上实现期望的属性，比如求解工程中的优化问题。

群体智能的一个最典型的例子就是蚂蚁群。我们都知道每一只蚂蚁都不够聪明，但成千上万只蚂蚁组成的蚁群却具有超凡的群体智慧。比如，南美洲有一种蚂蚁叫作行军蚁，当森林火灾发生的时候，它们可以聪明地聚集成一个大蚂蚁“球”，快速滚出火灾包围的区域。实际上，这样做会牺牲蚂蚁球外围大量蚂蚁的性命，但是为了群体的生存，它们仍会使用这个“聪明”的办法。

再比如，蚂蚁群不仅能够找到从巢穴到食物的通路，还能够找到所有可能通路当中最短的一条，如下图所示。

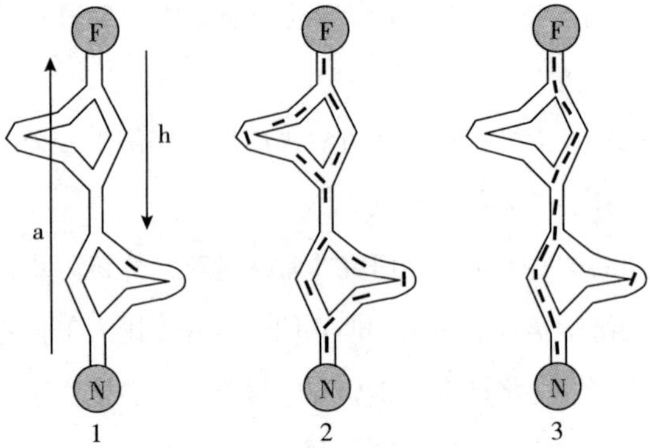

图 3-1

随着时间的推移（上图从左往右），蚂蚁最终会在若干路径中遴选出一条最短的通道。通过计算机模拟，我们知道只要允许蚂蚁释放信息素，就能吸引更多的蚂蚁聚集过来，这群蚂蚁智能体就能找到最短路径。

一旦理解了其工作原理，人们便可以借鉴蚂蚁群的智慧。通过模拟蚂蚁与信息素交互的规则，可以将蚁群的智慧应用于工程实践，比如用蚁群算法解决路径导航问题和旅行商问题。

借鉴大自然中的群体智慧，人们开发了很多群体智能算法，只要让每个简单的个体遵循非常简单的计算规则，就可以聪明地解决一系列复杂的难题。从某种意义上说，神经网络就是利用了群体智能，每个简单的神经元都遵循简单的规则来完成信息的传输，大量神经元聚到一起就可以产生智慧。

群体智能系统曾经在 20 世纪 90 年代到 2000 年左右风靡一时，这种系统的特点就在于它的灵活性和自主学习能力。然而，它的弊端也很明显，即群体智能往往处于一种“失控”状态，我们很难根据我们的特定目的来设计个体的相互作用规则，从而激发出群体智能。

这些程序虽然展现了丰富多彩的群体现象，但因为它们受制于早期的计算能力，只能通过很简单的代码构造智能体，所以远不能模拟复杂的人类思维。好在早期的人工社会、群体智能的研究者们更加关注的是简单程序在整体社会层面产生的结果，因此对单个智能体是否足够逼真并不十分关心。

深度学习助力

然而，随着计算力的提升和深度学习技术的突飞猛进，人们已经具备了利用深度学习来建模智能体的能力了。当我们把每一个人工智能社会中的简单程序替换成具备“深度学习”能力的大型人工神经网络时，整张人工智能程序的大网将会发生什么就不是那么一目了然了。

事实上，现在的人工智能科学家们已经在做这样的研究，他们的兴趣点也从单个的深度神经网络过渡到多个神经网络，并且让这些神经网络本身联网，只不过目前联网的智能体数量并不多。

下面，我将分别介绍几个研究思路。

伊恩·古德费洛等人提出的对抗式神经网络就是利用社会关系来解决人工智能中的经典问题的方法。这是一种两体人工智能，其中一个神经网络负责生成图像，另一个负责辨别究竟是神经网络生成的还是真实的图片，它们的关系如下图所示：

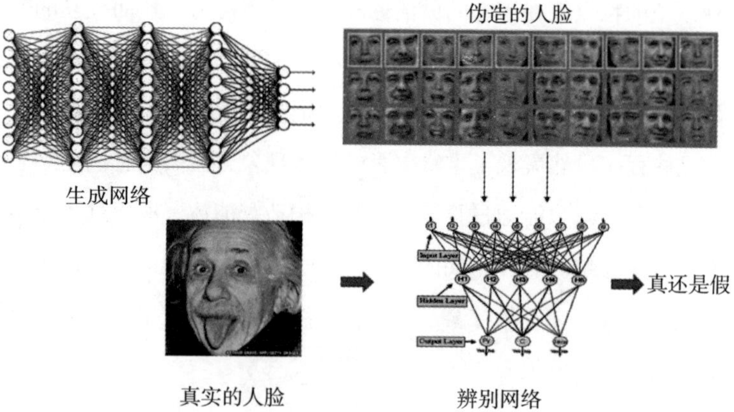

图 3-2

这个模型包括两个网络：生成网络专门负责造假，会构造出尽可能逼真的图像，它的最终目的就是骗过辨别网络。而辨别网络的目的则在于辨别输入的图片究竟是真实的还是由机器伪造出来的，并输出它的辨别结果。

我们的训练过程是这样的：将大量的真实人脸图片和大量的由网

络生成的伪造人脸图片混杂在一起输入辨别网络，辨别网络会吐出一个标签说当前输入的图片是真还是假。由于一张图片是否为真是很清楚的，所以我们很容易获得带标签的训练数据。于是，我们可以轻松地训练辨别网络，让它越来越精准地区分真假图片。与此同时，生成网络会发现它造出来的人脸图片越来越容易被识破，于是它不得不演化得越来越狡猾，造出越来越逼真的图像去欺骗辨别网络。为了应对升级了的生成网络，辨别网络也不得不演化得越来越精准……这两个网络就这样玩起了猫鼠游戏，共同进化。

在这样一种框架下，我们可以同时训练两个网络，并且我们不需要任何带有标签的先验信息。我们只需要把足够的图片“喂”给整个系统，它就能自己学习得到越来越好的生成网络和辨别网络，其效果比仅训练生成网络要好得多。这也许就是蕴含在群体之中的神秘力量。

我们还可以将这种两体的竞争模式扩大，创造出更多更复杂的玩法。比如朱俊彦等人就将两体扩充为四体，分别有两个生成网络和两个辨别网络，并且让它们按照下图所示方式连接。

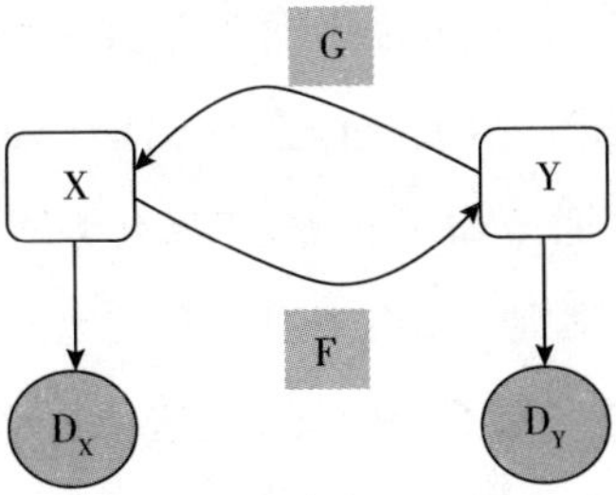

图 3-3

上图中，G 和 F 是生成器，D_X 和 D_Y 是辨别器。这个系统可以自动生成图片，比如，如果输入一张马的图像，它就可以输出一张图像，并把马变成斑马。

它还可以自动给图片上色，比如，我们输入一个小猫的轮廓，它会输出一张给猫填涂了颜色的图像。它是怎么做到的呢？我们需要 4 个智能体（神经网络），它们分别是：生成器 X 专门负责根据接收到的马的图像来生成斑马图像（在一开始的时候，X 会胡乱地生成一张图，并不一定是斑马）；生成器 Y 负责将接收到的斑马图像再次转化成马的图像（尽管一开始它也做得很差），我们还要求 Y 生成的马图像要和 X 接收到的马图像尽量相似；辨别器 D_X 负责判断 X 生成的图像是不是一张真实的图像；辨别器 D_Y 则负责辨别 Y 生成的图像是不是真实的图像。在整个过程中，我们要求：第一，经过 D_Y 判断，Y 要足够逼真；第二，X 与 X’ 要足够相似；第三，经由 D_X 判断，F 生成的 X 要足够逼真。这就可以使网络学习到 X 域（所有包含马的图像）与 Y 域（所有斑马图像）的对应。

于是，只要我们将一组大量的马的图像和另一组大量的斑马图像输入这 4 个网络，并且不要求马与斑马的图像能够一一对应，最终网络就可以自动被训练好，并能做到你喂给 X 一张马的图像，它就会自动吐出一张斑马图像。生成器 G 会根据图片 X 生成图片 Y，D_Y 保证了 Y 足够真实。再把 Y 输入生成器 F 转化为图片 X’，并要求 X’ 要和 X 足够接近。类似地，如果任意图像 Y 经由生成器 F 转化为图像 X，再由 G 转化为 Y’，那么我们只要给这 4 个智能体输入两组图片，比如一组图片全部是马，另一组图片全部是斑马，经过训练，它们就可以将一组图像映射为另一组图像，比如将马变成斑马、给简笔画上色，以及将塞尚的风格植入我的照片等。

多体的引入让生成式对抗网络的研究广泛传播，并在很短的时间内使其演化成一种全新的机器学习范式。我们知道，生成网络和辨别网络的关系就像警察和骗子，生成网络是造假者，辨别网络是抓捕造假者的警察，它们构成了一种相互对抗的竞争关系。然而，多体关系不仅包括对抗性竞争关系，更多的是合作、协调、配合的关系。关于这方面的研究最近越来越多了。

交流与合作

前不久，脸谱网说他们的人工智能程序在交流的过程中发明了专属于人工智能的语言，如下所示：

Bob: i can i i everything else..............

Alice: balls have zero to me to me to me to me to me to me to me to me to

Bob: you i everything else..............

Alice: balls have a ball to me to me to me to me to me to me to me

Bob: i i can i i i everything else..............

Alice: balls have a ball to me to me to me to me to me to me to me

这是什么？难道人工智能也会“鬼畜”了吗？

实际上，这是长短期记忆网络（LSTM）在未训练好的时候经常会表现出来的行为，所以这似乎是脸谱网的玩笑之举。但是，脸谱网的科学家们的确在研究多个人工智能程序如何在特定的条件下进行语言交流。他们将一群智能体放置到一个模拟环境中，并赋予它们相互交流的能力：它们可以通过发送一些在人类看来毫无意义的信号来彼此通信。

这项研究通过在机器中营造一个模拟环境，让多个智能体相互作用，从而演化出它们的语言。每个智能体都需要到达目标节点，并让它的伙伴也到达规定地点。在这种情况下，智能体可以通过发出一系列抽象信号来相互协调。之后研究人员对这些信号进行了解读，发现它们可以形成有体系的符号及意义。

在另一个实验中，研究人员要求两个聊天机器人可以针对图像完成多轮对话。其中，一个机器人可以将它看到的图像尽可能地描述成一些符号串，把它传递给第二个机器人；第二个机器人无法看到图像，但却可以根据第一个机器人的描述尽可能猜测图像的内容。当第二个机器人猜出图像内容的时候，它就获得了游戏的胜利。在这个过程中，机器们可以演化出自己的语言。而且，如果我们用人类的对话数据来做预训练，这些机器人就可以演化出人类能够听懂的语言，并用这种语言来对话。实验人员指出，这种通过两个机器人合作的方式来生成对话的方法，比用一般的监督学习方式训练一个机器人更有效。

斯坦福大学计算机系的一个研究表明，机器人可以通过交流的方式来合作。在这个研究中，两个机器人被要求针对一个内在的知识图谱找到共同的朋友。于是，智能体根据自己的知识图谱发出语言信息，传递给它的合作者，合作者则尝试理解收到的消息，并根据获取的信息进一步提问。如果两个机器人最终找到了它们朋友列表中的一个共同朋友，游戏就完成了。在整个过程中，机器不仅能够找到朋友，还能在训练期间得到一个非常完善的知识图谱以及图谱的抽象表示。

类似的研究还有很多，现在的人工智能研究者已经将焦点从单个智能体转移到多个智能体的研究上。另外，利用深度学习方法对每一个人工智能体建模，可以丰富每个智能体的表现，还能够让它们更加逼真地模拟人类行为。大量的研究表明，对于同样的问题，比如多轮会话，多个智能体能比单个智能体更好地完成任务。

机器经济学

尽管目前的多智能体研究随着深度学习的渗透已经涌现出一些有趣的新结果，但这与现实情况还有很大的差距。设想一下，如果未来接入互联网的 500 亿台设备都装配上深度学习模块，我们应该考虑的人工智能社会就不再是简单的两三个智能体的合作与交流，而应该是 500 亿个（注意，这已经远远超出了地球现在的人口数量）人工智能体所构建的超大规模的机器社会。这一全新的社会将会给我们带来怎样的挑战？我们还能对它实施管理吗？

比较乐观的一点是，现在的机器还没有完全脱离我们人类的控制。所以，我们需要抢在机器拥有“自由意识”之前为它们制定好规则。

其实，科学家们早已展开行动，他们用“机器经济学”来概括这一新兴研究领域。我们知道随着全球性金融危机的爆发，传统主流经济学受到了大量诟病。人们指责说，由于主流经济学关于“理性经济人”的假设过于严格，以至于经济学研究严重脱离了人类行为的实际表现。

但是，随着人工智能的兴起，人们突然发现，主流经济学中的

“理性经济人”假设更适用于描述人工智能，而非不理性的人类。显然，人工智能程序这种“机器经济人”会比人类更有可能严格按照“理性经济人”假设的情况来完成决策和行动。事实上，随着近年来计算经济学、计算博弈论等学科的发展和计算能力的大幅提升，人们已经可以在机器中利用算法的方式逼近所谓的“理性经济人”模型。从这样的基本点出发，我们便能构建所谓“机器经济学”这一新兴科学。

机器经济学将会面临一系列问题。假设智能程序 A 代表了主人 a 的想法，智能程序 B 代表了主人 b 的想法，那么当 A 代替 a 向 b 购买产品的时候，A 将会与 b 的代理 B 进行算法的讨价还价。由于 A 和 B 都是近似的“理性经济人”，这些算法就会充分暴露它们的偏好，并力求达成一个对各自主人最好的结果。在这种情况下，人类经济系统中的信息不对称问题就有可能不复存在。

当然，关键问题就在于我们应该如何为机器们设定环境和一系列交易的基本规则，即进行“机制设计”，从而使近似理性的算法能够在给定的机制下实现一定程度上的最优化。

比如，在囚徒困境博弈之中，我们可以通过引入“协调者”来让两个近似理性的智能体达成合作，博弈矩阵如下：

（a）囚徒困境博弈

	合作	背叛
合作	（4，4）	（0，6）
背叛	（6，0）	（1，1）

（b）协调囚徒困境博弈

	合作	背叛	协调
合作	（4，4）	（0，6）	（0，6）
背叛	（6，0）	（1，1）	（1，1）
协调	（6，0）	（1，1）	（4，4）

我们知道，在囚徒困境博弈中，尽管对两个囚徒而言最优选择都是合作，但由于两个人无法沟通信息，并相互猜疑，所以真正的纳什均衡存在于双方都选择背叛这样一种整体利益最差的结果之中。

为了促使合作的发生，我们可以引入协调者这一新机制，新的博弈矩阵如上图（b）所示，也就是每一个参与者除了合作或者背叛以外，还有一种求助于协调者的选择方案。于是，在新的博弈矩阵中，选择协调者就成了这两个人的纳什均衡。

再比如谷歌公司的竞价排名是一个典型的将机制设计理论应用于算法设计的成功案例。根据经济学中的拍卖理论，第二价格拍卖会比第一价格拍卖更好地揭露交易者的隐藏信息。

在通常的拍卖中，我们大多以第一价格方式来交付。也就是说，所有参与拍卖的人中出价最高者获胜，他最终以这个最高的价格买到拍卖标的物。然而，在第二价格拍卖中，游戏规则有所改变：最终的获胜者仍然是叫价最高的人，但最终交易价格却不是最高价格，而是第二高的价格。这种做法可以避免买者刻意哄抬拍卖价格或者压低价格的风险。因为当他违背自己的意愿出低价的时候，就有可能让别人以较低的价格买走拍卖品。谷歌就是利用这种方式来拍卖它的关键词广告，从而实现了平台方利益的最大化。

近年来，搜索引擎竞价已经开始支持更丰富的、基于目标的出价语言。比如，广告客户可能要求在受预算约束的情况下对一组查询主题进行最大化点击。搜索引擎可以提供智能体，代表广告客户出价以实现该目标，那么，自动化实现第二价格拍卖就是一种利用机制设计来优化广告系统的例子。广告平台还可以设计一种策略防范机制来决定广告空间的分配：哪些广告被分配，哪些（非赞助的）内容展示给用户。

在不远的将来，假如每个人都有自己的人工智能助理，大量的经济交易活动就会由这些人工智能算法代表我们进行。于是，人工智能与人工智能之间就会讨价还价。按照“理性经济人”假说，这些人工智能将能够和谐共处，并给主人带来最大的利益。

人工智能社会学还有多远?

科幻小说《三体》中构思了一种“宇宙社会学”，用来描述在时空跨度超级巨大的宇宙空间中，不同物种之间的相互作用法则。书中提出了两条“宇宙社会学”的基本公理：第一，生存是文明的第一需要；第二，文明会爆炸和扩张，但宇宙中的物质总量保持不变。刘慈欣据此推导出技术爆炸和猜疑链这两个基本概念，以及“黑暗森林”这个宇宙尺度的丛林法则。

与此相似，如果人工智能社会是可能的，那么是否存在着人工智能社会学这门学问？它将会是什么样子？我们能否像刘慈欣提出“宇宙社会学”那样，提炼出一系列公理用来构架一个理论体系？

也许正如机器经济学所描述的那样，相较于构建人类自身的社会学原理，人工智能社会学会更加简单。其原因在于，机器完全有可能按照一种人为预设的方式来采取行动，这样的话，机器就会更加接近“理性经济人”假说。或者，反过来说，人工智能社会学的基本原则与其说是一套用来描述人工智能的公理体系，还不如说它是一套人工智能的未来行为准则。它与物理学研究范式最大的不同就在于人工智能以及人工智能社会学究其本质是一种规范性研究。如果这个结论是正确的，那么构建人工智能社会学也许就真的可行。

另外一个问题是，这样的理论体系有什么作用呢？

也许它可以帮助我们更好地理解由海量的人工智能构成的巨系统，也许它可以让人工智能群体更好地运转。然而，还有一种情况是，人工智能社会学压根儿就不是人类可以掌握的学问，而是一种彻头彻尾的人工智能自身的学问。人工智能也许会比我们人类更理解人工智能社会。有关人工智能社会学，也许压根儿就轮不到人类来说话。

张江

北京师范大学系统科学学院教授

集智俱乐部创始人

集智学园创始人

论信息社会的情感模式

情感模式：微信群规模与社会脑假说

情感是“由内及外”的，最内在和最深层的是“自我”——意识的和无意识的（ego and unconscious）。互联网是“由外及内”的，基于话语交往、表达欲望和认知能力，最外在和最表层的是“传媒技术”——视觉的和听觉的，将来可能有触觉的、味觉的和嗅觉的，整合之后可以有真正的“虚拟现实”技术。互联网（尤其是移动互联网）成为我们生活的一部分，这一事实有许多寓意，我至少可以说，互联网扩展了我的自我意识，于是我愿意让它成为我的生活的一部分，也因此，所谓的“自我中心网络”（ego-centric network）是很贴切的名称。根据我在《行为经济学讲义》里介绍的原理，当一个人的“自我中心网络”扩展到一定程度时，由于他的情感不可能平均分摊给网络里的每一个邻居，于是，对他与多数邻居的关系而言，情感的冷漠化成为不可避免的趋势。在演化视角下，人类社会有三类网络结构，即“洞穴人”的网络结构、“小世界”的网络结构和“完全随机”的网络结构。完全随机联结的社会网络，我称之为“冷漠世界”（此处，社会网络的冷漠化没有贬义）。任何“自我中心网络”只要足够广泛，就通常包含许多“他我”（alters）。古今中外皆同，费孝通称之为“差序格局”。所谓“友谊圈”（friendship circles）拓扑结构，正是基于这许多“自我”和“他我”的差序格局。

冷漠化的网络纽带涵盖了人际交往的三类纽带关系当中的两类，这三类纽带关系分别是“以金钱为媒介的关系”“以权力为媒介的关系”“以情感为媒介的关系”，最后这类关系纽带是情感的而不是冷漠的。需要注意的是，冷漠的纽带和情感的纽带，不能对应于实证研究者们常用的“弱纽带”和“强纽带”。这是因为：一方面，情感的纽带可以是弱纽带——单位时段内交流频率足够低的人际关系，也可以是强纽带，即单位时段内保持足够频繁交流的人际关系；另一方面，以金钱和权力为媒介的人际关系可以有很高甚至极高的交流频率（强纽带），也可以有很低的交流频率（弱纽带）。

在每一个微信群中，例如人数保持在 150 人以上的，根据邓巴尔（R. I. M. Dunbar）的著名研究，每个个体配置于其他个体的认知（信息收集和信息处理）能力必定被摊薄。如果一个人同时是若干微信群的成员，那么我推测，个人能够投入给他人的情感将随着群体规模的扩展而摊薄。所以，他能够维持的情感的纽带将来自他参加的全部微信群。以牛津大学最重要的演化生物学家邓巴尔命名的定律，是他长期研究“社会性哺乳动物”的生活方式与情感方式之后，在 20 世纪 90 年代中期提出来的命题，正式名称是“社会脑”假说。从那时至今的 20 年里，他陆续发表了几十篇研究报告，令人信服地确立了这一命题在互联网时代的适用性。邓巴尔 2012 年发表于《英国皇家学会通讯》的文章的结论是：尽管互联网技术使人们可以同时知晓许多人的消息，并将一个人的消息散播给许多人，但已有论据表明，随着互联网规模的扩展，每个人能够维持的纽带关系的品质将迅速下降以致难以为继，除非伴随着网络的是“面对面的人际交往”的扩展。然而，这是不可能的——与每一个有网络关系的人维持面对面交往需要投入太多的时间。虚拟的人际交往一旦返回现实，我们遇到的就仍是数万年至数亿年之前演化形成的“邓巴尔极限”（每个人能够维持的群体规模的上限为 100~200 人）。

中国已进入移动互联网时代，每一个中国人通过移动设备维持的社会网络规模超过邓巴尔极限了吗？我的苹果平板电脑在数据备份时显示，我加入的微信群总数约为 600 个，其中足够活跃的微信群数目不超过 20 个。在活跃的微信群当中，被我设置为“消息免打扰”的占 80% 以上。经常关注我在“朋友圈”发布的图片及评论的人不超过 50 个。当我与群友探讨学术思想问题时，围绕我提出的议题，我通常只能与 5 人相互争辩，而无暇顾及更多群友的批评。因此，对我而言，邓巴尔极限简直是不可逾越的。

我下面做几点补充说明。第一，在我的理解里，邓巴尔极限之所以成立，主要是因为我们的情感生活不应被摊薄到趋于零，虽然邓巴尔定律主要的根据是认知能力对群体规模的限制。晚近的脑科学研究表明，社会认知与社会情感有不同（或不完全重叠）的功能脑区。粗略估计，我们每天每月每年的时间，大约有 1/3 配置于“睡眠”或“私己事务”（纯粹意义的“自我”活动），1/3 配置于“工作”（维持生命所需的资源获取活动），还有 1/3 配置于“亲友”（基于情感的社会活动）。如果没有现代生产和生活技术的支持，上述用于“工作”的时间可能会占我们生命的 2/3 以上。例如，非洲大象的记忆力超常——这是维持超大规模群体的必要条件，但因为觅食时间占生命的 80%，故而象群规模难以超过 100 头大象这一极限。由此可见，生命个体的有限时间在漫长的演化过程中是最根本的约束条件，经济活动和任何其他领域的活动皆受限于这一约束。第二，我们每一个人都有两方面的情感，其一曰“个性”（斯密称之为“自利情操”），其二曰“群性”（斯密称之为“利他情操”）。唯其如此，我们这样的动物才被归类为“社会性哺乳动物”。群性演化成为有利于人类繁衍的核心特性，过程异常曲折。不论如何，个性与群性兼而有之，在 5 万年前逐渐凸显为人类的竞争优势。根据“新制度经济学”的论证，人类群体的规模取决于协调分工与合作的制度费用是否足够低廉。又根据巴泽尔《产权的经济学分析》，任何合约的费用可分解为三类，即“第一方监督”（基于道德自律、内疚、羞愧或任何其他情感模式）、“第二方监督”（基于合约参与各方相互威胁的能力）、“第三方监督”（基于利益无关方强制合约实施的能力）的费用。我们从数学推演可知，参与合作的个体的心理结构在合作秩序的视角下，存在某种最佳的个性与群性的比例使上述三类监督方式的总费用最小。第三，仿真研究表明，群性完全消失的个体之间合作的费用远高于有适度群性的个体之间合作的费用。其原因在于，哪怕仅仅两名个体之间的合作也充满着信息不对称性，从而需要合作各方共享信息，正因如此，群体的认知能力远高于个体。就简单情形而言，我喜欢引用张维迎常讲的例子：甲和乙两人夜间挖土，甲在阴影里挖土，乙在月光下挖土，乙偷懒的概率远低于甲。故而，制度安排应使甲的收入更多来自“利润”，而使乙的收入更多来自“工资”。当然，在现实世界里，诸如“家庭”或任何组织内部的绝大多数分工并不这样简单，工作效率主要靠团队成员的“自觉”，自觉的程度则密切依赖于团队成员对团队的认同感。如果夫妻之间情感冷漠，双方就很难防止消极的“怠工”行为。

如果没有情感投入，我与我参加的数百微信群的数千成员中绝大多数人之间的冷漠化纽带关系仍有必要维持。例如，对我而言，自动接收和保存这些人发布的信息，并积累足够长时间，就可使我的微信成为远比百度等搜索引擎更适合我的“搜索引擎”。因此，理性的选择是，每个人应逐渐形成最适合自己的生活方式和情感方式的微信群结构。在这一结构之下，他与几十人之间维持着情感的纽带，同时与其他人之间有几乎完全自动维持从而不需要投入个人时间的信息纽带。

情感模式：创新思维与人格

本部分将以我关于“原创思维”的一段概括文字开始：在我的阅读范围内，原创思想有至少三种来源。其一为神启。这是人类体验并记录的原创思想的最古老来源。其二为天才。自从有了人群，就有关于“天才”的记录，这些记录由现代关于天才的科学研究报告继承并拓展。天才对人类的贡献虽远多于普通人，却很少能够生存。这就意味着，我们知道的天才人物的数量不足被我们扼杀了的天才人物数量的千分之一。对天才的研究表明，一个社会能够享有的天才数量正比于该社会的宽容程度。其三为发散性思考（divergent thinking）。这是埃森克（Hans Jurgen Eysenck，1916—1997）在确立“精神质”（psychoticism）这一人格维度时提供的解释，今天被广泛承认。脑内的神经元社会网络结构依照演化和分工的原则，分化为各种功能模块，也称“局域网络”。在每一局域网络内部形成的任何观念，因为不新，故不是原创的。埃森克以及后来的脑科学研究表明，创造性的观念过程（creative ideation）伴随着大范围脑区的激发……

我不必向长期研究技术进步的经济学家解释，但可能必须向普通读者解释创造（creativity）、创新（innovation）、原创（originality）这三个在当代汉语里常可交替使用的名词。经济学家熟悉的“创新”这一词语，被熊彼特系统地论述过。虽然有政治态度和学术路线的重要差异，熊彼特仍是奥地利学派的经济学家，而且深受这一学派最初几位宗师的影响。就我的理解而言，根据奥地利学派最初几位宗师的论述，创新是企业家精神的外化过程。在这一过程的开端，是熊彼特在《经济发展理论》里描写的“周而复始”的社会经济状态，或用现代经济学术语解释叫“一般均衡”状态，记作“E_0”，与这一状态对应，万事万物的价格与数量记作“P_0”和“Q_0”，这是两个向量，表示微观的一般均衡，通常记作（P_0, Q_0）。在企业家创新过程的终局，也存在“一般均衡”状态，记作“E_1”，与这一状态对应，万事万物的价格与数量记作（P_1, Q_1）。在这一过程的开端企业家想象的许多可能的终局当中，或许 E_1 发生的概率以及 E_1 带来的利润，即企业家能够分享的（P_1, Q_1）与（P_0, Q_0）之间的差额的贴现值，最值得他投入相应的创新过程。注意，这是“主观概率”而不是“客观概率”，它基于企业家对各种未来可能性的主观判断。于是，他投入这一过程，当然也可能遭受巨额亏损，如果企业家能够分享的（P_1, Q_1）与（P_0, Q_0）之间的差额最终是负值的话。

如上所述，创新是企业家活动，创新不是技术发明或科学发现，虽然创新思维不必是企业家思维。吸引企业家投入创新过程的是潜在利润，因为是潜在的，所以可能表现为亏损。企业家为此成为风险承受者，也为此获得利润分享权。“风险”（risk）是可重复事件的概率分布，故而不适合用来刻画企业家创新。在奥地利学派的思想传统里，由于奈特（Frank H. Knight）的博士论文（*Risk, Uncertainty, and Profit*）的深远影响，适合于刻画企业家创新的是“不确定性”（uncertainty），它是不可重复事件的主观概率。在脑科学研究文献中，这两类或然性常被统称为“模糊性”（ambiguity）。

作为动词的“创造”，意味着新的事物的开始、矛盾对立面的新的综合、向着未知领域的一次跳跃。作为名词的“创造性”，它的含义或许最完整地符合这一词语在汉语传统里的常识。也就是说，由“创造”这一词语界定的集合，包含了由“原创”这一词语界定的集合。但由“创造”这一词语界定的集合与由“创新”这一词语界定的集合互不包含，交集非空。关于“创造性”的量表，我见到的文献由 4 个子量表和 60 个问题构成，其中 4 个子量表包括“流体智能”（fluid）或“流畅性”（fluency）、“开拓性”（initiative）或“原创性”（originality）、“灵活性”（flexibility）、“可扩展性”（expandability）或“详细性”（elaboration）。

本书开篇的引文，是关于“原创性”的三种发生形态的概括。对这篇文章的初衷“情感模式”和“人格气质”而言，最重要的是第三种形态，即发散性思考，虽然出现在本节标题里的是“创新思维”，而不是“原创性”。

创造性思维必须满足两个条件。近来发表的关于创造性思维的脑科学报告表明，创造性的两大前提是联想和判断。普通人的创造性需要两项前提，联想是其中一项（仅此绝不构成创造性本身），与联想相比更重要的是判断。关于联想与创造的关系，学术界普遍持有的一种误解是，发散性思考是创造性的唯一特征。根据我的了解，这一误解源于老资格的人格心理学家埃森克后期为补充他的人格两维模型而提出的第三人格维度——“精神质”。埃森克在英国的临床案例中收集了具有统计显著性的数据，并且符合经济学家“没有免费午餐”的信条，他的数据表明，那些具有原创能力而思维过于发散的人，与普通人相比更容易精神失常。更何况，亚里士多德、塞涅卡早就说过，没有哪一个天才是不带着疯狂的。因此，现代心理学家倾向于将精神分裂症视为原创性思维的演化代价——人类的演化生存既然需要天才的帮助，人类就应尽可能地包容天才陷入疯狂的倾向。伍迪·艾伦的名言是：天才不需要接受伦理道德的约束。

关于“判断”与“创造性”，我是这样阐述的：人类何以具有创造性？我认为还是要返回康德的《判断力批判》。根据我的理解，康德在那本书里论证说，人类具有两种判断力：其一称为“范畴判断力”，即判断现象甲是否属于范畴 A 的能力；其二称为“反思判断力”，即当已有范畴不能涵盖现象甲时提出新范畴 A，使得甲确实属于 A 的能力。在这里，反思判断力的运用包含着创造性。康德指出，在实际运用范畴判断力时，也常需要运用反思判断力。比如，他在一个脚注里描述过，法官在判案时，哪怕把法典倒背如流也无济于事，因为这里需要的是实践智慧，也就是康德所说的判断力。在每一个人的头脑里，主要由前额叶承担这项工作，但还涉及诸如“场景记忆”这样的广泛脑区，每一个人的头脑都要为足够广泛发散的联想提供具有稳定功能的判断——由这些联想所得的千奇百怪的观念是否以及如何有助于求解目前困扰他的问题。一个人为什么要投入折磨人的创造性思考过程？因为他如果不如此，就注定会饱受他要求解的问题的折磨，那将意味着更大的痛苦。我常提醒周围的朋友关注自己的痛苦，因为如果一个人完全不能感受到自己的痛苦，他的创造欲望由何而来？所以，我们必须放弃关于原创思考的另一偏见——创造本身就是快乐。在漫长的演化历史中，人类始终面临着生存压力，除了通常受家庭保护的儿童和偶然受社会保护的天才，他们极少获得如此多的闲暇时间从创造本身中寻求快乐。一方面，闲暇的头脑更容易产生与生存环境无关的联想，即所谓的“遐想”。另一方面，面对生存竞争的压力，我们的头脑和身体积累了充分的（能让我们生存的）判断力（实践智慧）。

实践智慧（practical wisdom）被心理学家转化为可观测性状之后就是解决实践问题的能力，也称为“实践型智能”，区分于“学术型智能”。实践型智能要求足够强的社会认知能力与社会情感能力，即通常由大脑右半球主导的能力。而学术型智能通常基于大脑左半球主导的诸能力，例如语言和逻辑。也因此，智商研究的一大主题是“智能与群体”，例如文化传统和社会规范对个体智能的影响。

情感模式：与创造性有关的人格气质

埃森克或许是20世纪最重要的人格心理学家，他积累了几十年的临床经验。根据他的观察，创造性思维的头脑倾向于超常规地包罗极其广泛的线索。这样的心智状态意味着行为主体对发散性思考的抑制能力极弱，这通常是生物的遗传特征。例如，埃森克强调的遗传概率极高的“精神质”人格。最初是基于临床数据，近20年则是基于各类量表的数据分析，高维的人格模型（例如“大五模型”）被降维到更抽象的“两维度模型”和“一维度模型”。经过旋转（降维）找到的两大主元素：其一反映心智的“灵活性”（plasticity），通常记作“α”；其二反映心智的“稳定性”（stability），通常记作“β”。一方面，如果一个人有极高的 α 得分和极低的 β 得分，那么，他的思维可能过于发散（想象力极强），却缺乏良好的判断力（良好的判断力与社会认知和社会情感密切相关）。另一方面，极高的 β 和极低的 α 通常意味着心智稳定性过高而想象力可能过于狭隘。人格模型的单一维度，我称之为“广义智力”维度。而且，我倾向于将这一人格要素译为“人格普适要素”（the general factor of personality）。这一要素刻画了任何物种的任何个体适应环境的能力，包括对特定社会环境的适应。换句话说，在将许多人格维度降维到只有一个维度时，这一维度尽管被称为“人格单一要素”，但它与广义智力（the general factor of intelligence）有显著的统计相关性。尚待研究的问题是：在漫长演化中形成的广义智力要素与相对而言短期内形成的特定社会的道德规范或核心价值观，二者之间的相关性是否不具有统计显著性？基于荷兰、日本和美国样本的最新研究报告显示，二者之间保持着相对独立性。

也是基于大量的数据分析，几位心理学家建立了人格“大五模型”与上述的“两维度模型”之间的统计相关性。例如，根据来自德国和土耳其的样本，心智的灵活性（α）统计显著相关于人格大五模型的“外倾性”（E）和“开放性”（O），而心智的稳定性（β）统计显著相关于人格大五模型的“宜人性”（A）和“尽责性”（C），并且统计显著地与“神经质”（N）负相关。在最新发表的一篇论文里，有作者试图建构“人格–气质–动机–情绪–心理健康模型”的超级理解框架。按照心理学的解释，稳定时间最短的称为“情绪”（emotion），稍长的可称为“心情”（mood），再长的称为“气质”（temperament），最稳定的称为“人格”（personality）。在这个“超级性状”理解框架里，α 和 β 成为最核心的两个维度。

在特定的环境里，对于需要求解的特定问题而言，创造性有三重来源：自然，社会，思想者自身。在上述的两维度模型里，富于创造性的思想者通常表现出足够强烈的探索性，并且保持足够好的稳定性。

关于人格气质与创新思维之间关系的基于中国样本的研究，揭示了人格与不同类型的创新思维之间的交错互动关系。根据这些研究者（分别来自武汉大学、华中师范大学和曲阜师范大学）的报告，外倾性统计显著地正向影响着创新型创造性（innovative style），但是统计显著地负向影响着适应型创造性（adaptive style）。很可能因为两种影响相互抵消，外倾性对“学术创造性”（scholarly creativity）的影响不是统计显著的。对学术创造性影响最大的是创新型创造性，并且，对创新型创造性有统计显著正向影响的是“想象力”（perceiving）。可是，想象力对适应型创造性有统计显著的负向影响。与我们的常识相符的是下面这一关系：感受力（feeling）对适应型创造性有统计显著的正向影响，而对创新型创造性有统计显著的负向影响。与我们的常识不相符的是下面这一关系：直觉（intuition）对适应型创造性有统计显著的负向影响。

以上各相关文献的概述表明，有助于创新思维的情感模式与“大五”人格维度的“O”（开放性）和“N”（神经质）有关。近来的研究表明，在诸如两维度模型和广义智力模型这样的高阶模型里，创新思维要求心智状态在稳定性和灵活性之间保持微妙的平衡。最后，创新思维似乎要求在“广义智力”这一人格要素与特定社会的道德规范或核心价值系统之间保持适度的距离。这里的“适度”旨在使心智在创新思维过程中保持必要的稳定性和良好的判断力，同时使心智保持发散思维，而不是囿于传统思维。

与此相关，另一有待展开的研究主题是情商（emotional intelligence）与“创造性”之间的关系。情商量表旨在测度两方面的情感智能，首先是对他人情绪的敏感性，其次是对他人情绪的感受的精确性。在这里，精确性涉及认知过程。情商量表通常由 4 个子量表和几十个问题构成，其中 4 个子量表包括情绪控制（emotional control）、情绪理解（emotional understanding）、社交技能（social skills）、乐观主义（optimistic）。

一篇近年发表的研究报告采用了一个来自伊朗的样本——548 名高中生，初步结论是：情商对创造性有统计显著的正向影响。可是，一篇最新发表的研究报告采用了一个来自西班牙的样本——631 名小学生，初步结论是：情商与创造性之间没有统计显著的关系。

在我一贯倡导的演化论视角下，创新能力是“物竞天择”演化选择的生命的基本性质之一，另一基本性质是守旧能力。对人类这一特定物种而言，前者更多是思维方式，被称为“创新思维”；后者更多是情感方式，被称为“道德情操”。在广义智力要素的人格研究中，有报告显示，“广义智力”维度之外的各种人格气质的要素经过降维处理之后的含义是道德维度。也因此，人格各要素的另一种概括方式是：将上述的灵活性和稳定性视为同一维度的方向相反的可观测性状，而将实验对象对社会规范的态度视为另一核心维度。于是，个体的创造性与群体为个体提供的生存环境，二者之间有重要的联系。

汪丁丁

北京大学国家发展研究院经济学教授